신화의 언어

신화의
연어

조현설 지음

통념의 전복,
신화에서 길어 올린
서른 가지 이야기

한겨레출판

목차

'신화의 언어'를 읽을 때

좋아서 하다 보니 신화 공부를 삼십여 년 했다. 신화 강연을 가면 제일 많이 듣는 질문이 있다. "신화가 왜 필요하죠?" "왜 지금 신화를 읽어야 하죠?" 신화에 대해 한참을 이야기하고 나서 이런 질문을 받으면 종종 앞이 깜깜해진다. 하지만 이 질문 속에 신화를 대하는 대중들의 솔직한 태도가 들어 있다. 이 질문을 내 나름대로 번역하면 '신화는 오래된 옛날이야기 아닌가요. 비현실적이고 황당한 이야기 아닌가요. 그런데 그게 지금 우리한테 무슨 쓸모가 있지요?' 이런 질문이다.

명장의 반열에 오른 봉준호 감독의 영화 〈설국열차〉, 개봉관에서 저 영화를 보면서 '어라, 홍수신화네'라고 반응했던 기억이 있다. 〈설국열차〉가 홍수신화의 재현이라는 것을 아주 잘 보여주는 장면이 있다. 열차가 폭발의 충격으로 탈선하면서 모든 승객들이 죽고 두 아이만 살아남았을 때다. 남궁민수의 딸 요나와 타냐의 아들은 눈 구덩이에서 멀리 산등성이를 오르는 북극곰을 본다. 열차 밖에도 생명이 있고, 설국열차가 멈춰야 새로운 세계가 시작된다는 암시다. 대홍수 뒤 오누이만 살아남아 새로운 인류가 시작되었다는 홍수신화와 똑같다. 〈설국열차〉는 혁명의 20세기를 지나 기후변화에 직면한 21세기 홍수신화다.

영화를 신화라는 거울 위에 올려놓으니 이해가 쉽지 않은가? 이쯤 되면 신화의 필요성에 대한 한 가지 답은 되지 않았는가? 사실 신화는 인류가 만든 최초의 이야기다. 비유하자면 신화는 세상에 존재하는 모든 이야기의 어머니다. 다른 말로 원형이다. 그래서 신화를 알면 새로운 이야기를 창조할 수 있고, 어떤 이야기든 해석할 수 있다. 오늘날 대중문화의 주류인 웹툰·영화·드라마의 소재와 주제의 상당 부분은 신화에서 왔다. 어떤 이야기는 신화를 그대로 재현한 것이고, 어떤 이야기는 신화의 틀을 빌렸다. 신화 없이는 대중 서사에 도달하기 어렵다.

신화에 대한 상투적인 질문이 또 있다. "동서양 신화는 뭐가 다릅니까?" "우리나라에 단군신화 말고도 신화가 있나요?"보다는 나은 질문이지만 난감하기는 매일반이다. 난 오히려 이렇게 되묻는다. "동서양 사람이 뭐가 다르지요? 한국 사람과 일본 사람은 어떻게 다르지요?" 나는 두 가지 질문이 다른 질문이 아니라고 생각한다.

신화는 인류 보편의 언어다. 신화를 읽다 보면 대략 7만 년 전쯤 우리들 사피엔스의 뇌에서 '인지혁명'이라는 변화가 일어났을 때 우리가 세계를 어떻게 보았고, 어떻게 이야기했는지 알 수 있다. "세상은 처음에 어떻게 시작되었죠?" 이런 질문에 대한 대답인 창세신화는 어느 지역 어느 민족한테나 있다. 인류의 기원이나 민족의 시원에 대한 신화도 마찬가지고, 고대국가를 설립한 경험이 있는 집단은 역사서를 모두 건국신화로 시작한다. 신화는 인류 최초의 이야기 형식이기 때문에 동서양의 차이가 있을 리 없다.

그러나 한국인도 이민 가서 한두 세대 지나면 식성도 달라지고 외모도 달라진다. 신화도 다르지 않다. 같은 이야기가 여러 지역에서 전승

되면서 조금씩 달라졌다. 그리스 신화는 인간이 돌에서 비롯되었다고 하고, 중국 신화는 진흙으로 빚었다고 하고, 한국 신화는 하늘에서 내려온 벌레가 변신한 것이라고 이야기한다. 신이 만든 창조물이라는 시각은 같은데, 재료나 만드는 방법이 조금씩 다르다. 신화를 오래 읽다 보면 들어가는 문은 다른데 결국 같은 방에 도달하게 된다는 것을 깨닫게 된다. 그래서 다양한 신화를 읽어야 한다. 비교하는 안목이 갖춰지기 때문이다.

그런데 우리는 여전히 그리스 신화만큼 한국 신화를 모른다. 지리적·문화적으로 가까운 아시아 지역의 신화에는 더 무관심하다. 우리 근대화의 서양 편식, 서양 흉내 내기가 아직 끝나지 않아서 그럴 것이다. 2017년 9월, 〈경향신문〉의 제의로 신화 에세이를 연재하면서 '아시아 신화로 읽는 세상'을 표제로 삼은 까닭이 거기에 있었다. 한국을 포함한 아시아 신화를 좀 읽어보자. 아시아 신화를 통해 신화가 오늘을 읽는 비평적 도구가 될 수 있다는 것을 보여주자. 나아가 아시아 신화를 통해 서양 신화와 세상을 해석하자. 편식을 접고 비평적 균형 감각을 찾아보자. 이렇게 생각했다.

　서른 개의 주제로 연재가 끝난 뒤 『우리 신화의 수수께끼』(한겨레출판, 2006)로 인연을 맺은 한겨레출판에서 책으로 엮자고 제안했다. 『신화의 언어』는 편집인이 내놓은 제목이다. 무겁다고 여겼지만, 연재한 글들을 다시 읽으며 곰곰이 생각해 보니 결국 신화의 '언어'를 배우는 과정이다 싶었다. 그래서 글들을 분류하면서 '신화의 언어'라는 체에 걸러 보았다. 체 위에 '무의식과 역설' '자연과 타자' '문화와 기억' '권력과 이념'이라는 키워드들이 남았다. 아시아 신화라는 서른 개의 방문을 통과하면 마지막에 나오는, 가장 깊은 방을 여는 열쇠들이다. 과연 저 열쇠들로 신화의 밀실에 입장할 수 있을지 독자들이 판단해 주었으면 좋겠다. 산책하는 마음으로 아시아 신화들을 만나면서.

글을 맺으며 연재의 자리를 마련해준 〈경향신문〉에 감사의 말을 먼저 전하고 싶다. 흩어진 글을 하나로 엮어 '신화의 언어'로 꿰어준 한겨레출판 식구들에게도 인사를 전한다. '신화의 언어'를 오늘까지 보존해준 무명의 이야기꾼들, 지상의 뭇 생명들에게도 '신화의 언어'로 인사드린다. "고맙습니다."

2020년 2월 관악산 아래서

조현설

무의식과 역설

창세신들의
경쟁과 협력

지금은 갈 수 없는 곳이지만 함흥을 중심으로 한 함경도 지역은 한국 신화와 무속에서 대단히 중요한 공간이다. 이 지역에서 굿을 하다가 월남한 강춘옥·지금섬 같은 호세미들의 증언[1]에 따르면 함흥·홍원 지역의 굿은 원산 이남의 굿과 달랐다고 한다. 점쟁이가 진행하는 북청 이북 지역의 의례와도 달랐다고 한다. 독자적인 굿 문화를 지니고 있었던 함흥·홍원 지역이 우리의 이목을 끄는 까닭은 이곳이, 가장 이른 시기에 조사된 한국 창세신화의 태반이기 때문이다.

함흥의 큰 무당 김쌍돌이가, 1923년 여름, 스물넷 와세다 대학생 손진태 앞에서 구술한 〈창세가〉에는 두 신이 등장한다. 미륵님과 석가님,

---

1) 호세미는 함흥 등지에서 무당을 부르는 말이고, 이들을 면담한 이는 임석재 선생이다.(『함경도 망묵굿』, 열화당, 1985)

마치 남과 북처럼 둘은 싸운다. 먼저 출현하는 창세신은 미륵님. 미륵님은 하늘과 땅을 나눈다. 이른바 천지개벽이다. 미륵님은 나뉜 천지가 다시 붙지 않도록 사방에 구리기둥을 세운다. 다음 순서는 일월 창조. 원래 해와 달이 둘씩이었는데 하나씩 떼어내 별로 만듦으로써 천지일월성신이 자리를 잡는다. 다음은 인간 창조. 미륵님이 금쟁반·은쟁반을 양손에 들고 하늘에 축사를 하자 쟁반마다 다섯 마리씩 벌레가 떨어진다. 금쟁반의 금벌레는 사내가 되고 은쟁반의 은벌레는 계집으로 변신, 서로 부부가 되었고 인류는 시작된다.

문제는 다음이다. 이렇게 창조된 인간 세상을 누가 다스려야 하는가? 통치권이라는 이슈가 떠오른다. 미륵님이 창조한 세계니 미륵님이 다스리면 될 테지만 갑작스레 출현한 석가님 때문에 문제가 복잡해진다. 석가님이 '이제부터 내 세상'이라면서 도전장을 내밀었던 것. 바야흐로 저 유명한 미륵님과 석가님의 창세 올림픽 3종 경기가 펼쳐진다. 첫째는 동해에 줄을 맨 금병·은병을 내려 안 끊어지게 하기, 둘째는 함흥 성천강 강물을 여름에 얼리기, 셋째는 자면서 무릎에 모란꽃 피우기다. 모두 창세신의 신성한 능력을 가늠할 수 있게 해주는 종목들이다.

여기서 누구나 미륵님의 승리를 예견할 수 있다. 그가 세상을 만든 신이기 때문이다. 말하자면 미륵님은 천하무적의 메달리스트인 것. 하지만 예견대로 되면 게임의 재미는 반감된다. 첫째, 둘째 경기에서 지자 석가님은 마지막 승부수를 띄운다. 이 마지막 경기에서 석가님은 부정을 저지른다. 온잠을 자면서 무릎에서 피워 올린 미륵님의 꽃을, 반잠을 자면서 엿보던 석가님이 몰래 꺾어 제 무릎에 꽂는다. 승부 조작

아시아 창세신화에 등장하는 미륵님-석가님, 대별왕-소별왕, 윌겐-에를릭은 쌍둥이다.

을 통해 석가님은 결승전에서 승리한다. 마침내 석가님이 인간 세상의 통치권을 획득한 것이다. 이 창세신화에 따르면 우리는 지금 승부 조작자 석가님의 통치 아래 살고 있는 셈이다. 세상이 이 모양인 것은 태초에 저질러진 석가님의 부정 탓이다.

이 신화를 따라가다 보면 적지 않은 의문이 저절로 솟아난다. 왜 미륵님과 석가님이 창세신으로 등장하지? 석가님은 한 일도 없는데 창세신이라고? 어떻게 석가모니가 승부 조작이나 하는 사기꾼일 수 있어? 경기 종목이 좀 이상하지 않아? 인간이 원래 벌레였다고? 해와 달을 떼어 별로 만들다니, 그렇다면 미륵님은 엄청난 우주 거인인가? 왜 여자는 은이고 남자는 금이야? 솟구치는 궁금증[2]이 한둘이 아니지만, 여기서는 미륵님-석가님의 3종 경기만 들여다보기로 한다.

석가님·에를릭·소별왕,
승부 조작으로 세상을 차지하다

그런데 세 종목 가운데 메인이벤트는 '자면서 꽃 피우기'다. 왜냐하면 석가님과 미륵님, 혹은 그와 유사한 두 신의 경쟁담이 제주도, 오키나와(류큐), 몽골, 중국(도교 문헌, 구전신화), 알타이산맥 등지에서 발견된 바 있는데 '꽃 피우기'만 공통 화소이기 때문이다. 함흥의 세 종목 가운데 앞의 두 종목은 한국신화에만 보이는 일종의 예선전이다. 따라서 미륵님과 석가님의 태초의 내기, 그 비밀을 밝히려면 꽃 피우기의 신화적 본질을 탐색해야 한다.

이 대목에서 가장 먼저 소환해야 할 신화가 중앙아시아 지역에 있다. 월겐Ülgen과 에를릭Erlik 신화가 바로 그것. 주로 알타이산맥과 사얀산맥 인근에 살고 있는 튀르크족이나 몽골 브랴트족 사이에 전승되고 있는 신화이다. 이 지역에 전해지는 월겐과 에를릭의 이미지는 하나가 아니다. 에를릭은 창세신 월겐의 첫 피조물인데 때로 둘은 형제 관계로 나타나기도 한다. 에를릭은 피조물이면서도 월겐과 더불어 인류의 창조 과정에 동참하기도 한다. 오랜 기간 구전 과정을 거치면서 관계가 복잡해진 탓이겠지만 분명한 것은 둘의 '꽃 피우기 경쟁'이 집단무의식처럼 반복된다는 사실이다.

월겐은 주술을 써서 사람을 만든다. 그리고 금그릇·은그릇에 파란 꽃

2) 자세한 내용은 〈태초에 싸움이 있었다〉(『우리 신화의 수수께끼』, 한겨레출판, 2006)를 참조하라.

충청남도 논산시 관촉사에 있는 석조미륵보살입상. 일명 '은진미륵'으로 불린다.

을 피워낸다. 그러나 에를릭은 꽃을 피울 수가 없다. 꽃을 피울 수 있는 신이 인간을 창조할 수도 있기 때문이다. 그래서 에를릭은 윌겐의 꽃을 훔쳐 다른 사람을 만들어낸다. 화가 난 윌겐은 이렇게 예언한다.

"네가 만든 사람은 흑인이 되어 서쪽에 살 것이요 내가 만든 사람은 백인
이 되어 동쪽으로 가서 살리라."

이 신화가 전승되는 지역의 세계관에 따르면 윌겐은 선한 신이고 에를릭은 악한 신이다. 윌겐은 생명의 창조자이고 선한 영혼과 이승의 주인인 반면 에를릭은 악령과 저승의 주인이다. 당연하게도 한쪽이 빛을

상징한다면 다른 한쪽은 어둠을 상징한다. 이들이 만든 인간도 이들의 성격에 조응한다. 윌겐이 만든 사람은 빛이 오는 동쪽에서 살면서 빛의 빛깔인 흰색을 지니게 되었고 에를릭이 만든 사람은 서쪽에 살면서 어둠의 빛깔인 검은색을 지니게 되었다는 것이다.

함흥 무속신화에서 인간의 창조자는 미륵님 혼자여서 알타이-사얀 지역 신화와는 다르지만 꽃 피우기를 하여 세계의 판도를 정하는 방식은 아주 비슷하다. 그런데 함흥 신화의 경우, 석가님은 에를릭처럼 꽃을 훔쳐 인간 세상의 주인이 되지만 패배한 미륵님의 위치는 모호하다. 그러나 다른 유사 신화와 견주어 보면 미륵의 행방이 금방 드러난다. 특히 제주도의 〈천지왕본풀이〉(본풀이는 신화의 우리말)라는 무속신화가 미륵님의 행방을 잘 알려준다. 〈천지왕본풀이〉의 창세신 천지왕의 쌍둥이 아들 대별왕·소별왕도 꽃 피우기 경쟁을 통해 마지막 승부를 겨룬다. 형 대별왕을 속여 승리를 거둔 소별왕은 이승을 차지하고, 패한 대별왕은 저승의 왕이 된다. 대별왕과 마찬가지로 미륵님도 사실은 저승을 다스리는 신으로 좌정했다. 윌겐과 에를릭이 이승과 저승의 주인이 된 것과 마찬가지다.

그들은 경쟁하면서
협력했다

이렇게 정리하고 보니 태초의 두 신은 싸우기만 한 것 같다. 그러나 그렇게 간단치가 않다. 알타이-사얀 지역 신화에 따르면 저승의 지배자

에를릭은 부정적이기만 한 신이 아니다. 에를릭은 인간에게 쇠를 불리는 기술을 전해준 존재이고, 최초의 악기를 만들어준 존재이기도 하다. 또 에를릭은 다른 공간으로 이동하는 기술, 다시 말해 샤먼의 능력을 전수한 신이기도 하다. 에를릭은 인류에게 유용한 기술을 전해준 좋은 신이기도 한 셈이다. 에를릭이 인류창조 과정에 동참했다는 전승을 고려하면 윌겐과 에를릭은 경쟁도 하고 협력도 하는 신들이라고 할 수 있다.

윌겐-에를릭의 관계로 보면 미륵님-석가님의 관계도 잘 보인다. 석가님은 미륵님이 다 만들어놓은 세상에 갑자기 나타나 피조물을 강탈하는 나쁜 신 같지만 그렇지 않다. 함흥의 또 다른 무당 강춘옥이 구연한 〈셍굿〉이라는 무속신화를 읽어보면 패배한 미륵님이 석가님 때문에 이 세상에 도둑과 사기꾼이 넘쳐나리라는 예언을 남기고 떠나자 동시에 이승의 일월도 사라진다. 석가님은 일월 없는 세계의 불안을 해소하기 위해 미륵님을 찾아 저승으로 향한다. 그리고 그 과정에서 씹던 고기를 뱉어 하늘과 땅과 물에 사는 짐승들을 창조하는 기술을 보여준다. 석가님 역시 에를릭처럼 인간의 편에 서서 창조 과정에 동참한 신이었다.

이제 두 신의 경쟁과 협력 관계를 좀 더 흥미롭게 보여주는 신화를 만나볼 필요가 있겠다. 『조선무속의 연구』(1937년)에 수록된, 제주 박봉춘 심방(무당의 제주도 말)이 구연한 〈천지왕본풀이〉다. 이 자료에서 주목할 것은 수명장자라는 지상의 악인을 천상의 천지왕이 이기지 못하자 에를릭·석가님과 닮은 소별왕이 대신 싸워 이긴다는 점이다. 아비의 한을 자식이 푸는 셈이다. 그런데 이보다 더 흥미로운 부분은 소별왕의 형상이다.

은대야에 꽃을 둘을 심어 꽃이 잘 장성하는 사람은 인간 세상을 차지하고 꽃이 잘 되지 아니하는 사람은 지옥을 차지하라. 은대야에 꽃을 심어 소별왕이 차지한 꽃은 잘 아니 피고 대별왕이 차지한 꽃은 잘 되니 천지왕이 '너희들이 차지한 대로 인간 세상에 나아가라' 하였다. 소별왕이 인간 세상에 나오며 근심하기를 '내가 이승을 차지하고 형이 저승을 차지하면 수명장자의 행실을 가르치겠지만 우리 형은 못 하리라' 생각하고 '형님 잠이나 잡시다' 하고 누워 자는 체한다. 형의 꽃은 자기 앞에 놓고 자기 꽃은 형 앞에 놓고 형을 깨워 말하기를 '어떤 일로 형의 꽃은 지고 내 꽃은 무성한가' 하자 형이 동생의 꾀를 알고 '네가 그런 짓을 하는 것을 아버지가 알면 죽으리라' 하였다.

천상으로 찾아온 쌍둥이가 친자임을 확인한 천지왕은 이승 차지, 저승 차지를 두고 둘을 경쟁에 붙인다. 대별왕이 당연히 이기는 형국이지만 동생은 형을 걱정한다. 사악한 수명장자를 제압해야 하는데 착한 형이 이승으로 나가면 아버지의 여한을 풀지 못하리라는 염려다. 소별왕을, 형을 속인 사기꾼으로 몰아가는 자료가 대부분인데 이 구연본은 소별왕에 대해 상당히 우호적인 포즈를 취하고 있다.

이어지는 대목에서 소별왕은 꽃 바꿔치기에 대해 즉시 사죄한다. 그러고는 형한테 수수께끼 내기나 하자고 제안한다. 동백나무 잎은 왜 겨울에도 안 떨어지는가? 동산의 곡식은 잘 안 되는데 동산 아래 곡식은 왜 잘 되는가? 동생의 물음에 형은 대답을 잘하다가 마지막 수수께끼 앞에서 머뭇거린다. 대답을 안 해서 진다. 대답 못 할 수수께끼가 아니었는데도 대별왕은 '너한테 졌노라'고 포기한다. 동생이 '형님은 안 돼도 아우가 잘 돼야 좋지 않겠습니까'라고 묻자 '그러면 네가 인간 세상을 차지해라. 내가 지옥을 차지하겠노라'면서 양보하기까지 한다. 대별왕은 소별왕이 이승을 다스리는 신이 되는 일에 '너그러운 형처럼' 협력한다.

'협력이 인류를 구원하리라'…
창세신화가 전하는 오래된 지혜

월겐과 에를릭, 미륵님과 석가님, 대별왕과 소별왕은 창세의 올림피아드에서 서로 경쟁한다. 그러나 경쟁에만 머물지 않는다. 기실 양상은 약간씩 다르지만 두 신이 쌍둥이로 설정되어 있다는 사실 속에 이미 둘의 관계가 함축되어 있다. 빛과 어둠이, 이승과 저승이 둘이 아니듯이 두 명의 창세신도 둘이면서 하나인 것이다. 둘일 때는 경쟁하고 협력하면 하나가 되는 관계, 이것이 창세신화가 말하는 세계의 운영 원리이다. 이런 원리가 기호적으로 표현된 것이 하나인 태극太極을 구성하고 있는 음陰과 양陽의 상호작용에 의해 세계가 변한다는 역易의 세계관이다. 신화는 신들의 이야기로, 철학은 기호로 이 세계 운영의 원리를 말하고 있는 셈이다.

수학자이자 진화생물학자인 마틴 노왁은 『초협력자』(허준석 옮김, 사이언스북스, 2012)에서, 일찍이 크로포트킨이 『상호부조론』(1902)에서 말한 "상호 투쟁의 법칙과 별도로 자연에는 상호 부조의 법칙이 있다. (…) 종의 발전적 진화를 위해서 이것은 상호 경쟁의 법칙보다 훨씬 더 중요하다"라는 문장을 인용하면서 '상호 부조의 법칙'을 수학과 생물학의 결합을 통해 증명하려고 했다. 한데 분석적, 수량적, 수학적 방법으로 협력의 메커니즘을 찾아내고 보니 이미 그것이 "자선을 베풀 때에는 오른손이 하는 일을 왼손이 모르게 하여 그 자선을 숨겨 두어라"(『마태오복음』), 또는 "당신은 모든 피조물 안에서 당신 자신의 모습을 볼 수 있어야 합니다"(『바가바드기타』)와 같은 종교적 가르침과 유사했다면서, 놀라워했다.

수학과 생물학이 자연과 인간에 대한 분석을 통해 찾아낸 원리를 종교적 명상가들이 이미 깨달아 알고 있었다는 것은 무슨 뜻일까? 그것은 경쟁과 협력이라는 쌍둥이가 생물학적 무의식의 형식으로 인류의 공감각 안에 정보화되어 있었다는 뜻일 것이다. 나아가 경쟁보다는 협력이 인류를 지속시켰다는 공통의 감각이 우리 안에 집단적 무의식으로 잠재되어 있다는 뜻일 것이다. 왜 대별왕은 동생한테 이승을 양보하고, 저승행을 선택하면서까지 세계 창조에 협력할 수밖에 없었을까? 그것은 협력이야말로 세계를 창조하고 지속시키는 힘이라는 것을 대별왕이 알고, 신화가 알았기 때문일 것이다. 철학자 버트런드 러셀의 사유가 도달한 '인류를 구원할 유일한 것은 협력'이라는 언명을 대별왕은 이미 태초에 실천하고 있었다.

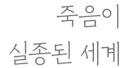

죽음이
실종된 세계

우리 무속신화를 끌어와 그린 웹툰 『신과함께─저승편』(애니북스, 2010)을 바탕으로 제작된 영화 〈신과 함께〉 시리즈가 연속적으로 큰 성공을 거두었다. 성공에는 여러 요인이 작용했겠지만, 나는 그 근인에는 '죽음'이 자리 잡고 있다고 생각한다. 모두 가는 길이지만 아무도 가본 적이 없는 길이기에 죽음은 '호기심 상자'와 같다. 웹툰과 영화는 신화적 상상력을 빌려 그 호기심 상자를 살짝 열어 보인다.

웹툰의 주인공 김자홍은 회사 생활에서 얻은 간질환으로 마흔에 죽었고, 영화의 김자홍은 소방관으로 각색되어 화재 현장에서 죽는다. 오늘도 도처에서 일어나고 있는 어처구니없는 죽음이다. 죽음은 우리의 호기심이나 두려움을 무시하고 느닷없이 찾아오는 '손님'이다. 이 황망한 손님 앞에서 우리는 망연자실할 수밖에 없다. 그리고 무수한 물음이 떠오른다. 왜 죽어야 하지? 왜 젊은 사람이? 무슨 죄를 지었기에? 죽으면 어떻게 되지?

신화는 오래전부터 죽음의 근본을 물었다. 먼저 어룬춘Oroqen족의 신화로 들어가보자. 어룬춘족은 내몽골이나 홍안령산맥 일대에 거주하는, 퉁구스어계 소수 종족이다.

> 옛날부터 전해지는 말에 따르면 인간은 본래 천신 언두리마파가 가져온 거석 다섯 개로 빚은 돌사람이었다. 천신이 석인石人의 두 눈을 어루만지자 눈동자가 움직이기 시작했고, 콧구멍을 뚫자 후각이 생겨났다. 턱이나 목도 천신이 어루만지자 자유롭게 움직였다. 배꼽은 만지지 않았기 때문에 아무 쓸모도 없게 되었다. 언두리마파는 다섯 석인의 양 옆구리를 손바닥으로 쳐서 자국을 남겼다. 사람의 늑골은 이렇게 만들어졌다고 한다. 다섯 석인은 천신을 떠나 함께 생활했다. 그런데 석인은 죽지 않았으므로 땅 위에는 사람이 넘쳐났다. 그래서 언두리마파는 손으로 때리고 발로 차서 석인들을 다 죽여버렸다. 그런 다음 천신은 이번에는 진흙으로 사람을 만든다. 진흙은 돌처럼 단단하지 못했기 때문에 세상에 점차 죽음이 생겨났다. 이 이야기는 소홍안령 산맥 일대의 어룬춘족 수렵민들 사이에 전해지고 있다.

어룬춘 창세신화는 두 단계의 인류 창조에 대해 말하고 있다. 죽지 않는 첫 번째 인류와 죽는 두 번째 인류가 그것이다. 두 번째 인류가 죽게 된 것은 순전히 재료 때문이다. 단단한 돌이 아니라 형태가 변하는 무른 진흙으로 만들었기 때문이다. 죽음에 대한 지극히 소박한 상상이다.

창세신이 이렇게 여러 단계를 거쳐 현생 인류를 창조하는 신화는 적지 않다. 중국 윈난성에 사는 이족의 창세신화 〈므이꺼〉에 따르면 인류는 외다리 소인, 거인, 수안인竪眼人(고양이처럼 세로로 길쭉한 눈동자를 가진 인간), 직안인直眼人(현생 인류의 눈을 지닌 인간)이라는 네 단계에 걸쳐 창조된다. 창세신은 실패를 모르는 신이 아니다. 어룬춘족의 창세신 언두리마파도 그랬다. 그는 돌로 인간을 만들었다가 파괴해버린다. 죽지 않았기 때문에 문제가 생긴 것이다. 에덴동산의 아담이 야훼의 금지를 잘 지켰더라면 똑같은 문제가 발생하지 않았을까? 어룬춘 신화는 죽음의 기원을 이야기하면서 동시에 인류의 영생이 오히려 심각한 문제라는 인식을 보여준다.

죽음이 눈에
보이지 않는 이유

이 주제를 아주 잘 소화하고 있는 신화가 있다. 네팔 구룽Gurkhas족이 전승하고 있는 옛날이야기다. 이야기의 주인공은 가난한 나무꾼 노인이다. 조연으로 등장하는 인물에 의인화된 '죽음'이 있고, 질서의 신 '비슈누Vishnu'가 있다. 비슈누가 출현하는 것을 보면 이 이야기는 틀림없이 힌두 신화의 자장 안에 있다.[3]

노인은 어느 날 땔감을 한 지게 해서 돌아오다가 잠시 쉬었다. 그런데 다시 지게를 지려고 하자 꼼짝도 하지 않았다. 노인은 힘들다고 투덜대며 '죽음은 뭘 하느라 나 같은 늙은이를 안 데려가는 거냐'고 중얼거렸다. 그때 어떤 인물이 나타나 '왜 나를 찾느냐'고 묻는다. 자신이 바로 '죽음'이라면서. 늘 곁에서 죽음이 우리의 말과 숨소리를 듣고 있다는 뜻이다.

노인은 떨리는 마음을 간신히 누르고 둘러댄다. 지게가 무거워 들어달라고 불렀을 뿐이라고. 죽음이 떠나려 하자 노인은 자신이 얼마나 더 살 것인지 물었다. 죽음은 바로 '5년'이라고 대답한다.

노인은 다음 날 숲에 들어가 거대한 나무를 골라 속을 파낸 다음 그 안에 집을 짓기 시작했다. 바람 한 터럭도 들어오지 못하게 꼬박 5년 동안 집을 지었다. 몇 층인지 알 수도 없었다. 죽음이 다시 찾아오자 노인은 자신이 만든 집이나 한번 보고 가자고 꾄다. 죽음은 나무집의 정교함에 눈이 휘둥그레졌다. 죽음이 집 구경에 정신이 팔린 사이 노인은 문을 잠그고 제 집으로 돌아가버렸다.

죽음이 갇히자 세상에서 죽음이 사라졌다. 산 사람이 넘치자 굶주림이 아우성을 쳤다. 신들은 경악한다. 회의를 했지만 대책을 내놓지 못한다. 그때 비슈누가 나선다. 모든 것을 원상태로 되돌려 놓겠다고 장담하면서.

비슈누는 노인으로 변장하고 문제의 노인을 찾아갔다. 비슈누는 노인에게 사는 게 지겹지 않느냐고 물었다. "죽고 싶어도 이젠 죽을 수가

---

3) 툴라시 디와사(Tulasi Diwasa)의 『네팔의 민담(Folktales of Nepal)』(1993)을 바탕으로 두 소설가가 『백 개의 아시아 1』(김남일·방현석, 아시아, 2014)에 풀어놓은 이야기를 재정리했다.

없다오." 비슈누는 삶에 지친 노인과 함께 죽음을 찾아 나선다. 노인이 나무집의 문을 열자 백발이 된 죽음은 간신히 목숨만 부지하고 있었다. 비슈누가 성수聖水를 뿌리자 죽음은 드디어 의식을 되찾았다.

> 죽음: (울부짖으며) 신이여, 생명을 유지할 목적이라면 어떤 짐이라도 지겠나이다. 그러나 이 짓은 죽어도 못 하겠나이다.
>
> 비슈누: 왜 용기를 잃었느냐? 생명이 지속되는 한 책임을 다해야 한다. 은퇴는 안 된다. 그 대신 그대가 일하는 데 꼭 필요한 것이 무언지 말해보아라. 그 부탁은 들어주겠노라.
>
> 죽음: (곰곰이 생각하더니 깊은 숨을 내쉬며) 제 모습이 사람들한테 보여 이 지경이 된 것이옵니다. 그러니 저는 세상을 보지만 세상은 저를 보지 못하도록 만들어주십시오.
>
> 비슈누: (고개를 끄덕거리며) 알겠노라.

좀 극적인 장면이어서 두 존재의 대화를 연극적으로 재구성해보았다. 이 사건을 계기로 세상에 죽음이 다시 들어오게 되었고, 우리는 우리 곁에 다가오는 죽음을 못 보게 되었다는 이야기다.

이 우화적인 이야기에는 풍부한 메시지가 담겨 있다. 어룬춘 신화가 인간을 만든 원료와 죽음의 관계에 대해 이야기했다면 구룽족 신화는 죽음 자체에 주목한다. 노동은 인간의 숙명이다. 노인은 그 노동이 힘겨워 죽음으로 도망치고 싶었지만, 정작 죽음이 문을 열어주자 죽음을 더 두려워한다. 그는 두려움으로부터 도망치기 위해 노동에서 얻은 정교한 기술로 죽음을 문 안에 가둬버린다. 그 결과, 노인은 죽고 싶어도 죽지 못하는 딜레마에 빠지고 만다.

이 딜레마를 벗어나는 길은 의외로 간단하다. 죽음을 세상에 다시 풀어놓기! 풀려난 사신死神의 소원은 하나뿐이다. 투명신 되기! 죽음은 투명하기 때문에, 인간은 시도 때도 없이 방문하는 목전의 죽음을 보지 못한다. 아니, 죽음의 순간에도 죽음을 보지 않으려고 한다. 아니, 외면하고 싶은 마음이 죽음을 투명한 신으로 만든다.

불사의 꿈은
죽음에 이르는 질병

이 주제를 더 원시적으로 풀어놓은 신화가 뉴기니아 동쪽 트로브리안드 섬에 있다. 100여 년 전에 영국 인류학자 말리노프스키가 조사해 『원시심리학 안의 신화Myth in Primitive Psychology』(1926)에 실은 노파와 딸, 그리고 손녀딸에 얽힌 이야기다.

어느 날 노파가 손녀를 데리고 강 하류로 목욕을 하러 갔다. 노파는 손녀가 안 보는 곳에서 허물을 벗고 손녀에게 돌아왔다. 손녀는 허물 벗은 노파를 알아보지 못하고 무서워 꺼지라고 소리쳤다. 노파는 부끄러워하며 허물을 다시 뒤집어쓰고 손녀에게 되돌아왔다. 손녀는 그제야 알아보고 인사를 했다. 그러면서 어떤 소녀가 왔는데 무서워서 쫓아버렸다고 말한다. 노파는 이렇게 대답한다.

"너는 내가 누군지 알아보려고도 하지 않았어. 좋아, 이제부터 너는 늙게 될 거고 나는 죽게 될 거야."

집에 돌아와 식사 준비를 하고 있던 딸에게도 이렇게 말한다.

"내가 목욕을 갔는데 밀물이 내 허물을 싣고 가버렸단다. 그랬더니 네 딸이 나를 알아보지 못했어. 그 애가 나를 쫓아내더라고. 앞으로 난 허물을 벗지 않을 거야. 이제부터 우린 모두 늙고, 죽게 될 거야."

돌로 만들어 죽지 않았다는 신화와 비슷하게 자연 속에서 얻은 상상으로 보인다. 뱀이 허물을 벗으면서 영생한다고 믿었듯이 인류도 허물을 벗으면 회춘할 수 있다고 신화는 이야기한다. 한데 이 영생의 비밀이 딸한테는 전수되었지만, 손녀딸한테는 미처 전수되지 못한 모양이다. 노파는 딸과는 충돌하지 않았지만 손녀딸하고는 충돌했다. 왜 그랬을까?

노파는 늙음을 상징하고 손녀딸은 젊음을 상징한다. 식사 준비를 하던 딸이자 엄마는 그 중간에 있다. 노파가 허물을 벗고 손녀딸의 상태가 되면 세상에서 죽음이 사라진다. 죽음이 사라지면 세상에는 싸움만 남는다. 노파가 벗어놓은 허물을 보았다면 손녀는 할머니를 내쫓지 않았을 것이다. 그러나 죽음은 손녀의 눈에 보이지 않았다. 죽음이 비슈누한테 그렇게 요구하지 않았던가. 구룽족 노인이 죽음을 가둔 문을 열었듯이 노파는 허물을 다시 입을 수밖에 없었다. 소녀는 노파가 되어 죽을 수밖에 없었다.

죽음의 신화 가운데 가장 오래된 기록은 수메르 서사시 〈길가메시〉

길가메시 부조상. 루브르박물관 소장

다. 길가메시는 죽음을 향한 여정을 강행한다. 천신만고 끝에 그는 우트나피쉬팀을 찾아가 영생을 묻는다. 우트나피쉬팀은 대홍수에서 살아남아 신이 된 인간, 영생을 얻은 인물이다. 한국 무속신화에는 보이지 않는 웹툰『신과 함께—저승편』(애니북스, 2010)의 '염마' 캐릭터는 여기서 아이디어를 얻었는지도 모르겠다. 염마는 저승에 도착한 최초의 인간으로 설정되어 있으니까.

길가메시는 우트나피쉬팀을 만나지만 6일 낮 7일 밤 동안 잠들지 말라는 금기를 지키지 못한다. 바다 속에서 얻은 불로초마저 뱀한테 빼앗긴다. 허물을 벗은 뱀은 영생의 길로 갔고 길가메시는 털썩 주저앉아 울 수밖에 없었다. 마침내 길가메시는 죽는다. 그는 영웅이었지만 죽을 수밖에 없는 인간이었다.

'죽음이란 무엇인가?'라는 질문으로 유명한 예일대의 셸리 케이건 교수는 말한다. "죽음은 끝이라는 생각을 도저히 받아들일 수 없기 때문에 우리가 진정으로 바라고 필요로 하는 가능성으로서 영생을 남겨두고 있다"고. 이는 죽음에 대한 부적절한 반응이고 비합리적인 태도라는 것이다.

그렇다. 그런데 비합리적인 것으로 가득 찬 신화는 오래전부터 죽음과 대면하고 있었다. 죽음이 실종된 세계야말로 죽음이라는 역설적 진리를 신화는 알고 있었다. 올해가 죽지 않으면 내년이 없고, 내가 죽지 않으면 네가 없을 것이다. 그렇다면 불사의 꿈이야말로 죽음에 이르는 질병이 아니겠는가!

타라이한마마가
마신 독물

우리는 때로 좋은 지도자를 필요로 한다. 때로는 착한 신도 필요하다. 이들이 필요한 까닭은 우리 삶이 그러하기 때문이다. 삶이란 문제와 문제해결 과정의 연속이 아니던가. 문제가 발생하면 그것을 해결할 능력자가 긴요해진다. 그것이 공동체의 문제일 때는 더 그렇다. 그렇다면 누가 지도자가 되고 신이 되는가? 신화는 이 문제를 어떻게 다룰까?

'천부적 권위'를
내세운 영웅 부쿠리용손

1635년 10월 13일 만주어로 기록한 만주 기원신화에는 만주를 세우기 전의 상황이 제시되어 있다.[4] 장백산(백두산) 동남쪽 아타리 성城에 세

성씨가 있었는데 족장을 차지하려고 종일 서로 싸웠다는 것이다. 우두머리가 되려고 다투는 일은 어디서나 현재형이다. 만주 기원신화도 이같은 문제적 상황을 던진 뒤 이를 해결하고자 한다. 해결책은 이들의 싸움을 멈추게 할 영웅의 출현이다. 영웅은 어디서 오는가?

천상의 선녀 셋이 장백산 부르후리 호수에 목욕을 하러 내려온다. 목욕을 마친 막내 부쿠룬은 천신 압카언두리의 사자使者, 까마귀가 물고 와 옷 위에 떨어뜨린 붉은 열매를 먹고 임신하여 사내아이를 낳는다. 태어나자 바로 말을 하고 성장 속도가 남달랐던 아이가 자라자 부쿠룬은 이렇게 말한다. "하늘이 너를 낳은 것은 진실로 난국을 안정시키려 함이다. 저 싸우는 곳으로 가 네가 태어난 까닭을 하나하나 상세히 설명하여라." 이 대목은 『만주실록滿洲實錄』(1635)에 기술되어 있다.

'난국안정'이라는 천명을 타고 난 아이는 모친의 명에 따라 배를 타고 내려가 아타리 성 근처에 닿는다. 물을 길러 왔던 사람이 아이를 보고 이상히 여겨 무리를 이끌고 되돌아온다. 그들을 향해 아이는 '나는 천상의 신, 선녀 부쿠룬의 아들이고, 성은 아이신기오로 이름은 부쿠리 용숀'이라고 선언한다. 부쿠리용숀을 맞이한 세 씨족은 합의에 이른다. "우리가 다시 우두머리가 되려고 다툴 필요가 없다. 이미 우리들이 그를 왕으로 높이 모셨으니 마땅히 백리녀를 처로 삼게 해야 한다." 이렇게 결혼, 아타리 성에 정착하여 나라 이름을 만주라고 했다는 것인데 사실 만주는 국명이 아니라 종족명이다. 아이신기오로는 만주족 왕실

4) 『만문노당(滿文老檔)』으로 통칭되는 문헌의 기록인데 만주어로는 '퉁키 푸쿠 신다하 헤르겐 이 당세(Tonki fuku sindaha hergen i danse)'이다.

의 성姓이고, 부쿠리용숀은 그 시조다.

그런데 이런 사실보다 더 눈여겨봐야 할 부분은 부쿠리용숀을 왕으로 추대케 한 힘의 출처이다. 세 씨족 간의 전쟁을 그치게 하고 그들을 하나로 통합한 힘은 그가 천상에서 왔다는 데 있다. 기실 그는 종전終戰을 위해 아무 일도 하지 않았다. 만주족의 최고신 압카언두리가 보냈다는 '천부적 권위'만으로 그는 아타리 성의 문제를 해결한다. 남성 영웅, 건국 영웅이 문제를 해결하는 방식이다.

무력이 아닌
도리를 따른 타라이한마마

한데 만주신화의 여성 영웅은 아주 다른 해결책을 보여준다. 우수리강 동쪽에 고기잡이를 생업으로 삼는 여러 마을이 있었는데 이들도 싸운다. 아마도 물고기가 잘 잡히는 곳을 차지하기 위한 다툼이었을 것이다. 아타리 성의 여러 성씨들이 족장이 되려고 다퉜다면 우수리강 주민들은 생계를 위해 다툰다. 이 또한 문제를 해결할 영웅이 필요한 상황이다.

만주 궈하러족5)이 구전하는 〈타라이한마마〉는 이 문제를 해결하기 위해 타라이가 태어나고, 사라지고, 되돌아와 타라이한, 다시 말해 족장이 되는 신화다. 타라이는 우수리강 어귀 타라이 마을에 사는 늙은 어

---

5) 궈하러족은 청나라 강희제 재위(1661~1722) 초기에 영고탑(寧古塔) 지역에서 투항하여 팔기(八旗)에 편입된 종족으로 중국식 성씨로는 곽성(郭姓)을 쓴다.

니어우즈(왼쪽)와 귀신(오른쪽)이 만주족 신화에 등장하는 '마마'에서 영감을 얻어 만든 작품 〈마마인〉.

부 비양구의 외동딸로 태어난다. 마을 이름으로 이름을 지으면 오래 산다는 속설에 따라 외동딸은 타라이라는 이름을 얻었다. 그러나 열 살 되던 해 타라이는 갑자기 강풍에 휩쓸려 사라진다. 아흐레 밤낮을 찾았지만 그림자도 보이지 않았다.

　타라이는 어디로 날아간 것일까? 신화는 이런 궁금증에 대해 답하지 않고 다음 상황을 던진다. 연어잡이 계절에 그물을 두고 아흐레 밤낮을 싸우는 상황! 그런데 싸움의 방식이 흥미롭다. 두 마을이 기간을 정해 놓고 피터지게 싸워 죽은 사람의 수가 적은 쪽이 이기는 방식이다. 어릴 적 고향에서 경험한 바 있는 우리의 돌싸움[石戰]과 비슷한데 죽도록 싸운다니 석전보다는 강도가 훨씬 세다. 그때 일촉즉발의 대치 상황을 가르며 남쪽으로부터 자줏빛 말을 타고 쌍칼을 휘휘 돌리는 여장수가 나타난다. 스무 살쯤 되어 보이는 처녀, 아무도 그가 누군지 몰랐지만 그는 사실 바람에 쓸려간 타라이였다.

타라이는 마을 간의 싸움이라는 고질을 해결하겠다고 나선다. 그러나 마을 청년들은 빈정대며 정체를 밝히라고 요구한다. 타라이는 자신의 정체를 드러낸 뒤 한 가지 제안을 한다. "만일 누구든 내 두 손을 잡아 벌린다면 싸움에 관여하지 않겠지만 그렇게 못 한다면 내가 시키는 대로 해야 합니다." 어린 처녀를 얕잡아 본 사내들은 서로 나섰다. 먼저 석공 비라, 그는 손을 떼려고 용을 쓰다 얼굴을 붉히며 물러난다. 이를 본 사내들 일고여덟 명이 연이어 대들었지만 타라이는 꼼짝도 하지 않았다.

그때 우수리강 일대의 최고 역사인 나르한이 나섰다. 그는 큰곰을 번쩍 들고 아름드리 자작나무를 뽑는 장사였다. 걱정이 된 아버지는 나르한한테 부탁하기도 하고 딸을 말리기도 했지만, 딸은 그저 웃을 뿐이었다. 굴복하지 않는 타라이에게 화가 난 나르한은 달려들어 두 팔을 잡고 젖 먹던 힘까지 짜내 손을 벌리려 했다. 그러나 타라이는 낯빛 하나 변하지 않은 채 두 손을 모으고 있을 뿐이었다. 나르한은 무릎을 꿇었고 일전을 벼르던 우수리 주민들은 전의를 상실했다.

타라이는 다시 제안을 한다. 우리 앞에 서 있는 큰 버드나무를 뽑을 수 있는 사람이 있느냐고. 사실 이 물음 뒤에는 '나는 얼마든지 뽑을 수 있다'는 뜻이 숨어 있었다. 모두 고개를 젓자 타라이는 힘센 청년 20명을 선발해 함께 뽑아보라고 권한다. 청년들이 힘을 합치자 버드나무는 쉬 뽑혔다. 타라이는 마을 사람들 앞에서 일장 연설을 한다.

여러분, 한 마음으로 뭉치면 황토도 금으로 바꿀 수 있습니다. 그물질을 할 때도 합심해야 합니다. 큰 그물을 혼자서 당길 수 있습니까? 협력해서 함께 고기를 잡읍시다. 목숨을 걸고 싸울 힘으로 고기를 잡는다면 얼마나 좋겠습니까?

연설에 감복한 주민들은 타라이를 여러 마을의 통일 촌장으로 추대했고 타라이는 수락한다. "여러분이 저를 믿어준다면 있는 힘을 다하겠습니다." 타라이는 48개의 고기잡이 터를 균분하고 청년 남성들에게는 무예를, 여성들에게는 길쌈을, 노인들에게는 광주리 엮는 법을 가르친다. 타라이는 우수리강 일대의 부흥을 이끈 위대한 족장이 되었다.

그런데 의문스러운 점이 있다. 타라이의 별명은 '쌍칼여장수'였다. 아마도 사라진 10여 년 동안 신들의 무예를 전수받지 않았을까? 어쨌든 분쟁을 해결하는 과정에서 그는 별명이 무색할 정도로 전혀 쌍칼을 사용하지 않는다. 쌍칼은 무력의 상징이다. 타라이는 분쟁 중인 우수리강 주민들을 얼마든지 무력으로 굴복시킬 수 있었다. 그러나 그는 내재된 힘을 발휘하지 않는 전략으로, 연설을 통해 협력을 이끌어내는 전술로 성난 주민들을 굴복시킨다.

이런 일도 있었다. 한 젊은이가 사냥을 갔다가 타라이의 관할 밖에 있는 하마탕 마을에서 사슴을 훔친다. 사슴을 찾으러 온 이웃에게 젊은이는 사과는커녕 폭력을 돌려준다. 그러자 하마탕 사람들이 사생결투를 신청한다. 이를 안 타라이는 하마탕 촌장이 내건, '사슴을 되돌려주고 채찍 50대를 맞으라'는 조건을 수용한다. 그리고 스스로 채찍을 맞는다. 이 행동이 도둑질한 젊은이도, 하마탕 주민들도 감동시킨다.

일이 마무리된 뒤 사람들이 묻는다. 하마탕 사람들이 무서워 싸움을 피하느라 채찍을 맞았느냐고. 타라이는 이렇게 대답한다. "내가 무서워한 것은 하마탕 사람들이 아니라 도리입니다." 타라이는 무력이라는 손쉬운 길이 아니라 '도리'라는 더 어려운 길을 선택한 족장이었다.

자신을 태워 세상을 밝히는
'역설적 것들'

아메리카 인디언 사회를 연구한 인류학자 로버트 로위는 1948년에 흥미로운 논문을 발표한다. 그는 남북 아메리카의 모든 인디언 사회에서 발견되는 족장의 공통점 셋을 든다. 첫째가 족장은 평화중재자라는 것. 족장은 강제가 아니라 전원합의에 의해 평화를 이끌어낸다. 셋째는 말을 잘하는 자만이 족장의 지위를 얻을 수 있다는 것. 전원합의에 이르려면 말로 모든 구성들을 설득해야 하니까! 타라이한이 바로 그런 족장이었다. 그는 무력에 의한 강제를 버리고, 설득력 있는 연설을 통해 우수리강 주민들의 합의를 이끌어낸 지도자였다.

그러나 타라이한이 족장을 넘어 신이 되는 데는 또 하나의 과정이 있어야 한다. 그것은 바로 인간과 신 사이의 평화중재자가 되는 과정이다. 이 과정을 살펴려면 이야기를 더 따라가야 한다.

타라이한에게 불만을 품은 세 젊은 적대자가 신통력 있는 늙은 이리와 연합하여 타라이한과 대결한다. 그 과정에서 타라이한은 이리의 침이 담긴 독毒 단지를 선물로 받는다.

이날 타라이는 여러 사람들과 함께 남쪽 하구에서 한창 고기잡이를 하고 있었다. 날씨가 너무 더워 목이 마르던 참에 세 젊은이가 아가위즙 한 단지를 들고 타라이 앞에 와 공손히 말하였다.

"우리를 가르쳐주셔서 고맙습니다. 날씨가 이렇게 더운데 보답할 방법이 없어서 아가위즙을 가져왔으니 목이 축이십시오."

타라이는 세 젊은이와 아가위즙을 바라보더니 웃으며 말했다.

"당신들 세 분의 마음이 정말 고맙긴 하지만 이 아가위즙은 냄새가 너무 역하니 돌단지에 담아두면 좋겠군요. 그렇지만 가련한 오빠, 어질고 약한 내 마음에 어찌 안 마실 수 있겠어요."

이 말은 원래 늙은 이리가 한 말인데 그녀가 어떻게 이 말을 할 수 있었을까 세 사람은 놀라지 않을 수 없는 일이었다. 처녀는 아가위즙을 받아 들고 다시 말하였다.

"나는 이 즙을 마시고 싶지는 않지만 당신들 호의를 거절하기 어려우니 감사히 받겠어요."

타라이한은 아가위즙이 독물임을 간파하고 있었지만 '호의를 거절하기 어려워' 단번에 마신다. 이는 바로 로위가 지적했던 족장의 둘째 특징이다. 족장은 '피통치자들의 끊임없는 요구를 거절할 수 없다'는 것! 그래서 족장은 경제적으로는 제일 가난한 상태에 처한다. 재화에 대한 요구는 아니었지만, 타라이한은 적대적 주민들의 호의조차 거절할 수 없었던 것이다. 거절은 스스로를 부정하는 일이었기 때문이다. 타라이한은 '족장답기' 위해 죽음마저 받아들인다.

그러나 죽음이 끝은 아니다. 타라이한은 스스로의 유언에 따라 자작나무 껍질에 싸여 큰 소나무에 매달린 뒤 부활한다. 타라이한이 없는 마을을 공격하는 이리떼를 물리쳐야 했기 때문이다. 죽음과 부활의 과정은 족장 타라이한이 타라이한마마 신으로 승화되는 통과의례의 과정이었다. 타라이한은 대가를 바라지 않고 마을연합체를 위해 자신의 목숨을 선물로 내놓음으로써 신이 된 것이다. 타라이한은 악신을 제거하여 인간과 신 사이의 화해를 이뤄냄으로써 만주 귀하러족의 조상신이 되었다.

부쿠리용숀과 타라이한마마, 둘 다 집단들 사이의 갈등을 해결하여 지도자가 된다. 전자는 청 황실을 이룩한 아이신기오로 집안의 조상으로 신격화되었고, 후자는 귀하러족의 조상신이 되었다. 전자는 '천명'이라는 일방적 권위로, 후자는 힘을 억제한 채 독약마저도 사양하지 않음으로써 지도자가 되고 신이 되었다.

부쿠리용숀과 타라이한마마 가운데 오늘 우리에게 필요한 지도자, 혹은 신은 어느 쪽일까? 내부에 강력한 힘을 지니고 있음에도 그 힘을 절제하는 지도자, 오히려 가장 나약한 존재처럼 목숨을 내놓는 역설의 신 타라이한마마가 그런 존재가 아닐까? 인류를 구원할 존재는 슈퍼파워를 마음껏 발휘하는 '마블Marvel Cinematic Universe'의 초능력자들이 아니다. 오히려 촛불처럼, 하염없이 흔들리면서도 자신을 태워 세상을 밝히는 '역설적 것들'이다.

형제 갈등 신화의
패러독스

국어학자 심의린(沈宜麟, 1894~1951)이 1926년 펴낸 『조선동화대집朝鮮童話大集』을 보면 〈착한 아우〉라는 제목을 단 '동화'가 실려 있다. 우리가 잘 아는 '악한 형과 선한 동생' 이야기다.

　하루는 배가 너무 고팠던 착한 아우가 형수한테 밥을 달라고 한다. 그때 방에 있던 형이 뛰어나와 '뭔 밥이냐'고 소리를 지르면서 화로에 꽂혀 있던 부젓가락으로 아우의 눈을 찌르고는 쫓아낸다. 아픈 눈을 감싸 안고 뒷산에 올라간 아우는 자신의 신세를 한탄하며 죽을 작정으로 높은 나무에 올라간다. 목을 매려고 허리띠를 풀고 있는데 나무 밑으로 호랑이 한 쌍이 온다. 놀라 숨을 죽인 사이 호랑이들이 주고받는 말을 듣게 된다.

"사람들은 아무것도 모르더라. 저 산봉우리 뒤에 있는 샘물로 눈을 씻으면
장님도 눈을 뜨는데 모르고 그냥 다니더라."
"그래, 사람같이 미련한 것들이 또 있다더냐. 그 샘물 밑으로 좀 내려오면
큰 바위 밑에 금독 은독이 묻혀 있는 것도 모르더라."

아우는 죽을 마음을 버리고 샘물을 찾아 눈을 치료한다. 바위 밑을
파내어 금은으로 논밭을 사고 큰 집도 지어 부자로 산다. 형이 소문을
듣고 찾아와 자초지종을 묻자 착한 아우는 곧이곧대로 일러준다. 아우
한테 제 눈을 찔러달라고 했지만 들어줄 리 없다. 오히려 아우는 재산
절반을 나눠주겠다며 말린다. 하지만 형은 제 눈을 스스로 찌르고는 뒷
산 나무에 올라간다. 조금 뒤 호랑이들이 나타났지만 기대와 달리 사람
냄새가 난다면서 형을 잡아먹으려고 한다.

한데 마무리가 좀 이상하다. "한 번 더 용서하는 것이니 아우의 말을
잘 들어라." 이렇게 꾸짖고는 호랑이들이 간곳없이 사라졌다는 것이다.
이 대목은 아무래도 심의린의 개작으로 보인다. 『조선동화대집』은 방
정환과 아동문화운동을 함께했던 심의린이 어린이용 '동화구연자료집'
으로 묶은 책이다. 아마도 형제간의 '우애'를 강조하고 착한 아우를 돋
보이게 하려고 고쳤으리라. 사실 구전되는 이 민담의 결말은 악한 형이
호랑이한테 잡아먹히는 것이다. 조선 후기에는 판소리 〈흥보가〉로 연
창되기도 한 전형적인 권선징악 이야기다.

나는 이 '선악형제담'을 듣거나 읽을 때마다 이 민담이 대단히 신화
적이라는 생각을 하곤 한다. 형제들은 싸우게 마련이다. 자매들도 그렇

다. 그 갈등은 근본적으로 성장기에 부모의 애정을 차지하려는 욕구에서 비롯된다. 그래서 심리학에서는 형제자매를 '타인의 시작'이자 '영원한 경쟁자'라고 말한다. 그러니 문제로 삼을 바는 갈등 자체가 아니라 갈등을 조절하는 방법 또는 과정이다. 그렇다면 선악형제 이야기는 갈등을 어떻게 조절하고 있기에 신화적이라고 말하는 것인가? 심의린은 나쁜 형을 교화하려고 '한 번 더 용서하는 호랑이'라는 결말 형식을 만들어냈지만, 신화는 본래 그런 교화에는 관심이 없다.

승패가 뒤집히는
창세신화와 민담

먼저 선악형제담의 수원지인 창세신화로 우회해보자. 〈천지왕본풀이〉나 〈초감제〉 등으로 불리는 제주도 창세신화에는 천지왕 또는 옥황상제(하늘옥황)로 불리는 창세신이 등장한다. 이 창세신에게는 쌍둥이 아들이 있다. 창세신이 하강해 지상의 여성과 짝을 지어 낳은 반인반신의 영웅들이다. 이들은 아버지의 창세 과업에 동참하는데, 주요 임무는 해와 달의 숫자를 조절하여 음양과 사계의 질서를 만드는 일이다. 이들은 해와 달이 둘씩 솟아 있는 무질서의 상태를 천근의 무쇠 화살로 쏘아 정리한다. 화살에 맞아 떨어진 해와 달은 별로 재탄생한다. 아버지의 창세 과정에 동참하는 이들 쌍둥이도 창세신이다. 별을 만들었다고 해서 대별왕·소별왕이란 이름도 붙은 것으로 보인다.

　이들이 아버지의 명을 받아 '일월쏘기'라는 공동의 목표를 향해 달릴 때는 갈등이 없었다. 창세신 아버지의 애정이 한쪽으로 쏠릴 일이 없었기 때문이다. 그러나 천지일월성신의 질서 위에 창조된 '인간 세상을 누가 다스릴 것인가'라고 묻자 갈등은 촉발된다. 둘이 균분한다면 문제가 없을 수도 있겠지만, 한쪽이 독차지해야 한다면 싸움은 피할 수 없다. 창세의 과정에는 선악이 개입될 여지가 없다. 하지만 창조된 세계를 차지하는 과정에는 선악의 개입이 불가피하다.

이 세상을 독점하기 위해 형제는 저 유명한 수수께끼 내기를 벌인다. 내기의 목표는 '이승을 관리할 만한 창조력을 누가 가지고 있는가'를 판정하는 데 있다. 몇 단계의 내기를 거쳐 마지막 종목에 이른다. 유라시아 신화사에서 가장 인상적이라고 해도 좋을 '자면서 꽃 피우기 내기'다.[6]

한데 이 내기에서 가장 긴요한 대목은 창조력을 내재하고 있을 뿐 아니라 선한 의지를 지니고 있는 형 대별왕이 진다는 사실이다. 사실 그는 이기고도 진다. 자신이 피운 꽃을 동생한테 도난당했기 때문이다. 게임의 규칙을 위반한 동생이 결국 세상을 차지한다. 소별왕으로 인해 세상에 악이 들어온다. 소별왕이 '인간 정권을 잡으면 인간 세상에 도적이 많을 것'(문창헌 본, 〈천지왕본〉, 1929~1945)이라고 아버지 천지왕이 예언하지 않았던가. 형은 이렇게 더 구체적으로 말하고 있지 않은가!

"설운 아우 소별왕아 이승법을 차지하여 들어서라마는 인간에 살인, 역적이

---

6) 자세한 내용은 〈태초에 싸움이 있었다〉(『우리 신화의 수수께끼』, 한겨레출판, 2006)를 참조하라.

많으리라. 검은 도둑이 많으리라. 남자 자식은 열다섯이 되면은 자기 가속

놓아두고 남의 가속 우러르기 많으리라. 여자 자식도 열다섯이 되면은 자기

남편 놓아두고 남의 남편 우러르기 많으리라. (정주병 본, 〈천지왕본풀이〉, 1980)

그렇다면 소별왕이 이 세상을 차지함으로써 형제의 갈등은 봉인된 것인가? 그렇지 않다. 창세신화는 형제의 갈등을 다른 방식으로 조절한다. 창세신화는 '공간의 분할'을 통해, 다시 말해 '저승'을 창안함으로써 갈등을 조절한다. 내기에서 진 착한 대별왕은 저승의 주인으로 자리 잡는다. 그래서 그가 다스리는 저승은 '맑고 청량한 법'이 있는 '좋은 곳'이다. 그래서 대별왕과 소별왕의 싸움에서는 패배가 승리가 되고 승리가 패배가 되는 역설이 성립된다. 개똥밭에 굴러도 이승이 좋다는 속담이 아니라 '저승이 좋다'는 신화적 패러독스가 구축된다. 이들 형제신 사이에 영원한 승패는 없다. 요컨대 저승과 이승, 음과 양의 순환이 있을 뿐이다.

창세신화의 갈등조절이라는 거울에 선악형제담을 비춰보면 어떨까? 선악형제담에는 공간 분할이 없다. 저승도 없다. 사건과 사건의 해결이 이승에서만 이뤄진다. 착한 아우의 불행은 지속되지 않고 마침내 '이곳에서의 행복'으로 역전된다. 동생의 눈을 찌르는 것으로 만족할 수 없었던 형의 행운은 동생의 행동을 모방하는 사이 불운으로 역전된다. 우리가 흔히 '행복한 결말'이라고 부르는 민담의 구조는 선과 악, 행운과 불운의 균형을 회복하려는 우리의 무의식이 주조해낸 것이다. 현실과 의식에서는 그 균형이 깨어져 있으므로!

창세신화의 거울에 비추니 저승의 창안 대신 말하는 호랑이와 같은

환상을 끌어들여 현실의 불균형을 해소하려는 민담의 전략이 드러난
다. 벗어날 수 없는 불행을 꿈에서라도 벗어나보려는 욕망의 상상적 해
소 전략! 그래서 선악형제담의 구조에 담긴 생각이 창세신화의 생각과
닮았다고 했던 것이다.

승자가 정의인
왕권신화

그렇다면 국가권력을 두고 형제가 다투는 왕권신화의 경우는 어떨까?
일본에서 가장 오래된 역사책인 『고사기古事記』(712)에는 형제 갈등을
다룬 신화들이 적지 않은데 그 가운데 16대 닌토쿠[仁德] 천황이 등장하
는 이야기가 흥미롭다. 닌토쿠의 본래 이름은 오사자키노모코토[大雀命],
그는 이복동생인 우지노와키이라쓰코[宇遲能和紀郞子]와 왕위를 두고 다
툰다. 그런데 이들의 다툼은 왕위 차지가 아니라 왕위 양보를 위한 다
툼이었다. 오랜 세월 서로 사양하다가 동생이 죽는 바람에 형이 천황
이 되었다는 미담이다. 동생이 자살했다는 『일본서기日本書紀』(720)의 기
록을 참고하면 실상은 미담이 아니었겠지만 『고사기』는 나란히 배치한
추담醜談을 돋보이게 하려고 그렇게 꾸민 것으로 보인다.
　무엇이 추담인가? 15대 오진[應神] 천황은 아들이 많았다. 부인 여럿
이 낳은 배다른 형제들이다. 그중 오사자키노모코토가 뒤를 이었는데
그는 이복동생인 우지노와키이라쓰코에게 양위讓位를 결정한다. 여기
까지는 앞의 이야기와 연결되어 있는 미담이다. 그런데 새로운 인물이

끼어들면서 국면이 전환된다. 또 다른 이복형 오야마모리노미코토[大山守命]가 왕위를 노리고 아우를 죽이려고 했기 때문이다. 어느 왕조에나 있을 법한 역모가 천황가의 신화적 계보에서도 일어난다. 추담의 시작이다.

오사자키노모코토로부터 정보를 입수한 우지노와는 하인을 변장시켜 왕처럼 높은 자리에 앉혀놓은 뒤 자신은 천한 뱃사람으로 위장한다. 병사들은 강변에 숨겨놓고 배를 타고 기다린다. 형 오야마도 병사들을 잠복시킨 뒤 옷 안에 갑옷을 감추고는 강 건너편에 있는 동생을 만나려고 배에 오른다. 배가 강 한가운데에 이르렀을 때 우지노와는 배를 기울여 형을 물속에 빠뜨린다. 그때 강변에 숨어 있던 병사들이 일제히 화살을 날린다. 반역자 오야마는 강물에 떠내려가 가와라노 곶에서 시신으로 발견된다. 왕권을 두고 형제가 다투는 이야기의 결말은 언제나 비극이다. 그러나 남은 것은 승자의 기록이기 때문에 비극은 패자 쪽의 결말일 뿐이다. 민담 같은 역전은 없다.

오진 천황의 배다른 자식들 사이의 싸움과 비슷한 이야기가 고구려에도 있다. 주몽과 대소의 대를 이은 투쟁담이 그것이다. 아버지 하백으로부터 쫓겨난 유화는 이미 주몽을 잉태한 상태였다. 고려 후기의 승려 일연이 편찬한 『삼국유사三國遺事』의 주몽신화에 따르면 유화는 태백산 남쪽 우발수에서 동부여왕 금와를 만나 그의 궁실에 유폐된다. 유폐라고 표현되어 있으나 실상 유화는 임신 중에 금와의 새 부인이 된 것이다. 그래서 주몽은 동부여의 왕자로 탄생한다. 그뿐 아니라 햇살과 새와 짐승들이 지켜준 알에서 태어난 데다 일곱 살에 스스로 만든 활과

백성을 살펴보는 닌토쿠 천황. 도요하라 치카노부 그림

살로 백발에 백중일 정도로 명사수였다. 금와왕의 애정이 쏠렸으니 대소 이하 배다른 일곱 형들과의 갈등은 불가피했다.

우리가 잘 아는 대로 형들의 살해 위협은 동부여 탈출의 계기가 된다. 물론 이 탈출이 주몽으로 하여금 고구려를 건국하게 했지만 갈등은 멈춤 버튼을 모른다. 고려 중기의 유학자 김부식이 편찬한 『삼국사기』(1145년)를 보면 금와의 뒤를 이은 동부여 왕 대소는 고구려에 집착한다. 대소는 주몽의 계승자 유리왕 28년에 고구려에 사대의 예를 요구했다가 거절당했고, 32년에는 침입했다가 격파당한다. 집착은 전쟁을 촉발했고 대소왕은 유리왕을 계승한 대무신왕(무휼) 5년, 고구려와의 전투 중 피살되고 만다. 〈고구려본기〉는 이 승리의 대목에 키가 9척이나 되는 거인에 얼굴이 희고 눈에 광채가 났다는 괴유怪由라는 신비한 인물을 등장시킨다. 그는 대무신왕이 출병했을 때 대소의 목을 베어 오겠다고 자원했고 그렇게 한다. 동부여 대소의 비극이 주몽의 손자 대무신왕에게는 천신의 방조로 이룩한 복수극이었던 셈이다. 여기에도 승패의 역전은 없다.

왕권신화에서는 주인공의 선악이 문제되지 않는다. 왕권신화는 승자의 기록이고 승자의 신화이기에 이긴 쪽이 선일 뿐이다. 그러나 민담은 패자의 말이고 약자의 '신화'다. 그래서 민담에서는 처음에는 지다가도 마지막엔 약자가 승리한다. 착한 동생의 눈이 치료되고 부자가 되는 결말 형식은 약자를 지켜주는 민담의 헌법이다. 이 민담의 헌법은 창세신화의 거울 이미지다. 그래서 창세신화는 승패와 선악, 이승과 저승의 절묘한 균형을 이야기로 보여준다. 이 균형을 깨는 것은 늘 권력욕이고, 왕권신화는 권력욕의 서사화다.

형제갈등담의 창문으로 들여다보면 한쪽에서는 창세신화가, 다른 한쪽에서는 민담이 왕권신화의 발목을 잡고 있는 그림이 보인다. 그러니 "한 줌의 권력 때문에 그렇게 칼을 휘두르지 말라고, 그래 봐야 잠깐일 뿐이야!" 그림이 속삭이는 것 같다.

꽃의 여신과 생명의 씨앗

내가 일하는 학교에는 '민주화의 길'이라는 길이 있다. 민주화운동 과정에서 산화한 학생들의 추모비 12개를 이어주는 길이다. 그 길을 따라 가을 교정을 걷노라니 누가 다녀갔는지 마른 꽃들이 추모비 앞에 놓여 있다. 아직 마르지 않은 국화다발은 그윽하다. 우리는 왜 망자를 추념하기 위해 '꽃'을 바치는 것일까?

『식물의 역사와 신화』(양영란 옮김, 갈라파고스, 2005)를 쓴 프랑스 작가 쟈크 브로스는 우리는 종종 '우리가 호흡하는 공기까지도 식물한테서 얻었다는 사실을 잊어버린다'고 했다. 식물이 없다면 지구에 산소가 있을 수 없고, 산소가 없다면 인간도 존재할 수 없다는 것이다. 식물은 지구 생명의 근간이다. 그런 식물의 절정에 꽃이 있다. 꽃에서 우리가 생명의 클라이맥스를 느끼는 것은 지극히 자연스럽다. 꽃의 상징성은 여기서 비롯되었다. 구석기 유골 곁에서조차 종종 꽃가루 흔적이 발견되는 것도 이 상징성과 무관치 않을 것이다.

천지를 만들고
인간을 빚은 '꽃할머니'

한국을 대표하는 신화 〈바리데기〉에는 의문스러운 대목이 하나 있다. 막내딸을 버린 뒤 아버지는 죽을병에 든다. 점을 쳐보니 병을 고칠 약은 하나밖에 없다. 삼신산의 불사약, 동해용왕의 비례주, 봉래산의 가얌초, 안아산의 수리치와 같은 명약들이 거론되기도 하지만 여러 이본에 공통으로 거론되는 것은 '약(령)수'다. 그런데 약수를 구하러 서천서역국, 곧 저승에 간 바리데기가 천신만고 끝에 구해 오는 것은 약수만이 아니다. 바리는 꽃도 꺾어 온다. 환생화還生花, 구체적으로는 뼈살이꽃·살살이꽃·숨살이꽃 같은 이름의 꽃들이다. 갈 때와 올 때가 다르다. 약수만으로도 가능했을 텐데 일종의 이중처방, 겹 상징이다. 왜 그랬을까?

저승에 꽃이 있는 데는 이유가 있다. 세계를 창조한 신들은 인간 세상의 치리권을 두고 다툰다. 한반도에서는 미륵님과 석가님, 제주도에서는 대별왕과 소별왕이 그들이다. 너무나도 유명한 이야기여서 되풀이하기 미안하지만, 두 신은 '자면서 꽃 피우기 내기'를 한다.[7] 미륵님과 대별왕은 깊은 잠을 자면서 무릎이나 그릇에서 꽃을 피워 올린다.

---

7) 자세한 사연에 대해서는 1부에 실린 〈창세신들의 경쟁과 협력〉, 〈형제 갈등 신화의 패러독스〉를 보라.

자는 척만 한 석가님이나 소별왕 쪽은 꽃을 피우는 데 실패한다. 이제 승패가 정해졌을까? 그리 간단치가 않다.

이 대목에서 거대한 신화사적 사건이 발생한다. 내기에서 진 쪽이 패배를 인정하지 않고 이긴 쪽이 피워 올린 꽃을 꺾어 제 것인 체한다. 이 사태를 받아들일 것인가 말 것인가? 결정권은 이긴 쪽에 달렸다. 여기서 미륵님과 대별왕은 이승의 치리권을 '사기꾼' 신에게 넘겨주고 저승행을 선택한다. '더럽고 축축한 이승'과 '맑고 청량한 저승'이라는 역설적 공간배치도를 남기면서. '저승의 꽃'은, 자면서 꽃 피우기라는 창조적 권능을 지닌 미륵님 혹은 대별왕이 태초에 그리로 갔기 때문에 거기 있는 것이다.

중국 남부에 거주하는 쫭족[壯族]을 비롯, 마오난족·부이족·무라오족 등은 화파花婆 신앙을 소중히 전승하고 있다. 화파는 화왕성모花王聖母·화림성모花林聖母·화파왕花婆王 등 다양한 존칭으로 불리는데 '꽃할머니'란 뜻이다. 이 꽃할머니가 꽃밭에서 키우는 꽃을 인간 세상에 전해주면 아이가 태어난다는 믿음을 이들 종족들은 공유하고 있다. 꽃할머니가 화림선관花林仙官을 통해 꽃을 전해준다는 말이 있는 것을 보면 꽃산 혹은 꽃숲은 신(선)들의 세계에 있는 것이 분명하다.

쫭족의 꽃산 상상력은 여기서 그치지 않는다. 꽃산에는 붉은 꽃과 하얀 꽃이 있는데 붉은 꽃을 주면 여자아이가, 하얀 꽃을 주면 남자아이가 태어난다고 한다. 꽃산에 벌레가 들거나 가뭄이 들면 아이들도 병이 든다. 그러면 무당을 모셔 꽃할머니를 부르는 굿을 한다. 벌레를 잡고 물을 주라고. 꽃이 살아나면 아이도 살아난다고 믿는다. 꽃할머니가 두

중국 좡족 화파절 축제의 꽃할머니.

꽃을 한 곳에 심으면 인간 세상에 부부가 탄생한다고도 한다. 죽으면 모두 꽃산으로 돌아가 꽃이 된다고도 한다. 참으로 아름다운 상상이다. 좡족의 꽃할머니 신앙을 뒷받침해주는 신화가 있다.

하늘과 땅이 갈라진 뒤 대지는 황막했다. 나중에 잡초가 자라나더니 꽃이 피었고 꽃 속에서 맨몸에 머리를 풀어 헤친 한 여인이 나왔다. 그녀가 바로 무류자[姆六甲]다. 무류자는 신들을 보내 하늘과 땅을 고치게 하였는데 하늘은 작고 땅은 커서 땅이 덮이지 않았다. 무류자가 손으로 땅 한가운데를 한 번 긁자 하늘과 땅이 딱 들어맞았다. 그때 땅이 구겨져 높은 곳은 산이 되고 낮은 곳은 바다와 호수와 강이 되었다. 무류자는 땅에 생기가 없는 것을 보고는 바람을 쐬어 임신하고, 오줌을 누어 진흙으로 사람을 빚

었다. 그러나 아직 남녀 구분이 없었으므로 무류자는 산에 올라가 양도楊
桃와 고추를 따 땅에 던지고는 아이들한테 줍게 했다. 양도를 주은 쪽은
계집아이가 되고 고추를 주은 쪽은 사내아이가 되었다. 좡족은 무류자를
생육신生育神으로 여긴다.[8]

여신이 천지를 만들고 인간을 빚는 전형적인 여신창조신화다. 여신
이 바람으로 임신하고 오줌으로 진흙을 개어 사람을 빚었다는 화소가
특이하다. 여와女媧 신화를 비롯하여 진흙으로 사람을 빚는 신화는 적
지 않지만, 바람과 오줌과 흙의 조합은 좡족 신화만의 개성인 것으로
보인다.

무류자 창세신화와 꽃할머니의 연결고리는 둘이다. 하나는 이름인데
꽃할머니를 모시는 광시성 핑궈현[平果縣]의 어떤 사당에서는 꽃할머니
를 '무냥[姆娘]'이라고 부른다. 무냥은 무류자할머니 정도의 뜻이다. 꽃
할머니와 창조여신 무류자가 동일시되고 있는 셈이다. 다른 하나는 무
류자의 탄생 이야기다. 신화가 말하듯이 무류자는 꽃 속에서 나신으
로 태어난다. 꽃의 여신이 꽃봉오리 속에서 탄생하는 것은 자연스럽
다. 이 장면은 힌두 신화의 브라흐마 탄생담을 닮았다. 태초에 비슈누
가 물 위에서 잠을 자는 동안 배꼽에서 피어오른 연꽃 속에서 브라흐
마가 태어났다는 신화 말이다. 브라흐마와 달리 무류자는 여신이지만
꽃과 신의 탄생을 연결하는 신화적 발상은 같다. 꽃으로 아이를 점지

---

8) 『중국각민족종교여신화대사전(中國各民族宗教與神話大詞典)』(학원출판사, 1993), 784쪽.

하는 꽃할머니는 창조여신의 신화와 민간신앙이 결합된 결과라고 해도 좋을 것이다.

삼승할망이
꽃을 '몰래' 꺾은 이유

무류자 여신과 꽃할머니 신화를 읽노라니 자연스레 제주도 신화의 여신 삼승할망(삼신할미)이 떠오른다. 삼승할망 역시 꽃할머니이기 때문이다. 삼승할망은 아이의 출산이나 건강을 기원하는 '불도맞이굿'에서 모시는 여신이다. 산육신産育神 삼승할망의 다른 이름이 불도신인 것도 그 때문이다. 그렇다면 삼승할망은 어째서 꽃할머니인가? 〈삼승할망본풀이〉 또는 〈생불할망본풀이〉가 그 의문을 풀어준다.

삼승할망은 본래 인간 세상 출신이다. 그녀는 첫째 삼승할망이 제 역할을 못 하자 새로 선발된 존재다. 옛 삼승할망은 용궁 출신이다. 본래 동해용왕의 딸이었던 옛 할망은 어미 젖가슴을 때리고 아비 수염을 뽑고 씨앗을 망가뜨리는 등등의 죄로 인간 세상에 쫓겨 나오는데, 먹고는 살아야 하니 삼승할망 자리를 맡긴다. 한데 결함이 있었다. 아비의 불호령에 급히 용궁을 떠나느라 잉태 기술은 익혔지만, 출산 기술은 익히지 못했다는 뼈아픈 사실! 아이를 못 낳아 아이도 죽고 산모도 죽어가니 세상에는 난리가 난다. 이 사태를 해결하려고 새로 뽑은 존재가 인간 세상의 똑순이 맹진국따님애기다.

문제는 이승을 아기들의 저승으로 만들어버린 동해용왕따님애기를 어떻게 축출할 것인가 하는 데 있었다. 둘은 하늘로 올라가 천신 옥황상제 앞에 선다. 대별왕·소별왕의 대결처럼 누가 적임자인지 결판을 내야 한다. 이 대목에서 바로 꽃이 등장한다. 옥황이 낸 시험 종목이 '누가 은대야에 꽃을 심어 번성하게 하는가'였던 것. 구연본에 따라 모래밭에 꽃씨를 뿌려 꽃을 피우는 형식도 있지만, 초점은 누가 꽃을 피울 능력을 갖추었느냐는 데 있다. 예상하듯이 옛 삼승할망의 꽃은 처음에는 번성한 듯했으나 금방 시들어버리고, 새 삼승할망의 꽃은 처음에는 약한 듯했으나 나중에는 4만 5600가지 꽃이 피어난다. 번성꽃을 피워낸 맹진국따님애기가 진짜 꽃할머니가 되지 않을 수 있겠는가?

이 신화를 구연한 뒤 심방은 '꽃타러듬'과 '꽃풀이'라는 퍼포먼스를 펼친다. 꽃타러듬은 저승의 꽃밭(서천꽃밭)에 몰래 들어가 꽃을 따 오는 행위다. 이 꽃을 '생불꽃'이라고 부르는데 생불은 '생명의 씨앗'이란 뜻이다. 꽃이 생명의 씨앗을 함축하고 있다고 여기는 것이다. 그래서 삼승할망의 별명이 생불할망이다. 심방이 삼승할망을 대신하여 따 오는 꽃의 색깔에 따라 딸·아들이 결정되고, 수명의 장단과 출세 여부가 정해지는데 꽃풀이란 꽃의 상태를 보고 아이의 운명을 풀이하는 행위다. 서천꽃밭의 꽃은 삼승할망을 통해 이승으로 배달된다.

그런데 이상한 점이 있다. 왜 꽃밭에 '몰래' 들어간다고 할까? 그것은 삼승할망이 쟝족의 화파와 달리 서천꽃밭의 관리자가 아니기 때문이다. 제주 창세신화로 보면 저승의 최고신인 대별왕이 꽃밭의 주인이다. 대별왕은 창세의 시간에 자면서 꽃을 피워 올리지 않았던가. 하지만 실질적으로 서천꽃밭의 열쇠를 쥐고 있는 신은 사라도령과 그의 계승자

할락궁이다. 이들은 꽃타러듬 제차祭次 전에 구연되는 또 다른 신화 〈이공본풀이〉의 주인공들이다.

사라도령이 꽃밭 감관이 되려고 길을 떠난 뒤 태어난 아들 할락궁이는 아버지를 찾아와 꽃을 타 간다. 탐욕에 눈이 먼 자현장자에게 살해된 어머니 원강아미를 살릴 환생꽃, 복수에 쓸 싸울꽃·악심꽃 등등이다.[9] 환생과 복수를 마무리한 할락궁이는 사라도령의 뒤를 이어 서천 꽃밭 지킴이가 된다. 그렇기 때문에 이승의 신인 삼승할망은 마음대로 저승을 드나들 수 없다. 가더라도 꽃밭에는 몰래 들어가야 하는 것이다. 생각해보라. 몰래 들어가야 좋은 꽃을 꺾어 올 수 있지 않겠는가. 꽃 타러 드는 심방의 위세도 올라가지 않겠는가.

생명과 죽음은
하나라는 역설

물은 생명의 근원이다. 동시에 물은 홍수신화가 함축하고 있듯이 파괴와 재생의 상징이다. 하나의 생명이 시작되려면 다른 생명이 죽어야 한다. 그래서 파괴와 재생은 빛과 그림자처럼 하나이면서 둘이다. 제사 전에 목욕재계를 하고, 물로 세례를 받는 까닭도 재생이 과거의 죽음을 동반하기 때문이다. 바리데기가 찾아야 할 약수가 저승에 있는 이유가 여기에 있다. '저승의 약수'라는 역설적 세계 인식은 물이 죽음과 생명

---

9) 자세한 이야기는 〈서천꽃밭에는 누가 있을까〉(『우리 신화의 수수께끼』, 한겨레출판, 2006)를 참조하라.

을 한 몸에 지니고 있는 데서 흘러나온다.

물이 있으면 식물이 있다. 식물이 있으면 꽃이 있다. 바리데기는 약수를 구하러 갔지만 약수가 흐르는 곳에는 꽃밭도 있었다. 약수가 흐르니 죽음의 세계에도 꽃밭이 있을 수 있다. 그러니 약수를 찾으러 갔던 바리데기가 숨결도 살도 뼈도 되살릴 수 있다는 생명꽃까지 가져온 것은 당연하지 않겠는가? 병든 아비를 두고 집을 떠났지만, 오랜 세월이 흘렀으므로, 아비는 이미 죽었으므로, 약수도 환생화도 필요했던 것이리라.

추모비 앞의 마른 꽃이 죽었다고 말하지 말자. 그 안에는 생명의 씨앗이 숨 쉬고 있다. 망자의 고운 뜻도 함께 호흡하고 있다. 말라가는 가을 교정에서 나는 꽃의 여신의 숨결을 느꼈다.[10]

---

10) 창족의 화파 신앙에 대해서는 김선자 연세대학교 교수의 「중국 남부 소수민족 신화에 나타난 꽃의 여신과 민속, 그리고 서천꽃밭」(『비교민속학』 45)을 참조했다.

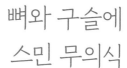

뼈와 구슬에
스민 무의식

2018년 5월 30일, 고성 건봉사에서 신흥사 조실 무산 스님의 다비식이 있었다. 문인들과 스스럼없이 지냈고 스스로 시인이기도 했던 그의 시 제목처럼 '아득한 성자'가 되었다. "뜨는 해도 다 보고/ 지는 해도 다 보았다고/ 더 이상/ 더 볼 것 없다고/ 알 까고 죽은 하루살이 떼"가 되었다.

그런데 불의 신 아그니와 만나는 다비 의례는 사리를 남긴다. 사리의 정체에 대한 신비주의적 논란이 없지 않지만, 어쨌든 사리는 신골身骨, 뼈의 변형이라고 할 수 있다. 종교적으로는 사리를 영주靈珠라고도 하니 신골은 신령한 구슬인 셈이다. 아무것도 남기지 말라는 스님의 뜻과 달리 무산 스님도 사리가 되어 부도탑에 봉안될 것이다. 다비의례를 보면서 문득 신화적 화두가 떠올랐다. 왜 사리를 모시려고 하는 걸까?

근래에는 범인들의 화장도 일반적이다. 국내 화장 비율이 80%를 넘어섰다고 한다. 화장터에 가면 화장 후 뼈를 수습하는 수골收骨, 가루로 만드는 분골粉骨 과정을 거친다. 분골된 뼈는 납골당으로 간다. 어떤 뼈들은 수목장 혹은 바다장의 이름으로 자연에 귀의한다. 장례의 형식이 어떠하든 우리는 뼈를 몹시 소중히 여긴다. 뼈에 대한 애착, 이것은 인류 보편의 감각이자 의식인 것으로 보인다. 하루살이 같은 존재일 뿐인데 우리는 왜 이리도 귀하게 뼈를 모시려는 것일까?

뼈는 부활과
증식의 상징

당나라 때 단성식(약 803~863)이 지은 『유양잡조酉陽雜俎』에는 〈섭한葉限〉이라는 이야기가 실려 있다. 문헌에 기록된 가장 오래된 신데렐라 스토리라는 유명세를 치르고 있는 설화다. 이 이야기에는 계모의 학대를 받는 섭한이라는 소녀가 등장한다. 섭한은 험산에서 나무도 하고 심정深井에서 물도 길어야 했는데, 어느 날 붉은 지느러미에 금빛 눈을 가진 두 치쯤 되는 물고기 한 마리를 얻는다. 섭한은 그릇을 바꿔가며 몰래 물고기를 키우다가 너무 커지자 연못에서 키운다. 물고기는 섭한이 올 때만 나와 먹이를 받아먹었다. 계모가 이 사실을 알게 되었지만 물고기가 나오지 않자 계모는 섭한을 아주 먼 샘에 보낸 뒤 의붓딸의 옷을 입고 가서 물고기를 부른다. 물고기가 머리를 내밀자 칼로 찔러 죽인다. 물고기는 크기가 한 길이 넘었는데 맛도 아주 좋았다. 계모는 물고기 뼈를 거름 밑에 숨긴다. 이 대목에서 바로 뼈가 등장한다. 왜 계모는 뼈를 버리지 않고 거름 아래 숨겼을까?

섭한은 물고기가 보이지 않자 들판에 나가 통곡한다. 그때 머리를 풀어 헤치고 해진 옷을 입은 사람이 하늘에서 내려와 말한다. "울지 말거라. 네 어머니가 물고기를 죽였단다. 뼈가 똥거름 밑에 있으니까 잘 추려 방에 숨겨 두어라. 그리고 원하는 게 있을 때 뼈한테 빌면 무엇이든 얻을 수 있을 게야." 말대로 해봤더니 금옥金玉이건 옷이건 먹을 것이건 원하는 것은 무엇이든 섭한은 얻을 수 있었다.

하늘에서 내려온 남루한 사람은 누구였을까? 이 이야기 속에는 아무 단서가 없다. 하지만 다른 신데렐라 이야기들과 견주어 보면 죽은 친어머니일 가능성이 가장 높다. 대개 소나 요정의 형상으로 생모는 나타난다. 죽은 생모가 〈섭한〉에서는 천인의 형상으로 출현하여 불쌍한 섭한한테 하늘의 음성을, 곧 뼈의 비밀을 속삭였던 것이다. 하늘의 비밀이란 뼈가 새로운 것, 좋은 것을 만들어낼 수 있는 힘을 내장하고 있다는 것! 뼈의 비밀은 재생산이고 증식이라고 할 수 있다.

단성식은 이 이야기를 하인이었던 이사원한테서 들었다고 한다. 이사원은 옹주邕洲 동중洞中 사람이라고 했는데 오늘날 베트남 국경에 가까운 중국 땅이다. 이에 대해 종교학자 나카자와 신이치[中澤新一]는『신화, 인류 최고의 철학』(김석희 옮김, 동아시아, 2003)에서 이 지역이 쫭족 거주지이므로 이 이야기가 쫭족의 전승이었을 가능성이 아주 높다고 했다. 아니나 다를까 쫭족은 〈따쟈와 따룬〉이라는 민담을 구전하고 있는데 바로 신데렐라 이야기다. 이름의 뜻대로 '고아와 막내'로 번역할 수도 있고, 외모를 따라 '예쁜이와 곰보'라고 옮길 수도 있겠다. 내가 알고 있는 어떤 신데렐라보다 길고 복잡한 이야기인데 문제는 〈따쟈와 따룬〉에는 물고기가 나오지 않는다는 사실이다.

숲속에 사는 사악한 무녀巫女한테는 곰보 딸 따룬이, 마을에 사는 한 부부한테는 예쁜 딸 따쟈가 있었다. 하루는 무녀가 마을에 들어가 구걸을 한다. 불쌍히 여긴 따쟈 모녀는 잘 돌봐주지만, 무녀는 오히려 주문을 걸어 모친을 소로 변신시킨다. 그런 다음 어머니가 소뿔에 떠받쳐 계곡에 떨어져 죽었다고 거짓말을 한다. 무녀는 따쟈의 계모로 들어와 따쟈를 학대했고 남편마저 주술을 걸어 살해한다. 계모가 시킨 힘든 일을 하느라 따쟈가 울고 있을 때 암소가 걱정하지 말라 위로한다. 암소는 삼 껍질을 먹고는 저물녘이면 희고 가는 삼실을 엉덩이에서 뽑아 내주었다.

계모는 따쟈를 때려 삼실의 엄청난 비밀을 알게 된다. 계모는 부자가 될 생각으로 따룬을 시켜 소한테 억지로 한꺼번에 많은 삼 껍질을 먹인다. 기대와 달리 암소는 삼실이 아니라 물똥을 쌌고 화가 난 계모는 소를 죽인다. 따쟈가 소의 죽음을 슬퍼하고 있을 때 까마귀가 날아와 소의 뼈를 파초 뿌리 아래 묻으라고 말한다. 마침 노래를 주고받으면서 짝을 찾는 마을 축제(가우절歌圩節)가 열린다. 계모는 잔뜩 치장한 곰보 딸은 데리고 가면서 의붓딸한테는 어려운 일을 맡긴다. 따쟈가 울고 있을 때 다시 까마귀가 날아와 파초 밑에 옷도 있고 금신발도 있으니까 축제에 가라고 알려준다. 물론 따쟈는 이 축제에 가다가 다리 위에서 금신 한 짝을 잃어버리고, 금신이 인연이 되어 지역 수장의 아들과 결

삼월삼질날 열리는 좡족의 가우절 축제.

혼하게 된다.

〈따쟈와 따룬〉의 뼈는 암소의 뼈고, 생모의 뼈다. 뼈만 생각하면 〈섭한〉이 좡족의 구전 민담을 기록한 것인지 매우 의심스럽다. 오히려 물고기 뼈를 기준으로 보면 〈섭한〉은 베트남의 신데렐라 이야기 〈카종과 할록〉에 가깝다. 악한 할록은 카종이 키우던 물고기를 잡아 요리를 해서 먹어버린다. 그날 밤 카종의 꿈에 물고기가 나타나 뼈를 코코넛 껍질 속에 담아 네거리에 묻어달라고 한다. 카종은 물고기 뼈를 묻은 곳에서 금신 한 짝을 얻는다. 〈섭한〉의 물고기 뼈처럼 〈카종과 할록〉의 물고기 뼈도 카종이 원하는 것을 준다. 이 이야기는 19세기 식민지 관리에게 인도네시아 계통의 베트남 사람이 전해준 것이다. 섭한 이야기는 좡족보다는 동남아시아 신데렐라에 더 다가서 있다.

소를 기준으로 삼으면 〈따쟈와 따룬〉은 먀오족[苗族]의 〈오러와 샤오나〉, 우리의 〈콩쥐팥쥐〉와 한 계열이다. 먀오족의 신데렐라 오러는 치료해준 물소의 도움으로, 혹은 죽은 어머니의 변신인 소의 도움으로 축제에 참가한다. 콩쥐도 죽은 생모의 변신체인 검은 암소 덕분에 옷과 신을 마련해 잔치에 참석한다. 일일이 다 거론하기 어렵지만 이라크·아프가니스탄·아르메니아 지역 신데렐라의 경우도 엄마인 암소가 살해당하자 뼈를 땅속에 묻은 뒤 거기서 원하는 것을 얻고 신발도 얻는다. 좡족의 〈따쟈와 따룬〉은 이들 신데렐라군에 오히려 가까운 것으로 보인다.

수백 편이나 되는 신데렐라 이야기를 다 읽을 수 없으니 이쯤에서 그림 형제가 정리한 〈재투성이 소녀〉를 잠깐 만나봐야겠다. 이 이야기는 병든 엄마가 외동딸한데 유언을 남기고 떠나는 장면으로 시작한다. 소녀는 매일 어머니의 무덤에 가서 운다. 어느 날 장에 가는 아버지가 딸들에게 무슨 선물을 원하느냐고 물었을 때 계모의 딸들은 아름다운 옷과 보석을 말했지만, 재투성이 소녀는 '아버지 모자에 스치는 첫 번째 나뭇가지'라고 대답한다. 아버지는 개암나무 가지를 꺾어다 주었고 소녀는 그것을 어머니 무덤가에 심는다. 소녀의 눈물이 나무에 떨어질 때마다 나무는 쑥쑥 자랐고, 소녀가 가서 기도할 때마다 나무는 소원을 들어준다. 물론 나무는 왕궁의 잔치에 갈 때 입을 아름다운 옷과 황금 슬리퍼도 준다.

나카자와 신이치는 〈재투성이 소녀〉를 해석하면서 개암나무에 주목했다. 개암나무는, 켈트 문명 시대에는 떡갈나무와 더불어 신성한 나무

였고, 이승과 저승을 이어주는 나무로 인식되었다는 것이다. 개암나무는 어느 문화권에나 존재하는 천지를 이어주는 우주수cosmic tree였던 셈이다. 그러나 나는 나무보다 어머니의 무덤에 주목하고 싶다. 왜냐하면 나무는 홀로 소원을 들어주는 것이 아니라 어머니의 무덤 곁에서 소원을 들어주기 때문이다. 나무의 배후에는 무덤이 있다. 그리고 무덤에는 어머니의 뼈가 묻혀 있다. 〈따쟈와 따룬〉이 파초 밑에 묻은 암소의 뼈와 다르지 않다. 소원성취의 에너지는 나무가 아니라 뼈에서 발산되었던 것이다.

뼈, 이 세상과
저 세상을 잇다

대체 뼈가 뭣이기에 이런 힘을 나올까? 화두에 대한 답을 얻으려면 인류의 원시사유로 돌아가봐야 한다. 주경철 서울대학교 교수는 『신데렐라 천년의 여행』(산처럼, 2005)에서 18세기 중엽 극지방의 라프족을 찾아갔던 덴마크 전도사의 말을 소개한 바 있다. 라프족 샤먼은 이렇게 말했다. "희생 동물의 뼈를 조심스레 모아 도로 맞추어놓아야 합니다. 그래야 희생을 받은 호라갈레스 신이 동물의 생명을 되돌려줍니다. 이전보다 더 강하게 부활시켜줍니다." 이런 생각은 '의례적 사냥'을 하는 원시사회에서 아주 보편적이었다. 곰 사냥을 하는 시베리아 지역의 한티족·나나이족·니브히족·어웡키족 등도 곰을 잡은 뒤 곰의 뼈를 따로 모아 제사를 지낸다. 그래야 곰의 뼈에서 곰이 되살아나기 때문이다. 심지어 이들은 곰을 자신들을 낳은 첫 어머니라고 믿는다. 곰의 뼈는 종족의 기원이다.

동물의 뼈에 대한 이런 믿음은 이원적 사유, 곧 신화적 사유의 결과다. 세상에는 변하는 것과 변하지 않는 것이 있다. 인간을 포함한 동물은 죽으면 뼈와 살로 분리된다. 살은 변하고 뼈는 변하지 않는다. 뼈에 대한 믿음은 변하지 않는 것에 대한 믿음이다. 그러나 신화적 사유가 이렇게 단순하지는 않다. 변하는 것과 변하지 않는 것의 짝이 있으면 삶과 죽음의 짝, 이승과 저승의 짝도 있다. 변하는 것이 죽은 것인가 하면 변하지 않는 것이 죽은 것이기도 하다. 변하는 것이 죽지 않는 것인가 하면 변하지 않는 것이 죽지 않는 것이기도 하다. 이렇게 보면 뼈는 죽었지만 변하지 않는 것, 저승에 속하지만 이승에 존재하는 사물이다. 뼈는 삶과 죽음, 이승과 저승의 중간에 걸쳐 있다. 겨울나무가 겨울과 봄, 생사의 경계에 있는 것처럼 뼈는 이 세계와 저 세계 경계에 존재한다.

뼈를 통한 부활, 뼈가 지닌 증식의 힘은 여기서 나온다. 양다리를 걸치고 있기 때문에 저 세계의 힘, 곧 여기 없는 보물을 저기서 캐낼 수 있는 것이다. 섭한이 방에 감춘 물고기의 뼈, 따쟈가 파초 밑에 묻은 암소의 뼈, 신데렐라가 개암나무를 심었던 어머니의 무덤이 지금 여기 있는 소녀들의 결핍을 충족시킬 수 있었던 것은 뼈의 이중성, 뼈의 중개성에 대한 신화적 믿음 덕분이다. 제주 무속신화 〈사만이본풀이〉의 사만이가 사냥 나갔다가 발이 채인 해골을 집에 모시고 나서 부자가 된 까닭도 여기에 있다. 조상을 잘 모셔야 복을 받는다는 효행 관념의 심층에 있는 것도 결국은 뼈에 대한 인류의 오래된 공통감각일 것이다. 칼 구스타프 융의 표현을 빌리자면 집단무의식일 수 있다.

한국의 신데렐라 이야기 〈콩쥐팥쥐〉에는 감사(선비)와 결혼한 콩쥐를 시기한 팥쥐가 콩쥐를 연못에 빠뜨려 죽이는 후일담이 붙어 있다. 감사가 연못가에 핀 꽃이 아름다워 꺾어다 문에 꽂아 두었더니 팥쥐가 드나들 때마다 괴롭힌다. 화가 난 팥쥐는 꽃을 뽑아 아궁이에 넣어 태워버리는데 이웃 노파가 불씨를 얻으러 왔다가 아궁이에 굴러다니는 구슬을 가지고 간다. 이 구슬이 콩쥐로 변신했고, 마침내 감사와 재회하게 된다. 이런 식의 변신 과정은 〈따쟈와 따룬〉에도 유사하게 나타난다. 콩쥐는 꽃으로, 구슬로 거듭된 변형의 과정을 거치지만 핵심은 구슬이 바로 콩쥐라는 것이다. 콩쥐는 아궁이에서 화장된 뒤 구슬이 되었다. 그렇다면 구슬은 콩쥐의 뼈이고, 뼈가 구슬인 셈이다. 콩쥐는, 아니 학대받던 신데렐라들은 뼈-구슬을 통해 원하는 것을 얻었고, 스스로 뼈-구슬이 되어 소원을 성취했던 것이다.

불교에서는 이 구슬을 여의주如意珠라고 한다. 여의주를 입에 문 이무기가 용이 되어 승천한다는 상상력도 거기서 비롯했다. 불교적 구슬의 상상력 아래 묻혀 있는 것이 심원한 뼈의 상상력이다. '뼈-구슬-사리'는 재생 혹은 부활의 소망을 품고 있는 신화적 상징물이다. 무산 스님은 "이마에 뿔이 돋는구나"라는 열반송을 남기고 사리로 남았다. 그분의 '뼈-사리'에서도 무언가가 계속 증식될 것이다. 그리고 그것은 소원하는 자의 마음에 달렸다.

손 없는 소녀의 물,
재투성이 소녀의 불

유다인의 『토라(모세오경)』는 이렇게 말한다. "내가 너희와 내 계약을 세울 것이다. 다시는 어떤 살덩이도 홍수의 물로 멸망하지 않을 것이고, 더 이상 땅을 파괴하는 홍수도 없을 것이다." 악한 세상을 물로 심판한 야훼가 노아와 맺은 계약이다. 계약의 징표는 '구름 사이에 걸린 활' 곧 무지개였다. 토라 신화의 전통 속에서 하늘의 무지개는 신의 약속이다.

또 다른 심판도 있다. 16세기 미켈란젤로가 프레스코화로 그리기도 한 '최후의 심판'이다. 〈요한의 묵시록〉은 이렇게 말한다. "바다는 자기 안에 있는 죽은 자들을 토해냈고 죽음과 지옥도 자기들 속에 있는 죽은 자들을 토해놓았습니다. 그들은 각각 자기 행적대로 심판을 받았습니다. 그리고 죽음과 지옥이 불바다에 던져졌습니다. 이 불바다가 둘째 죽음입니다. 이 생명의 책에 그 이름이 올라 있지 않은 사람은 누구나

이 불바다에 던져졌습니다."(20:13~15) 두 번째 심판은 불의 심판이다.

로마공의회를 거쳐 구성된 『성서Bible』의 첫 장과 마지막 장에는 악에 대한 심판의 신화가 등록되어 있다. 하나는 물의 심판이고 다른 하나는 불의 심판이다. 토라의 전통을 이은 기독교 신화는 물과 불이 인간의 죄악을 정화하는 쌍둥이 원소라고 말하고 있다. 왜 물과 불일까? 근래 나는 옛날이야기를 읽다가 물불 쌍둥이의 신화적 원형을 발견하고는 무릎을 쳤다.

손 없는 소녀,
물에 의한 재생 이야기

몽골로 가보자. 체렌소드놈이 펴낸 『몽골의 설화』(이안나 옮김, 문학과지성사, 2007)에는 〈팔 없는 여인〉이라는 제목이 붙은 특이한 이야기가 있다. 옛날 어떤 왕한테 공주가 있었는데 왕비는 계모였다. 계모는 공주를 미워하여 해치려 한다. 〈콩쥐팥쥐〉 이야기나 소설 『장화홍련전』에서 만날 수 있는 전형적 계모이야기다. 왕이 공무로 궁을 비운 사이 계모는 큰 들쥐를 죽여 앞니를 빼 숨겨 두었다가 3년 만에 돌아온 왕 앞에 내놓는다. 공주의 몸에서 나온 것이라고! 분노한 왕은 딸을 쫓아냈다가 그래도 분이 풀리지 않자 쫓아가 죽이려 한다. 공주의 애원에 화를 식힌 왕은 두 팔을 잘라버린다. 공주는 팔 없는 소녀가 되었다.

사실 이 이야기는 몽골에만 있는 게 아니다. 일찍이 민속학자 안티 아르네와 스티스 톰슨이 세계 민담을 분류하면서 AT706(〈손 없는 소녀〉

The Girl Without Hands or The Handless Maiden)이라는 유형 번호를 부여한 바 있듯이 범세계적이다. 좀 더 엄밀히 말하면 유라시아 대륙에 널리 퍼져 있는 이야기 유형이다. 그림 형제의 동화집에도 실려 있고, 우리 이야 기판에서도 〈손 없는 색시〉라는 이름으로 널리 구전되고 있으며, 일본의 경우에도 〈손 없는 처녀 手無し娘〉라는 제목으로 100편 이상이 채록되어 있다. 손 혹은 팔의 부재가 신데렐라 이야기와 AT706 설화를 구분 짓는 핵심 지표이다.

이제 이 끔찍한 폭력의 희생자인 소녀의 운명은 어떻게 될 것인가? 우리가 기대하는 대로 소녀는 원조자를 만난다. 이웃 나라의 왕자가 물에 버려진 소녀를 구해 자초지종을 듣고는 함께 산다. 공주가 임신을 했을 때 왕자는 공무로 3년 동안 궁을 비우게 되는데 돌아갈 즈음에 왕에게 편지를 쓴다. 그런데 중간에 '편지 바꿔치기' 사건이 발생한다. 왜 편지심부름꾼이 중간에 중국인의 집에 머물렀는지, 어떻게 왕비였던 계모가 중국인의 아내가 되었는지, 아무런 설명도 하고 있지 않지만 옛 계모는 편지의 내용을 '팔 없는 여자를 내가 돌아가기 전 귀양 보내라' 는 메시지로 고친다. 아마도 중국인에 대한 반감이 이런 식의 변형을 만들어냈을 것이다.

아들의 편지에 화가 난 왕은 며느리와 아이를 절로 보냈지만, 팔 없는 여자는 두려워 도망친다. 3년 만에 귀환한 왕자로부터 진실을 알게 된 왕은 중국인과 그 아내를 심문하여 자백을 받아낸다. 계모를 처형하고 중국인은 사막으로 귀양을 보냈지만, 며느리의 행방은 묘연했다. 왕자는 아내를 찾기 위해 가난한 사람들에게 보시를 베푼다는 포고령을 내린다. 소문을 들은 팔 없는 여인은 아이를 업고 궁으로 향한다. 도중에 목이 말라 아이를 내려놓고 엎드려 물을 마시려다가 물에 빠지고 만다. 한데 물에 빠진 쪽의 팔이 새로 생긴 것이 아닌가! 놀란 여인이 이번에는 다른 쪽으로 물에 빠졌더니 그쪽 팔도 새로 자라났다. 여인은 아이를 안고 궁에 이르러 왕자와 재회하여 행복하게 산다.

팔 혹은 손이 재생되는 이 극적인 장면은 다양하게 변주된다. 러시아 민담에서는 소녀가 엎드려 물을 마시려고 할 때 아기가 우물에 빠지는데 어떤 노인의 말에 따라 아이를 꺼내려고 팔을 뻗자 손이 다시 생긴다. 우리 구전 민담에서는 도랑물을 먹으려고 엎드리는 순간 아기가 쑥 빠져 잡으려고 팔을 확 뻗었더니 손이 나와 붙는다. 계모가 잘라낸 열 손가락을 물어갔던 까치가 나중에 샘물에 그걸 떨어뜨리는 것을 보고는 샘물에 손을 넣자 감쪽같이 복원되는 변이형도 있다. 러시아의 경우 손의 재생이 하느님의 도움이라고 말하고, 일본의 경우에는 그것이 관세음보살의 구원이라고 말하기도 한다. 하지만 종교의 지층을 걷어내고 나면 심층에는 물이 있다. 물의 힘이 손(팔)을 재생시켰다!

왜 물일까? 생각해보면 우리는 근원적으로 물의 자식이다. 자궁에는 양수가 있고, 양수가 인류를 키웠다. 물은 인류의 원형질이다. 물이 생명을 탄생시키고, 죽은 생명을 소생시킨다는 물의 신화는 여기서 시작했다. 융은 이 보편적 체험을 원형archetype이라고 불렀다. 그래서 바리공주는 이승에 없는 '약수'를 구하러 저승여행을 마다하지 않았고, 예수는 세례자 요한에게 '물'의 세례를 받았다. 신화에서 물은 재생의 상징이다. 이런 이유로 손 없는 소녀의 손은 물에서 재생될 수밖에 없었다.

〈손 없는 소녀〉는 '옛날에'로 시작하여 '그리고 행복하게 살았다'로 끝나는 전형적 민담 형식의 이야기지만, '잘린 손의 재생'이라는 신화의 유전자를 가지고 있다. 이 민담이 유라시아 대륙에 널리 퍼져 있는 이유도 이야기가 본래 신화에서 비롯했기 때문이다. 그러니 신화의 빛에서 보면 물은 생명의 원천이지 파괴의 근원이 아니다. 홍수신화가 그렇게 말하고 있지 않은가. 홍수는 인간의 죄악 때문에 발발한 것이 아니라 신들끼리의 싸움 때문에 일어난 것이거나 우연히 발생한 것이라고. 더 중요한 것은 홍수의 원인이 아니라 홍수로 인해 새로운 세계가 열린다는 사실이다. 홍수신화의 물은 재생의 상징이지 노아의 홍수신화처럼 신의 분노와 파멸의 상징이 아니다. '야훼와의 계약'이라는 유다교의 신학이 만들어지면서 물의 상징성이 변질되었을 뿐이다.

재투성이 소녀,
불에 의한 재생 이야기

그런데 이쯤에서 다른 의문이 떠올랐다. 계모한테 학대받는 이야기라면 하나만 있어도 충분할 텐데 왜 신데렐라, 곧 재투성이 소녀 이야기 역시 유라시아 대륙에 널리 퍼져 있을까? 〈재투성이 소녀〉 이야기는 〈손 없는 소녀〉와는 다른 뭔가를 말하기 위해 필요했던 것이 아닐까? 이런 물음이 아궁이에서 일하느라 재투성이가 된 소녀의 이미지를 다시 소환한다. 〈손 없는 소녀〉가 물에 의한 재생 이야기라면 〈재투성이 소녀〉는 혹시 불에 의한 재생 이야기가 아닐까?

그림 형제가 19세기 초에 수집한 『독일민담집』(1812)에는 심술궂은 계모한테 구박당하며 사는 소녀가 등장한다. 계모가 시킨 일을 하루 종일 하다가, 지쳐도 누울 침대조차 없었기 때문에 소녀는 늘 난로 옆에 있는 재 속에서 웅크린 채 잘 수밖에 없었다. 그래서 늘 더러운 차림새였기 때문에 사람들이 재투성이 아가씨로 불렀다는 것이다. 민담 속에서 재투성이는 소녀의 불행을 드러내는 정도지만, 난로 또는 아궁이를 불의 신화라는 맥락에서 보면 전혀 다른 의미가 생성된다. '아궁이 곁'이라는 소녀의 위치는 무엇을 상징할까?

주지하듯이 불은 인류를 자연인에서 문화인으로 도약시킨 가장 긴요한 원소였다. 신의 세계에서 훔쳐 온 불이라는 신화적 발상, 불에 대한 숭배는 여기서 비롯했다. 아궁이는 집안에 모셔진 불이 깃든 공간이다. 종교학자 나카자와 신이치는 '아궁이는 집 안에서 이승과 저승을 중개하는 장소'라고 해석한다. 아궁이의 불 속에서 요정이나 악마의 모습을 한 다른 세계의 존재들이 튀어나오는 신화나 전설이 적지 않다는 것을 그 근거로 삼았다. 그렇다면 아궁이 중개소에 거주하는 재투성이 소녀, 곧 신데렐라는 이승과 저승을 이어주는 샤먼과 같은 존재가 되는 것이다. 마치 무조신巫祖神 바리데기처럼!

그렇다면 재투성이 소녀는, 손 없는 소녀가 잃었던 손을 물속에서 얻었듯이 아궁이의 불 속에서 무언가를 다시 얻었는가? 그렇지 않다. 재투성이 소녀는 저 유명한 '신발 한 짝'을 잃었고, 그것을 왕자와 같은 고귀한 남자로부터 돌려받았을 뿐이다. 왕자를 바로 아궁이와 동일시하기는 어렵다. 재투성이 소녀의 신발 한 짝을 이해하기 위해서는 몇 굽이 굴절된 신화적 변형을 고려해야 한다.

먼저 소녀를 다른 존재로 만든 신발(꽃신, 금신, 유리구두 등)이 어디서 왔는지를 따져보자. 〈뼈와 구슬에 스민 무의식〉에서 거론한 바 있듯이 창족 콩쥐팥쥐 이야기인 〈따쟈와 따룬〉의 경우 따쟈는 계모가 살해한 소의 뼈를 묻은 곳에서 솟아난 파초 꽃봉오리에서 금신을 얻는다. 한데 소는 본래 어머니였다. 독충을 부리는 숲속의 무녀가 따쟈의 어머니를 소로 변신시킨 뒤 계모로 들어앉았던 것! 그러므로 따쟈의 금신은 소의 뼈가 파초를 통해 준 것이고, 소는 어머니이므로 금신의 출처는 뼈로 상징되는 어머니의 죽음이다. 그래서 뼈가 증식을 상징한다고 했던 것인데 뼈의 다른 이름이 바로 죽음이다. 재투성이 소녀가 잃어버린 신발(한 짝)은 본래 죽음의 세계로부터 온 선물이었다.

그런데 죽음의 세계로 들어가는 통로는 둘이다. 하나가 물이라면 다른 하나는 불이다. 그래서 바리데기는 황천강을 건너 저승에 갔고, 그리스인들이 스틱스Styx를 건너 저승Hades에 이르려면 뱃사공 카론Charon에게 삯을 지불해야 한다. 손 없는 소녀는 물과 접촉해야 잃었던 손을 선물로 받을 수 있는 것이다. 마찬가지로 힌두 신화의 불의 신 아그니는 인간과 신의 세계를 이어주는 중개자, 달리 말하면 저승으로 들어가는 아궁이다. 우리의 부뚜막신(조왕신)도 인간과 신의 세계를 이어주는 불의 메신저다. 팥쥐에 의해 살해된 콩쥐가 꽃이 되고, 꽃이 아궁이에서 태워진 뒤 아궁의 재 안에서 구슬이 나오고, 구슬이 다시 콩쥐로 환생하는 과정은 불을 통한 부활의 과정이다.

그렇다면 신데렐라가 신발 한 짝을 되찾는 과정도 불을 통한 재생의 과정일 수 있지 않을까? 아궁이 앞의 재투성이 소녀는 자신의 세계가 아닌 다른 세계에 간다. 신발이 없었다면 갈 수 없는 세계에 간다. 파티의 현장인 왕궁은 신화적으로는 저승이다. 재투성이인 소녀가 죽어야 갈 수 있는 곳이다. 신데렐라가 입은 화려한 드레스의 다른 이름은 수의壽衣다. 왕자는 아궁이 저 너머의 세계에서 신발 한 짝을 들고 기다리고 있는 죽음의

힌두 신화에 나오는 불의 신 아그니를 그린 그림. 영국박물관 소장

신랑이다. 바리데기를 기다리던 서천서역국의 무장승이다. 바리데기가 무장승을 만나야 약수를 얻을 수 있듯이 재투성이 소녀는 왕자를 만나야 신발을 되찾을 수 있다.

신화 속
물과 불은 재생의 상징

신화가 말하는 물과 불은 죄악을 정화하는 심판의 상징이 아니라 재생의 상징이다. 재생하려면 물과 불의 통과의례를 거쳐야 한다. 오랜 신화의 기억을 품은 두 편의 민담이 간직하고 있는 메시지는 이것이

다. 이 재생의 통과의례에 굳이 신의 심판이라는 이름을 붙일 필요가 있을까?

답은 사제나 예언가들에게 맡기고, 우리는 남은 문제 하나를 더 물어야 한다. 민담은 손을 되찾은 손 없는 소녀가, 신발을 되찾은 재투성이 소녀가 왕자와 행복하게 살았다고 끝을 맺는다. 그런데 재생한 두 소녀가 왕자와 만든 가정에는 이제 손목을 자르는 왕, 계모에 눈먼 아버지가 없을까? 이 물음에서 두 소녀의 이야기는 다시 시작된다.

해와 달이 된
오누이 신화의 그늘

신화에는 그늘이 있다. 해가 뜨면 그늘이 생기듯. 달은 해 때문에 밤이면 빛을 낸다. 밤에 달이 있으므로 낮에는 해가 있다. 과학적 이해 이전에 인류는 해와 달을 불가피한 짝으로 상상했다. 해와 달의 관계가 그러하듯 밝게만 보이는 이야기에도 어딘가 그늘은 있는 법이다. 그렇다면 양지와 음지를 함께 봐야 신화를 제대로 보았다고 할 수 있지 않을까?

〈해와 달이 된 오누이〉라는 옛 이야기가 있다. 어릴 적 많이 듣던 옛날이야기, 아이들이 그림책으로 많이 보고 읽는 민담이다. 영문학자 정인섭 선생이 1911년에 채록하여 1952년 런던에서 출판한 『한국의 설화*Folk Tales from Korea*』에 실어놓은 이야기를 번역하면 이렇다.

호랑이가 이웃 부잣집에 품일을 갔다 오던 늙은 어머니를 잡아먹고, 어머니의 옷과 머릿수건으로 변장을 하고, 오누이가 있는 집으로 찾아가 문을 열어달라고 한다. 오누이는 문구멍으로 내다보고는 호랑이인 줄 알고 뒷 문으로 도망쳐 나무 위로 피한다. 이를 추격하여 호랑이가 나무로 올라오 자 오누이는 하늘에 빌어 하늘에서 내려준 쇠줄을 타고 하늘로 올라가 해 와 달이 되지만 호랑이는 썩은 동아줄을 타고 하늘에 오르다가 줄이 끊 어져 수숫대가 있는 곳에 떨어져 죽었다. 하느님은 오빠는 해, 동생은 달이 되게 하였지만 동생이 밤이 무섭다고 하여 역할을 바꾸어 오빠는 달, 여동 생은 해가 된다. 여동생은 낮에 사람들이 쳐다보는 것이 부끄러워 강력한 빛을 뿜어낸다. [〈해와 달The Sun and the Moon〉]

'떡 하나 주면 안 잡아먹지'라는 호랑이의 형상은 빠져 있지만, 우리 에게 아주 익숙한 이야기다. 엄마를 잡아먹은 호랑이가 무섭기는 하지 만, 호랑이는 결국 하느님의 벌을 받는다. 그늘이 별로 보이지 않는 '아 동용' 옛날이야기다.

그런데 같은 이야기지만 민속학자 손진태 선생이 1930년에 일본어 로 출판한 『조선민담집』(향토연구사, 1930)에 실린 자료는 좀 다르다.

옛날 하느님은 오빠를 태양으로, 누이는 달이 되게 했다. 어느 날, 달은 사 람들에게 쳐다보이는 게 부끄럽다면서 태양이 되고 싶다고 했다. 그러나 오빠가 양보하지 않자 둘은 싸웠다. 오빠는 담뱃대로 누이의 눈을 찔렀기 때문에 누이를 불쌍히 여겨 양보했고, 결국 오빠가 달이 되었다. 이때 찔린 눈의 상처는 태양의 흑점이라고도 한다.

앞의 자료에서는 오누이의 역할 바꾸기가 사이좋게 이뤄졌지만 이 자료의 상황은 전혀 다르다. 담뱃대로 누이의 눈을 찌르는 오빠의 폭력이 드러난다. 누이가 불쌍했으면 처음부터 폭력을 행사하지 말았어야 한다. 대체 오빠는 왜 그랬을까? 손진태가 『한국민족설화의 연구』(을유문화사, 1947)에서 인용한 또 다른 자료에 보면 호랑이는 "이번에는 '옷 벗어 주면 안 잡아먹지' 하므로 치마를 주었다. 이어서 저고리, 바지, 속적삼, 속옷까지 다 주고 裸身(나신)이 되었으므로 가랑잎사귀를 따서 陰部(음부)를 가리우고 갔다. 범은 繼續(계속)하여 나왔다. 팔과 다리를 要求(요구)하고 最後(최후)에는 몸둥이까지를 要求(요구)"한다. 호랑이도 잔인하고 폭력적이다. 〈해와 달이 된 오누이〉의 그늘에는 폭력이 감춰져 있다.

그것만이 아니다. 누이는 처음에는 밤이 무섭다며 해로 바꿔달라고 한다. 달이 되니까 사람들이 자꾸 쳐다보는 것이 부끄럽다고도 한다. 모두 하느님의 결정을 부정하는 태도다. 왜 누이는 신의 명령을 거부하면서까지 부끄럽다고 했을까? 왜 무서움과 부끄러움은 여성의 것이어야 할까? 또 다른 그늘이 아닐 수 없다.

일월식은
근친상간의 결과

〈해와 달이 된 오누이〉를 들으면서 내내 지울 수 없었던 이런 그늘을 풀 실마리를 인류학자 레비스트로스의 『신화학1 ─ 날것과 익힌 것』(임봉길 옮김, 한길사, 2005)을 읽다가 발견했다. 베링해협에 거주하는 이누이트족의 일월기원신화가 그것이다.

옛날에 한 남자와 그의 아내가 바닷가 외딴 마을에 살고 있었다. 그들에게는 아이가 두 명 있었는데 하나는 여자이고 다른 하나는 남자였다. 아이들이 성장했을 때 소년은 여동생을 사랑하게 되었다. 그가 줄기차게 동생을 쫓아다녔으므로 동생은 하늘로 피신해 달이 되었다. 그 이래로 소년은 해의 형상으로 소녀를 끊임없이 따라다녔다. 때때로 소년은 여동생과 합류해 그녀를 껴안는 데 성공했고 그렇게 월식을 일으켰다. 아이들이 떠난 후 아버지는 사람들을 향한 암울하고 미운 마음을 가졌다. 아버지는 사람들이 많은 세상으로 나와 질병과 죽음을 일으켰다. 그리고 질병으로 죽은 희생자들을 자신의 먹이로 삼았다. 그렇지만 그의 탐식은 만족시킬 수 없을 만큼 커졌다. 그러자 그는 건강한 사람들마저 잡아먹기 시작했다.

오누이가 해와 달이 된 이야기인데 해와 달이 되는 과정이 전혀 다르다. 우리 이야기에는 없는 아버지가 등장하여 마음의 고통으로 질병과 죽음의 신이 되고, 식인귀가 되는 과정을 보여준다. 그런데 아버지의 병을 초래한 원인이 심상찮다. 오누이의 사랑, 특히 오빠의 욕망이 원인으로 던져져 있다. 이누이트인들은 해와 달의 관계 속에서 벌어지는 일식과 월식의 원인을 오빠의 끊임없는 누이 쫓기, 곧 근친상간의 결과로 상상했던 모양이다. 그래서 레비스트로스는 이를 두고 '일월식과 근친상간이 등가관계라는 원칙을 제시하는 신화'라고 했다.

1887년 박물학자 루시엔 터너가 캐나다 퀘벡의 포트 치모(현재

Kuujjuaq)에 거주하는 이누이트로부터 들은 신화에는 이 문제가 더 선명하게 형상화되어 있다. 한밤중에 정체를 알 수 없는 남자의 방문을 받은 여자가 정체를 밝히기 위해 젖꼭지에 그을음을 칠한다. 견훤이나 김통정 출생담에 등장하는 야래자夜來者와 비슷하다. 광주 북촌 부잣집 딸이나 제주 애월의 과부를 찾아온 사내의 정체는 큰지렁이였지만, 이 경우는 전혀 다르다. 다음 날 여자는 오빠의 입술이 까만 것을 보았기 때문이다. 누이는 놀라 미친 듯이 소리를 지른다. 이유를 모르는 부모는 화가 나서 오누이를 꾸짖는다. 그날 밤 누이는 집을 떠났고, 오빠는 동생을 쫓기 시작했다는 것이다. 도망치는 누이가 해고, 쫓는 오빠가 달이었음은 물론이다.

신화가 은폐한
근친상간의 욕망

그런데 오누이 사이에 신이 개입하면 근친상간 모티프가 희미해진다. 만주족의 일월기원신화가 그렇다. 옛날 해도 달도 없는 칠흑 같은 어둠의 세상에 오누이가 있었다는 것이다. 이들은 어둠의 사람들을 위해 빛을 찾기로 결심한다. 둘은 갖은 고난을 헤치며 서천西天으로 달려가 마침내 붓다를 찾는다.

부처는 오누이에게 등불 하나와 날아다니는 신발[飛鞋] 한 켤레를 주었다. 누이동생이 신발을 신고 날아다니자 오빠는 아무리 달려도 누이를 따라

갈 수가 없어서 소리를 질러댔다. 그 소리가 붓다에게 전해지자 붓다는 오빠에게 거울 하나를 준다. 오빠가 거울을 비추자 누이동생의 모습이 나타나 쫓아갈 수 있었다. 그 시절에는 사람들이 옷을 입지 않았기 때문에 거울 속에는 실오라기 하나 걸치지 않은 사람들의 모습도 비춰졌다. 누이동생이 부끄러워 고개를 돌려 달아나자 오빠가 뒤에서 쫓았는데 쫓고 쫓기면서 둘은 점점 하늘로 올라갔다. 마침내 누이동생의 손에 있던 등불은 태양이 되고, 오빠의 손에 있던 거울은 달이 되었다고 한다.

일본 신화에서는 남매인 이자나기와 이자나미가 결혼한다. 에니타쿠 고바야시 그림

만주족 신화에는 붓다가 창조신으로 등장한다. 거울과 등불을 주어 오누이를 달과 해로 만든 존재가 붓다 아닌가! 누이는 날아다니는 신을 신고 등불을 들고 도망치고, 오빠는 거울을 들고 쫓지만 왜 도망치고 쫓는지 분명치 않다. 부끄러움의 정서도 근친상간에서 기인한 것이 아니라 거울에 비친 타인의 나신에서 비롯되었다고 설명한다. 근친상간과 동일시되는 일월식도 없다. 붓다와 오누이의 사랑은 공존할 수 없다는 인식이 신

화의 배후에 도사리고 있는 것으로 보인다.

이런 양상이 루마니아 구전서사시 〈해와 달의 유래〉에는 더 적극적으로 표현되어 있다. 여기서도 해와 달은 오누이다. 태양인 오빠는 누이 일레아나를 사랑했기 때문에 누이 같은 여자를 찾아 천지간을 돌아다녔지만 찾지 못한다. 오빠는 누이한테 결혼하자고 한다. 오빠의 말에 누이는 그럴 수 없다고 말한다. 하느님도 천국과 지옥을 보여주며 현명한 판단을 내리라고 권한다. 그러나 오빠는 "일레아나와 함께라면 영원한 지옥을 선택하겠노라"고 말한다. 태양은 하강하여 누이와의 성대한 결혼을 준비한다.

하지만 오누이의 결혼을 허락할 하느님이 어디 있겠는가! 둘이 교회에서 결혼을 하려는 순간 거대한 손이 누이를 번쩍 들어 바다로 던져버린다. 던져진 누이는 잉어로 변신한다. 근친혼을 부정하는 하느님의 제재를 받은 것이다. 그래도 태양은 기어이 누이를 쫓아 바다에 몸을 담근다. 그 순간,

성스러운 하느님

전능하신 하느님이

물결 사이로 손을 넣어

손으로 잉어를 잡으신 다음

하늘로 내던졌네.

보름달로 변하도록

하느님은

엄숙한 목소리로 이르셨지.

너 일레아나야

너 빛나는 태양아

두 눈으로 보아라.

너희들이 항상 떨어져 있는 것을

밤에는 한없는 그리움으로

꺼지지 않는 열정으로

영원히 서로를 뒤쫓아야 하는 것을

끝없이 하늘을 돌며

이 세상을 비추면서

하느님은 잉어로 변신한 누이를 다시 보름달로 만든다. 그리고 끊임 없이 서로 뒤쫓을 뿐 만날 수 없는 해와 달의 질서를 만든다. 여기에도 일월식은 없다.

진실은
그늘에 있다

이누이트 신화에서 루마니아 서사시까지 읽고 보니 〈해와 달이 된 오누이〉에 형상화되어 있는 오빠의 폭력과 누이의 부끄러움, 그 원인이 보인다. 눈을 찔러 태양의 흑점을 낳는 이야기에는 오빠의 성적 폭력이 은폐되어 있고, 쳐다보는 것이 부끄러워 사람들이 눈을 뜨고는 볼 수 없도록 빛을 쏘는 이야기에는 근친상간 금지 위반에 대한 죄의식이 감춰져 있다. 일월식과 같은 자연의 괴변을 성적 폭력이나 터부의 위반 사태와 동일시하는 원시적 사유가 오랜 전승 과정에서 잊히고 변형되어 있는 셈이다. 이것이 오누이 신화의 그늘이다.

이렇게 마무리하고 보니 아이들이 무서워하면서도 좋아하는 〈해와 달이 된 오누이〉 이야기의 스캔들을 보도한 꼴이다. 진상이 그렇다고 해서 아이들한테 그늘을 강요할 필요는 없겠다. 아이들은 〈해와 달이 된 오누이〉의 밝은 빛을 보고 즐거워하면 된다. 그러나 어른이 되고나면 고통스럽더라도 그늘을 봐야 한다. 진실은 그늘에 있으니까.

신화 속 키워드 두 번째

자연과 타자

외래자신화와
타자라는 신

망명을 신청한 정치적 난민은 이전에도 종종 있었지만, 2018년 4월 시작된 '제주 예멘난민 사태'는 난민 문제를 우리 사회의 현안으로 떠밀었다. 우리에게는 아직 좀 낯설지만, 이런 난민은 도처에 있다. 내전과 빈곤의 땅 아프리카를 떠나 지중해로 뛰어드는 난민들의 행렬이 있고, 미얀마 등지에서 벼랑까지 내몰리고 있는 무슬림 난민 로힝야족이 있고, 자기 땅에서 내몰린 뒤 고향으로 돌아가지 못하고 있는 발루치스탄 난민도 있다. 탈북민들도 일종의 정치적 난민이 아닌가! 2017년 말 기준으로 세계 각처를 떠도는 난민이 약 7000만 명이라고 한다.

예멘난민 전에
삼별초와 삼장수가 있었다

예멘난민 건으로 화제에 오른 제주도에는 적잖은 난민들이 도래한 역사가 있다. 그 가운데 가장 심각했던 사건은 1271년 진도에서 여몽연합군한테 패배한 삼별초의 입도였을 것이다. 이들은 난민 정도가 아니라 군대였다. 이미 자신들이 진짜 고려 정부라고 표방한 바 있는 삼별초, 제주로 거점을 옮긴 삼별초의 지휘자는 김통정이었다. 그는 애월읍에 항파두리 성을 쌓고 항전하다가 1273년 다시 패전에 이른다. 그러나 김통정은 부하 70여 명과 더불어 투항을 거부하고 한라산으로 들어가 자살하고 만다.

여기까지가 삼별초와 김통정에 대해 역사서가 말하고 있는 바다. 하지만 제주 사람들은 『고려사高麗史』(1454)의 기록처럼 김통정을 '도둑들의 우두머리賊酋'로 기억하지는 않는다. 항파두리 성에 가까운 고내리본향당의 유래를 말하는 본풀이가 그 기억의 일단을 잘 보여준다.

이 신화는 엉뚱하게도 김통정을, 제주 물산이 탐이 나서 대국 천자가 파견한 인물로 형상화하고 있다. 한데 제주에 온 김통정은 도리어 제주도를 자기가 먹을 요량으로 천자와 맞선다. 항파두리 성을 쌓고 쇠문을 닫아건다. 그것도 모자라 말꼬리에 빗자루를 달아 재를 날려 제주 섬을 숨겨버린다. 천자가 배신자를 잡으려고 세 장수를 보냈지만, 쇠문을 뚫고 들어갈 방법이 없었다. 그때 아이를 업은 계집아이가 지나가는 말로 "어리석기 짝이 없군. 불로 녹이고 잡으면 되지"라고 한다. 삼장수가 석 달 열흘 불을 질러 쇠문을 녹이자 김통정은 임신한 처를 죽이고 도망친다.

이 신화에서 우리를 착잡하게 하는 사태는 제주말로 애기업개, 곧 아이 업은 여자아이의 '밀고'다. 왜 그랬을까? 전설은 애기업개를 밖에 두고 성문을 닫은 탓, 명백한 실수였다고 말한다. 그래서 '애기업개 말을 들으라'라는 속담이 생겼다고도 한다. 애기업개 사건은 김통정이 민심의 지지를 받지 못했다는 뜻을 함축하고 있다. 이 사건의 연장선에 고내리본향당의 정체가 있다. 삼장수는 새와 새우로 변신하여, 무쇠방석을 타고 도망치는 김통정을 따라가, 결국은 목을 벤다. 뜻을 이룬 삼장수는 어쩐 일인지 돌아가지 않고, 용왕국 막내따님애기한테 반해 고내리에 자리 잡고 당신堂神으로 모셔진다. 고내리본향당은 김통정이 아니라 삼장수를 모신 신당이 되었다. 고내리본향당은 반김통정 신당이다.

그러나 전설에 따르면 김통정은 후백제를 세운 견훤과 마찬가지로 밤마다 찾아온 지렁이와 과부 사이에서 태어난 영웅이었다. 겨드랑이에 날개가 돋았을 뿐 아니라 온몸에 비늘이 있어 화살이 박히지 않는 전사였다. 제주 사람들이 야래자 전설 또는 아기장수 전설이라는 그릇에 김통정을 담았다는 사실은 그를 그렇게 부정적으로는 보지 않았다는 뜻이다. 견훤의 역사적 실패에 대한 호남 지역 전설의 애잔한 태도와 다르지 않다. 〈고내리본향당〉의 본풀이와 전설 사이에는 심리적 격차가 있는 셈이다.

그럼에도 불구하고 〈고내리본향당〉 신화의 흥미로운 대목은 지역민들이 대국에서 온 외래자를 지역의 당신으로 받아들였다는 사실이다.

삼장수는 대국에서 파견한 장수들이었지만, 따지고 보면 고내리에 주저 앉음으로써 난민이 되어버린 외국인들이다. 이들은 삼별초를 진압한 뒤 제주에 남은 1000명이 넘는 몽골군들과 무관치 않겠지만, 중요한 것은 제주민들과 제주의 신화가 이들을 배척하지만은 않았다는 사실이다.

제주신화에 담긴 공존의 지혜

역사적 사건과 직접 연결되지는 않지만 외래자로 주목되는 신들이 〈세화본향당본풀이〉의 백줏도와 금상님이다. 이 신화는 구좌읍 세화리 본향당 당신들의 내력을 풀어놓고 있는데 먼저 등장하는 백줏도는 서울 서대문 밖 대나무밭 출신이다. 그녀는 일곱 살에 부모한테 죄를 지어 쫓겨난다. 외삼촌들이 있는 용왕국에 가서 주술을 배운 뒤 외할아버지 천자또가 있는 제주에 입도한다.

백줏도는 제주와 전혀 인연이 없는 외래자가 아니었음에도 정착하는 동안 선주자인 소천국과 갈등을 겪는다. 신화는 갈등을 성폭력 미수 사건으로 압축해놓고 있다. 소천국은 천자또의 집사인 양 백줏도를 속인 뒤 겁탈하려고 한다. 그러나 백줏도는 겁탈에 맞서 칼로 소천국 손목을 잘라버린다. 이 피비린내가 나는 결연실패담은 두 신을 모시는 집단 간의 갈등이 만만찮았음을 시사한다. 사실을 알게 된 외조부 천자또가 땅을 가르고 물을 갈라 소천국 자손들과는 교류하지 못하도록 했다는 데서 그 파장을 짐작할 수 있다.

그런데 백줏도는 더 나중에 입도한 금상님과는 화해에 이른다. 금상님은 보통 인물이 아니라 서울 남산에서 솟아난 천하명장이었다. 그러나 조정에 맞서자 역적이 될 수밖에 없었다. 허나 금상님은 조정이 어찌해볼 도리가 없는 장수였다. 무쇠 방에 가두고 불을 지펴 죽이려고 했으나 죽일 수 없었던 영웅이었다. 금상님은 스스로 서울을 떠나 제주로 들어간다. 세화리 당신 천자또를 찾아가 백줏도와 배필을 맺으러 왔다며 명함을 드린다.

금상님은 서울 조정이 보기에는 역적이었지만 그는 스스로 서울을 떠나 제주로 온, 말하자면 정치적 난민이었다. 문제는 제주민들이 그를 어떻게 받아들일 것인가 하는 데 있었다. 결혼 의사를 밝히자 천자또는 금상님한테 식성을 묻는다. 같은 신당에서 한 상을 받으려면 서로 식성이 같아야 하기 때문이다. 제주 신화에서 신의 식성은 정치적·문화적 코드의 다른 이름이다. 천자또와 백줏도는 고기 냄새를 꺼리는데 금상님은 육식만 한다는 데 문제가 있었다. 이렇게 다른데 어떻게 한 집에서 살 수 있겠는가?

이 딜레마를 해결하기 위해 양자는 일단의 조정 과정을 거친다. 먼저 외래자인 금상님이 백줏도의 제안을 받아들여 돼지고기를 먹지 않고 참아본다. 현지 문화 적응 과정인데 비유하자면 무슬림이 돼지고기를 먹거나 기도를 참는 일과 같은 상황일 것이다. 금상님의 피골이 상접해가자 백줏도가 이번에는 천자또를 설득한다. 천하명장을 죽일 수는 없으니 상을 따로 받자는 조정안을 제시한다. 그래서 세화리본향당은 마을굿을 할 때 돼지고기가 있는 금상님의 상과 고기가 없는 천자또·백줏도의 상을 따로 차린다는 것이다. 외래자와 더불어 사는 적절한 길을 찾은 셈이다.

고려 전기에 한반도에 복속되었지만 독립 왕국이었던 탐라국의 건국 신화에도 외래자가 있다. 일본국의 세 공주가 오곡의 종자와 송아지·망아지와 더불어 돌함에 실려 입도한다. 함께 온 사신이 말한다. "우리 임금님이 말씀하셨소. '세 신인이 장차 나라를 열려고 하는데 배필이 없으니 세 공주를 모시고 가서 배필을 삼게 하라.'" 이렇게 하여 각각 고·양·부 세 성씨를 이루었고, 후에 나라를 세웠다고 한다. 탐라국은 바다를 건너온 외래자와의 통합을 통해 건국되었다는 뜻이다. 제주에는 이런 신화가 손으로 꼽을 수 없을 정도로 많다. 이렇게 보면 제주도 신화는 외래자와의 공존을 고민했던 섬사람들의 지혜를 온축하고 있는 이야기라고 해도 좋을 것이다.

석탈해·허황옥·환웅…
신이 된 외래자들

낯선 외래자와의 통합을 거쳐 공동체를 이룩했다는 신화가 제주도에만 있는 것은 아니다. 신라의 네 번째 왕인 석탈해는 머리가 큰 외래자였다. 그는, 그 위치에 대해 여전히 논란이 있는 다파나국의 왕자 출신이다. 다파나국 왕비가 임신한 지 7년 만에 낳은 알 속에 들어 있었기 때문에 궤짝에 실려 바다에 버려진다. 탈해와 더불어 신라에 도래한 석씨 집단은, 신화는 말하지 않지만, 다파나국에서는 생존할 수 없었던 정치적 난민들이었을 가능성이 있다. 하지만 그들은, 석탈해가 호공의 집터를 빼앗는 과정에서 알 수 있듯이 제철 기술을 바탕으로 세력을 키워 남해왕의 사위가 된다.

허황옥이 가져왔다고 알려진 파사석탑. 이승형 사진

석탈해보다 먼저 오늘날 경주 월성 지역을 차지하고 있던 호공瓠公 또한 수수께끼 같은 도래인이다. 『삼국사기』 등의 기록에 따르면 그는 허리에 박을 차고 바다를 건너온 왜인이었다. 그래서 호공으로 불렸다는 것인데 그는 박혁거세의 신하로 마한에 사신으로 간 적도 있고, 신화에서는 탈해의 꾀에 눌려 집을 빼앗겼지만 역사 기록으로는 탈해왕의 대보大輔(재상)가 되었으며, 탈해왕 9년 김씨의 시조 김알지가 계림에서 탄생할 때는 첫 발견자가 되기도 했다. 왜 바다를 건너왔는지 알 수 없지만, 호공과 그 씨족 역시 도래하여 신라인이 된 사람들이다.

가락국加洛國(금관가야) 김수로왕의 부인 허황옥은 어떤가? 거창한 신부맞이 행사 끝에 침전에서 마주한 왕에게 허황옥은 자신을 소개한다. "저는 아유타국 공주로 나이는 열여섯입니다. 올해 오월 부왕과 황후께서 '간밤에 상제를 만났더니 가락국 김수로왕을 하늘이 보냈는데 아직 배필을 정하지 못했으니 공주를 보내라'고 했다고 합니다." 그래서 그 먼 뱃

길을 왔다는 것이다. 아유타국은 오늘날 인도 북부 우타르프라데시주 아요디아시로 알려져 있다. 신화가 역사화되어 현지에는 허황옥 기념 공원까지 세워져 있지만 허황옥 일행의 정체는 아직 불분명하다. 하지만 허황옥의 신화가 도래자의 신화인 것은 분명하다. 그것도 도래 과정에 별다른 갈등이 보이지 않는 화합의 신화라고 할 수 있다.

신화는 우리를 단군의 후손이라고 이야기한다. 그러면 단군을 낳은 환웅은 어디서 왔을까? 우리는 그가 천신 환인의 아들로 무리 삼천을 거느리고 태백산 신단수 아래 내려와 신시神市를 건설했다고 생각한다. 천손의 하강으로 신화화되어 있지만 사실 환웅 집단은 외래자들이다. 출신이 어딘지는 알 수 없지만 압록강 유역으로 남하하여 그 지역에 이미 있던 토착민, 이를테면 곰과 범을 토템으로 삼고 있던 맥족이나 예족 등과 어울려 새로운 나라를 세운 사람들이다. 따지고 보면 우리는 반쯤은 유이민, 혹은 정치적·경제적 혹은 환경적 난민의 후예들이라고 해도 과언이 아니다.

근래 예멘난민 가운데 일부가 인도적 체류 허가를 받았다고 한다. 본국의 전쟁이 끝날 때까지는 한국에 있어도 좋다는 뜻이다. 하지만 그들은 소망했던 난민 지위는 얻지 못했다. 한국은 2018년에야 겨우 난민 인정율 0%를 벗어난, 아직 난민에 대해 몹시 인색한 나라다. 단군신화에서 비롯된 단일민족이라는 오래된 관념도 한몫 거들었을 것이다. 그러나 우리는 단일민족이 아니다. 단군신화는 단일민족의 기원을 이야기하는 신화가 아니라 오히려 여러 종족들의 통합 과정을 보여주는 신화다. 앞서 살폈던 탐라국·가락국·신라국의 신화도 다르지 않았다.

돌이켜 보면 어린 시절 이따금 집을 찾아오는 손님들이 있었다. 문둥병자들이었다. 그때는 그렇게 불렀다. 할머니는 그들 걸인들을 내치지 않았다. 밥도 주고 돈도 쥐여 주셨다. 나에게는 겨울날 온돌 같은 기억이다. 난민은 우리 집에 온 손님이다. 이 손님을 철학적으로는 타자他者, the other 라고 부른다. 신화의 언어로 바꾸면, 손님은 신이다.

오늘이,
그 이름의 비밀

신의 이름에는 비밀이 있다. 천신天神을 풀면 '하늘님'인데 우리 신화에서 하늘님의 다른 이름에는 환인·천지왕·옥황상제 등이 있다. 환인은 불교의 '석가제환인다라釋迦提桓因陀羅'에서 왔고, 옥황상제는 도교에서 왔고, 천지왕天地王은 무교巫敎에서 하늘님 대신 사용하는 이름이다. 몽골을 비롯한 중앙아시아 튀르크어에서는 하늘을 뜻하는 '텡그리'가 천신의 이름이고, 일본에서는 빛나는 태양을 뜻하는 아마테라스 오미카미[天照大神]가 천신의 이름이다. 만주어에서는 하늘을 뜻하는 '압카'와 여음女陰을 뜻하는 '허허'가 합쳐져 천신의 이름이 되었다. 최고신들의 이름은 대개 하늘을 의인화한 것이다.

　이렇게 신들의 이름을 추적해가노라면 한 권의 책이 될 테지만 그 가운데서도 특별한 이름 하나가 눈에 띈다. 제주도 무속신화인 〈원천강본풀이〉의 주인공 '오늘이'가 그 이름이다. 강림들판에 홀로 버려진 아이, 나이도 이름도 모르는 고아. 여자아이를 발견한 세상 사람들은 "너는 낳은 날을 모르니 오늘을 낳은 날로 하고 이름을 오늘이라고 하라"고 한다. 세상 사람들이 지어준 이름, 자기가 누군지 모르는 오늘이는 누구인가?

오늘이를 알려면 먼저 〈원천강본풀이〉에 대한 정보가 필요하다. 〈원천강본풀이〉는 두 종류가 전해지고 있는데 하나는 종교학자 아카마쓰 지조 등이 1930년대에 조사한 자료이고, 다른 하나는 민속학자 진성기 선생이 1960년대에 조사한 자료다. 둘 가운데 오늘이가 주인공인 신화는 앞의 것이고 박봉춘 심방이 구술했다. 하지만 두 자료 가운데 〈원천강본풀이〉라는 제목에 더 어울리는 신화는 조술생 심방이 구연한 후자다. 왜 그런가?

제목에 포함된 원천강袁天綱은, 중국 당나라의 정사인 『구당서舊唐書』(945)에 따르면 7세기 무렵에 살았던 실존 인물로 관상이나 풍수, 또는 점술에 능했다고 한다. 그래서 조선시대에 관상감의 관원이 되기 위한 과거시험의 교과목으로 사용되었던 책의 제목도 『원천강오성삼명지남袁天綱五星三命指南』이었다. 원천강이 조선시대 이래 점쟁이의 대명사처럼 쓰인 까닭이 여기에 있을 것이다.

그런데 조술생 심방이 구연한 〈원천강본풀이〉가 바로 여주인공이 점쟁이가 되는 이야기다. 본래 여주인공의 남편은 왕이 될 영웅이었다. 그래서 국가 권력의 제거 대상으로 지목된다. 남편은 이를 미리 알고 숨었고, 역적을 찾아낼 방도가 안 보이자 권력은 여자의 질투심을 이용한다. 느닷없이 작은마누라가 아이를 안고 나타나자 여자는 장독을 열고 남편한테 따진다. 그 순간 '안가'가 노출된 영웅은 체포된다. 사지로 떠나는 남편이 남긴 말은 "나를 잡아가면 너는 살 수 없을 테니 원천강이나 보면서 살아라"였다. 여주인공이 원천강이라는 이름을 얻고, 원천강을 보면서 살게 된 내력이다. 원천강이 점쟁이가 되는 과정을 이야기하고 있으므로 〈원천강본풀이〉라는 제목에 딱 맞다.

'오늘'을 모르는
'오늘이', 자신을 찾아 떠나다

조술생 구연본과 달리 박봉춘의 〈원천강본풀이〉는 당나라 출신 원천강과는 직접적인 관계가 없는 신화다. 이 신화에서 원천강은 인명이 아니고 천상에 있는 공간의 이름일 따름이다. 하지만 따지다 보면 전혀 무관하다고 할 수도 없을 것 같다. 왜 그런가? 의문을 해소할 단서가 오늘이의 이름 안에, 행로 뒤에 숨어 있다.

어느 날 "옥 같은 계집애가 적막한 들에 외로이 나타나니 그를 발견한 이 세상 사람들이 '너는 어떤 아이냐'고 묻"는다. 고독한 인간의 존재성을 드러내는 첫머리 진술이다. 아이는 부모가 없으니 제 정체를 모른다. 아이를 키운 것은 하늘에서 날아온 학이었다. 그래서 아이를 발견한 세상 사람들이 '오늘이'라는 이름을 지어주었다. 비로소 첫 정체성을 얻은 것이다. 그러나 아이는 그 이름으로 당장 '오늘' 어찌 살아야 할지 막막하다. 아이는 제 이름에 걸맞은 '오늘'의 정체를 알기 위해 부모를 찾아간다. 떠돌다 만난 백씨 부인에게 부모의 소재지가 원천강이라는 정보를 얻었기 때문이다.

그런데 오늘이가 원천강을 찾아가는 길은 '복福 타러 가는 사람 이야기', 곧 '구복여행담'의 길을 빼닮았다.

"원천강은 어떻게 갑니까?"
"원천강을 가려거든 백사가 별층당에 높이 앉아 글 읽는 아이가 있으니 그 아이를 찾아가 문의하면 소망을 달성할 수 있을 것이다."

오늘이와 백씨 부인 사이의 첫째 문답이다. 오늘이는 별층당을 찾아가 아이를 만난다. 아이의 이름은 장상이, 글을 읽으라는 옥황상제의 분부로 종일 책읽기에 매달려 있는 인물이다. 통성명을 한 오늘이는 원천강 가는 길을 묻는다. 장상이는 연화못을 찾아가 연꽃나무한테 물어보면 길을 알 수 있으리라고 하면서 이런 부탁을 한다. "원천강에 가거든 내가 왜, 밤낮 글만 읽어야 하고, 이 집 밖으로 나가지 못하는지 그 이유를 물어주세요." 오늘이처럼 장상이도 자신의 존재성 혹은 운명에 대한 의문을 지닌 아이였다. 지지리 가난한 총각이 용궁이나 천상에 복을 물으러 가는 길에서 만난 이들이 자신의 운명도 물어봐달라고 부탁했듯이 장상이도 같은 부탁을 한다.

이런 식으로 '원천강 길 안내'와 '팔자 의뢰' 사이의 교환이 몇 차례 반복된다. 두 번째 만난 연꽃나무는 "나는 겨울에는 뿌리만 살아 있다가 이월이면 가지가 살아나 삼월이면 꽃이 피는데 꽃이 맨 윗가지에만 피고 다른 가지에는 피지 않으니 이게 무슨 팔자인지 물어주시오"라고 부탁하며 길을 가르쳐준다. "청수아당가에서 구르고 있는 천하대사天下大蛇한테 가서 물으면 좋은 도리가 있을 거야." 이어달리기 하듯 맑은 물가에 살고 있는 다음 주자 이무기를 소개한다.

세 번째 주자인 천하대사의 고민은 "다른 뱀들은 야광주夜光珠를 하나만 물어도 용이 되어 승천을 하는데 나는 야광주를 셋이나 물고 있는데도 용이 못되고 있다"라는 자신의 현존이다. 오늘이가 사연을 접수하자 대사는 오늘이를 등에 태워 청수를 건네주면서 매일이라는 여자아이를 만나 물어보라고 한다. 네 번째 주자인 매일이의 처지는 장상이와 닮은 꼴이다. 매일 글을 읽고 있는 자신의 운명에 대해 물어달라고 부탁하면서 작별에 즈음하여 이렇게 말한다. "앞으로 앞으로 가다 보면 궁녀가 울고 있을 텐데 그 이유를 물으면 그 이유는 다른 게 아니라 전에 옥황의 시녀였다가 죄를 지어 그 벌로 우물의 물을 다 퍼내야 하는데 바가지에 큰 구멍이 뚫려 물을 조금도 퍼낼 수가 없는 것이랍니다."

시녀를 만난 오늘이는 풀을 모아 구멍을 막고 송진을 녹여 때운다. 이때 놀라운 일이 일어난다. 수리한 바가지를 시녀에게 주지 않고 우러러 옥황상제에게 축사를 한다. 그런 다음 오늘이가 물 한 바가지를 푸자 순식간에 우물물이 말라버린다. 오늘이가 범상한 소녀가 아니라는 뜻이다. 시녀는 백배사례하며 원천강 가이드를 자청한다. 그러나 아직 여행은 끝나지 않았다. 천상의 원천강 문을 문지기가 매정하게 막아선다. 문 앞에서 문이 막히는 순간, 아마도 오늘이의 심장 위로 지나온 길들의 고통이, 존재의 괴로움이 화살처럼 쏟아졌을 것이다. 오늘이는 통곡한다. 어디로 가야 할지, 문이 열리지 않아 미칠 것 같다는 이즈음 아이들의, 청년들의 절규와 같은 통곡이다.

이 통곡이 결국은 문을 연다. 딸의 통곡이 원천강의 신이 된 부모의 귓전을 때렸기 때문이다. 마침내 부모 앞에 도달한 오늘이는 자신이 버려질 수밖에 없었던 사정과 더불어 부모가 자신을 늘 지켜보고 있었다는 위로의 말을 듣는다. 오늘이는 원천강에서 자신이 누구인지 알게 되었고, 인간의 사계절을 관장하는 원천강의 신성함도 알게 되었다. 사계절은 자연의 질서를 뜻하고, 자연 질서의 순조로움은 인간의 길흉화복과 연결되는 것이니, 원천강은 결국 인간의 운명을 관장하는 신들의 공간이었던 셈이다.

원천강에 닿아 있는 자신의 존재성을 확인했으니 이제 남은 일은 존재성을 실현하며 사는 것이다. 원천강을 찾아가는 길이 정체성을 확인하러 가는 길이었다면 강림들판으로 되돌아오는 길은 정체성을 펼치는 길이다. 그래서 오늘이는 귀환의 행로에서 매일이·천하대사·연꽃나무·장상이를 역순으로 만나 그들의 존재론적 물음을 해결해준다. 매일이와 장상이는 부부가 되는 것으로 의문이 해결되고, 천하대사는 야광주를 하나만 갖고 둘은 오늘이에게 선물하는 것으로 문제를 해결하고, 연꽃나무는 우듬지 꽃을 따 처음 만나는 사람, 곧 오늘이에게 넘기는 것으로 문제를 해결한다. 야광주 하나를 입에 문 대사는 용이 되어 승천하고, 우듬지 꽃송이를 따버리자 연꽃나무는 가지마다 무성한 꽃을 피우며, 야광주와 연꽃을 획득한 오늘이는 신녀神女가 된다.

타자의 결핍을 채워
자신의 결핍을 치유한 '오늘이'

이런 주인공의 행로와 원천강 또는 오늘이라는 이름은 어떤 관계가 있을까? 생각해보면 〈원천강본풀이〉의 등장인물들은 모두 결핍을 지닌 존재들이다. 인간을 대표하는 오늘이는 자신이 누군지 모르고, 식물계를 대표하는 연꽃나무는 적화(摘花, 꽃 솎아내기)를 몰라 결핍을 지닌 존재이고, 동물계를 대표하는 이무기는 욕심이 지나쳐 오히려 결핍을 지닌 존재이고, 신령계를 대표하는 선녀는 지상에서는 구멍 뚫린 바가지 하나 고치지 못하는 존재이다. 〈원천강본풀이〉는 결핍을 지닌 존재들이 서로의 결핍을 채워주는 과정을 보여주는 신화이다.

그런데 이들의 결핍을 채우는 춘하추동, 비밀의 방들이 있는 곳이 바로 원천강이다. 원천강의 상상력은 점술가·관상가·풍수가인 원천강에서 출발하여 조술생 구연 〈원천강본풀이〉의 점쟁이 마누라 원천강으로 변형되었지만, 박봉춘의 〈원천강본풀이〉에서는 더 창조적으로 변형된다. 사실 점술이란 자연의 은유를 읽어내어 인간의 운명을 예견하는 기술이다. 따라서 점술가는 개인의 운명에 대한 이야기를 신령한 세계로부터 꺼내 오는 이야기꾼storyteller이다. 박봉춘 본 〈원천강본풀이〉는 그 신령한 세계가 바로 원천강이라고 말하고 있다. 점쟁이 원천강에서 더 나아가 점쟁이-이야기꾼의 존재의 근거가 되는 원천강으로 의미가 확장된 것이다.

그렇다면 오늘이는? 오늘이는 세계의 운명을 점지하는 신령한 곳, 곧 원천강의 딸이고 신녀다. 이 말은 오늘이가 원천강의 메시지를 이 세상에 전해주는 메신저라는 뜻이다. 원천강의 메시지를 들고 귀환의 행로에서 모든 존재들의 결핍을 해소해준 소녀가 오늘이 아니었던가! 타자들의 결핍을 채워줌으로써 자신의 결핍마저 치유한 여신이 오늘이 아니었던가! 이제 알겠다. 세상 사람들이 이 메신저의 이름을 왜 오늘이라고 불렀는지. 그것은 원천강의 비의를 아는 오늘이야말로 오늘today의 문제를 해결해주는 여신이라 여겼기 때문일 것이다. 이것이 오늘의 비밀이고, 오늘이라는 이름의 비밀이다.

〈원천강본풀이〉는 현재 전승이 끊어져 제주 굿에서 불리지 않는다. 그러나 〈원천강본풀이〉는 본래 제주도 신굿에서 불렸던 무가라고 한다. 신굿이란 심방들이 자신이 모시는 신을 위해 벌이는 비밀스러운 굿이다. 그런 굿에서 〈원천강본풀이〉가 구연되었다는 사실은 심방들의 정체성과 신녀 오늘이의 관계가 깊다는 뜻일 것이다. 정체성을 찾아 떠난 긴 여행의 끝에서 우주의 비밀을 얻어 그것으로 결핍된 존재들의 소원을 이루게 하는 오늘이의 행로는 심방들의 삶의 행로와 다르지 않다. 그렇다면 오늘이는 제주도 심방들이 자신들의 소명에 대한 자각을 투사한 이름이 아닐 수 없다.

지금 우리는 난제들의 바다에서 표류하는 중이다. 작고 큰 공동체의 난제만이 아니라 호모 사피엔스 자체의 위기에 직면해 있다. 이런 결핍을 해소해줄 오늘이는 어디에 있는가? 오늘 당장 오늘이한테 물어보아야 한다.

영산 각시의
팔모야광주

우리나라에는 산이 많고 산마다 산신이 있다. 삼국시대 이래 고대국가들은 오악五嶽의 산신 숭배를 제도화하여 나라의 번영을 기원했고, 마을에서는 산신제를 지내 마을의 안녕을 발원했다. 그 오랜 전통이 오늘날에도 이어져 이제는 산악회 단위로 신년 산행에 즈음하여 시산제를 지낸다. 등산로 곳곳에 쌓인 돌탑도 그 흔적이다. 한데 팔도 명산의 산신령이 어디서 왔는지, 그 산신령의 신화적 메시지가 무엇인지 아는 등산객이 있는지는 잘 모르겠다.

함경도 지역에서 하던 망자천도굿을 망묵(이)굿이라고 한다. 망령亡靈이 좋은 곳으로 가기를 비는 굿인데 남쪽에서는 오구굿, 새남굿 등으로도 불린다. 망묵굿에는 작은 굿거리가 여럿 포함되어 있는데 그 가운데 산천굿이라는 것이 있다. 죽은 사람을 산천에 묻을 때 다른 탈이 나지 말라고 비는 굿, 산 사람은 산천의 기운으로 운수대통하라고 드리는 굿이다. 이 굿을 할 때 부르는 노래가 있는데 그것이 바로 산천굿의 신화다. 〈영산 각시와 붉은 선비〉 이야기, 이 신화 안에 팔도 산신령의 기원과 산신령의 메시지가 숨어 있다.

붉은 선비가
어긴 네 가지 금기

붉은 선비와 영산 각시는 본래 옥황상제가 있는 선계의 주민이었다. 어느 날 붉은 선비는 옥황상제의 연적에 물을 붓다가 벼루를 인간 세상에 떨어뜨린다. 영산 각시는 아침마다 옥황상제에게 바쳐야 할 세숫대야를 떨어뜨린다. 말하자면 공무원이 직무상 실수를 저지른 셈인데 그 죄로 둘은 지상에 유배를 간다. 이런 '귀양정배'의 상황은 망묵굿에서 불리는 또 다른 신화인 〈바리데기〉에도 반복적으로 나타난다. 바리데기의 부모 수차랑 선비와 덕주아 부인도 동일 코스를 밟는다.[11] 함경도 망묵굿의 상투적이고 관습적인 인물 소개 방식이라고 할 수 있다.

그런데 상투적 등장 뒤에 이어지는 상황은 전혀 상투적이지 않다. 수차랑 선비와 덕주아 부인이 결혼하여 막내 바리데기(수왕이)를 낳은 뒤에는 바리데기에 의해 사건이 전개되지만, 붉은 선비와 영산 각시는 시종 자신들이 주인공이 되어 이야기를 엮어간다. 둘은 열넷, 열여섯에

---

11) 망묵굿에서 불리는 〈바리데기〉에 대해서는 3부의 〈죽음의 향연〉으로 부르는 함흥 〈바리데기〉를 참고하라.

결혼하는데 붉은 선비가 공부를 더 하겠다며 집을 떠나 '안혜산 금상절'로 들어가면서 사건이 벌어진다. 안혜산은 특정되지 않는 가상의 산이고, 금상절도 불교를 상징하는 가상의 절이다. 절을 공부의 거처로 삼은 까닭은 선비들이 절에서 과거 공부를 하던 상황의 반영이고, 절의 스승에게 다음 역할을 부여하기 위한 서사적 장치이다.

3년 공부를 하던 어느 날 스승의 제안으로 산놀이를 간다. 붉은 선비는 나비가 꽃에서 춤추는 것을 보고는, 제비 새끼가 어미를 따르는 것을 보고는 각시와 부모가 그리워 집으로 가겠다고 선언한다. 스승은 오늘은 일진이 나쁘니 다른 날 가라고 하지만 선비는 고집을 꺾지 않는다. 스승의 말을 듣지 않는 선비, 문제는 여기서 발생했다고 신화는 이야기한다. 스승은 굳이 오늘 가겠다면 네 가지 금기를 지켜야 한다고 말한다. 산천굿 무가는 그냥 '스승'이라고 했지만, 절에 있는 스승이라면 '불승佛僧'이 아닌 다른 존재일 리가 없다. 함흥 〈바리데기〉의 서인대사가 부정적 역할을 수행했다면 금상절의 스승은 주인공한테 금기를 고지하는 긍정적 역할을 수행한다.

그러나 문제는 신화에서 제시되는 금기가 늘 위반에 봉착한다는 데 있다. '뒤돌아보지 말라'고 하면 반드시 뒤를 돌아본다. 이것이 다음 이야기를 가능케 하는 이야기하기의 비밀이다. 스승은 어떤 금기를 붉은 선비에게 주었는가? 첫째, 내려가다가 목이 마르면 길 위의 맑은 물 말고 길 아래 흐린 물을 마셔야 한다. 둘째, 10리를 내려가다 보면 머루와 다래, 포도가 익어갈 터인데 모른 척하고 지나가야 한다. 셋째, 5리를 내려가다 보면 창창한 날씨에 갑자기 폭우가 쏟아질 테지만 피하지 말고 가야 한다. 넷째, 10리를 더 내려가다 보면 가지가 무성한 10년 묵은 나무 위에서 새파란 각시가 불을 꺼달라고 소리를 지를 것인데 모르는 척 불을 꺼주지 말아야 한다. 참으로 이상한 금기지만 이 금기들은 우리를 이 신화의 비밀 속으로 이끄는 길잡이들이다.

당연하게도, 붉은 선비는 귀가 길에 네 가지 금기를 차례로 어긴다. 목이 마르자 "내가 맑고 정한 선비로다. 내가 속이 깨끗한 선빈데 무슨 일로 흐린 물을 마시겠

무속의 여산신을 그린 〈산신할머니도〉. 원광대학교 박물관 소장

나?"라고 반문하며 맑은 물을 마신다. 먹음직스러운 다래와 포도가 보이자 그냥 갈 수 없다며 딴다. 폭우가 내리자 "나는 선비로다. 내가 왜 이 비를 맞고 가겠느냐?"라면서 비를 피한다. 나무 위에서 불이 붙은 색시가 불을 꺼달라고 소리치자 영산 각시가 마중 나왔을지도 모른다며 도복을 벗어 불을 끈다.

왜 스승은 금기를 발부했고, 붉은 선비는 금기를 위반했을까? 그것은 산천굿의 또 다른 주인공인 대망신大蟒神, 곧 이무기를 소환하기 위해서였다. 선비가 불을 꺼주자 색시는 서너 번 돌더니 대망신으로 변신한다. 변신한 이무기는 내가 먹고 승천할 것들을 네가 먹었으니 너라

도 잡아먹겠다고 위협한다. 그렇다. 이무기는 맑은 물을 마시고, 머루·다래·포도 등 청정한 과실을 먹은 뒤 온몸에 불이 붙은 상태에서 폭우를 타고 승천할 작정이었는데 붉은 선비의 금기위반이 그걸 막은 셈이다. 스승이 금기를 준 까닭은 이무기의 승천을 막아서는 안 된다는 뜻이었다.

붉은 선비는 죽음의 위기에 처하지만, 그에겐 위기를 벗어날 능력이 없다. 5대독자로 명분을 삼아 부모께 하직 인사를 하고 오겠다고 통사정을 한다. 대망신은 정해진 시각까지 돌아오지 않으면 구족을 멸하겠다고 대답한다. 임시변통으로 위기를 벗어난 선비는 영산 각시한테 자초지종을 전한다. 영산 각시는 칼을 품고 남편 대신 대망신한테 간다. 이 신화는 문제해결 능력이 여성에게 있다고 말한다. 각시는 대망신을 만나 '내가 낭군 없이 살려면 일평생 쓰고 입고 놀고먹어야 할 것이 필요하니 그걸 주고 나서 잡아먹으라'며 따진다. 대망신은 각시의 위력에 넘어가 마침내 '팔모야광주'를 뱉어 준다.

대망신의 입에서 나온 팔모야광주는 무엇인가? 여덟모가 난 구슬인데 각 모마다 특별한 기능이 있다. 영산 각시가 쓰는 법을 가르쳐달라고 하자 대망신은 이렇게 대답한다. 첫 모는 하산下山이 명산名山이 되는 모, 둘째 모는 명산이 하산이 되는 모, 셋째 모는 없던 금전이 저절로 나오는 모, 넷째 모는 없던 사람도 저절로 나오는 모, 다섯째 모는 없던 집도 저절로 나오는 모, 일곱째 모는 없던 살림도 저절로 나오는 모다. 여섯째 모는 무녀 김복순이 구연 과정에서 빠뜨렸다.

그런데 대망신은 마지막 모의 성능에 대해서는 함구한다. 마지막 모는 대망신의 아킬레스건이었기 때문이다. 각시는 대망신의 멱살을 잡고는 품에 품었던 속새 칼(베 짤 때 쓰는 칼)을 꺼내 들고 위협한다. 각시는 여성 노동의 상징물을 들고 대망신을 협박한다. 대망신은 눈물을 흘리며 실토한다. 미운 사람을 겨누어 던지면 절로 죽는 모라고! 각시는 대망신을 겨냥하여 곧바로 마지막 모를 던졌고, 결국 대망신은 승천도 못하고 살해된다.

금기 위반이
자연의 분노를 불렀다

대체 인간인 영산 각시한테 피살된 대망신의 정체는 무엇인가? 왜 산천굿을 하면서 무당은 '붉은 선비-영산 각시-대망신'이라는 삼각관계에 얽힌 신화를 구술하는가? 왜 문제는 붉은 선비가 일으키고 해결은 영산 각시가 하는가? 이야기를 따라가다 보면 의문이 꼬리에 꼬리를 물고 일어난다. 의문을 해소하려면 먼저 산천굿의 벼리에 해당하는 대망신의 정체를 풀어야 한다.

  대망신의 다른 이름은 이무기다. 이무기에 대한 우리의 상식은 '용이 되기를 기다리는 큰 뱀'이다. 그런데 산천굿에서 대망신은 이렇게 해석된다. 영산 각시는 나뭇가지 3000개를 우물 정자로 쌓아 죽은 대망신을 올려놓고 화장한다. 화장 뒤 남은 재를 봉지에 나눠 담아 조선 팔도에 던진다. 그러자 함경남도 백두산 신령, 평안도 모란봉 신령, 강원도 금강산 신령, 경기도 삼각산 신령, 황해도 구월산 신령, 전라도 지리산

신령, 충청도 계룡산 신령, 경상도 태백산 신령이 탄생한다. 한반도 8대 명산의 신령이 모두 대망신의 사체에서 태어났다는 뜻이다. 달리 말하면 우리나라의 산과 산신령은 다 태초에 승천하지 못한 대망신의 몸이라는 말씀이다. 대망신이 산천이고 산신이다!

그뿐이 아니다. 재를 사오방[四五方]에 뿌리자 사오방의 큰 신령이 되고, 나무에 뿌리자 꽃의 신령[木神, 花神]이 되고, 돌에 뿌리자 돌의 신령[石神]이 된다. 마지막으로 물에 뿌리자 각종 짐승이 된다. 대망신이 팔도 명산의 산신령이 되었을 뿐 아니라 산천에 거하는 나무와 꽃과 돌의 신령이 되고, 산천에 거주하는 짐승들이 되었다는 것이다. 이렇게 보면 대망신은 자연 자체를 상징하는 존재라고 할 수도 있겠다.

그렇다면 대망신의 사체를 통해 자연을 빚어낸 영산 각시는 어떤 존재일까? 무엇을 가지고 무엇을 만드는 일은 창조신들의 고유한 능력이다. 압카허허(만주족 신화의 여천신)는 제 몸에서 각종 신들을 만들어내고, 호르마스트 텡게르(몽골신화의 천신)는 새를 보내 흙으로 덮인 세계를 창조한다. 미륵님은 쟁반에 벌레를 받아 인간을 창조하고, 여와는 진흙으로 인간을 빚어낸다. 야훼도 천지만물은 말로, 인간은 진흙으로 창조하지 않았는가. 그래서 나는 영산 각시 안에 창조여신의 자질이 내재되어 있다고 생각한다.

영산 각시의 창조행위 이후에도 사건은 종료되지 않는다. 붉은 선비가 죽을병에 걸렸다고 하면서 원인을 알기 위해 점을 친다. 점복의 결과는 '산천 동티가 났다'는 것! 그래서 붉은 선비의 산천 동티를 낮게 하려고 산신령한테 기도를 드리는 산천굿을 한다. 그 결과 붉은 선비의

충청남도 예산군 광시면 운산2리에서 지낸 산신제의 모습. 국립민속박물관 소장

병이 나았고, 이때부터 산천 동티가 났을 때 산천굿을 했다고 신화는 말한다. 이 신화가 말하는 산천굿의 기원이 여기에 있다.

그런데 이상한 대목이 있다. 붉은 선비의 죽음이라는 문제적 상황을 영산 각시가 해결하는 과정이 마무리되었는데도 산천굿 신화는 마무리되지 않는다. 붉은 선비의 발병이라는 새로운 사건을 제시하고 산천굿의 기원까지 이야기한다. 이 신화가 굳이 산천굿의 기원담을 덧붙인 것은 전후의 두 이야기 사이에 모종의 관계가 있다는 사실을 암시하는 것이다.

이 신화는 산천 동티에 따른 붉은 선비의 발병과 금기 위반에 따른 붉은 선비의 위기 상황을 동일시하고 있다. 둘을 은유적 관계로 보고 있다는 뜻이다. 두 사건을 동일시한다는 것은 '산천 동티는 붉은 선비가 금기를 위반한 결과'라고 읽어도 좋다는 뜻이다. 해서는 안 될 일을 해서 신을 노하게 하는 것이 동티다. 붉은 선비는 스승이 하지 말라고 한 일을 해서 대망신을 노하게 한 셈이다. 나는 앞에서 대망신을 자연 자체라고 해석했다. 결국 붉은 선비는 선비라는 명분 때문에, 과실을 먹고 싶고 각시를 보고 싶다는 욕망, 다시 말해 식색食色이라는 생물학적 욕망 때문에 자연이라는 신을 노하게 했던 것이다.

그렇다면 대망신, 곧 자연의 분노를 누가 잠재울 것인가? 그런 능력을 지닌 존재라면 창조신밖에 없다. 영산 각시는 대망신을 재로 만들어 산천을 재구성한다. 마고할미·설문대할망·노고할미 등이 산천을 형성하는 데 관여한 창세여신들이라면 선도산 성모·운제산 성모·지리산 정견모주·치술령 신모 등은 여산신들이다. 이들 사이에서 여산신이면서 동시에 창세여신의 권능도 보여주는 여신이 영산 각시다. 선비를 규정하는 '붉은'이라는 빛깔이 대망신의 분노를 표상하는 것이면서 불량한 산의 상태[下山]를 암시하는 형용사라면 '영산靈山'이라는 여신의 이름은 산천을 다시 창조해주는, 하산을 명산으로 만들어주는 여산신의 뜻을 함축하고 있는 명사가 아니겠는가.

우리나라만큼 등산객이 많은 나라가 있는지 모르겠다. 등산객이 지나간 산길은 붉어진다. 등산객이 버리고 온 쓰레기는 산을 더 붉게 만든다. 등산객들만 그렇게 하는 것이 아니다. 개발이라는 이름으로 산을 깎아내는 행위도 그렇다. 대망신의 분노를 부른 붉은 선비의 명분이나 욕망과 다르지 않은 만행이다. 산천 동티를 불러일으키는 일이다.

산천굿의 신화 〈붉은 선비와 영산 각시〉는 우리에게 외친다. 대망신의 분노가 산천 동티를 불러온다는 사실을 기억하라! 영산 각시한테는 팔모야광주가 있음을 명심하라! 시산제의 막걸리를 따를 때 이 산천굿의 복음도 음복하면 좋겠다.

뜨거운 지구와
해 쓰기 신화

이번 여름 유난히 부고를 많이 받았다. 폭염에 지친 어른들이 많았다는 뜻이다. 태양과 지구의 조화로운 관계에 금이 갔다. 지구온난화는 이미 인류가 관리할 수 없는 상태에 이르렀다는 비관론도 퍼지고 있다. 2018년 3월 먼저 떠난 스티븐 호킹 박사는 인류의 종언을 기정사실화하고 지구를 떠나라는 유언도 남겼다. 물론 '현재의 상태가 지속되면'이라는 단서가 달려 있기는 했지만.

그렇다면 빙하기도 건넌 신화는 이 폭염을 어떻게 상상했을까? 신화의 상상력에 따르면 폭염의 원인은 둘이다. 하나는 여러 개의 해가 한꺼번에 떠올랐기 때문이다. 둘은 해가 지상에 너무 가까워졌기 때문이다. 둘 가운데 전자가 일반적이다. 후자의 경우도 전자의 신화소를 포함하고 있는 경우가 대부분이다. 어느 쪽이든 근대과학의 시각으로는 불가능한 일이지만, 경험과학으로 보자면 그럴 듯한 상상이다. 태양은 이글거리는 불이다. 한꺼번에 여러 군데 피우면 더 뜨겁고, 가까이 다가갈수록 더 뜨거워지는 것이 불이니까.

영웅이 실패해야
질서가 잡힌다

몽골신화에 에르히 메르겡이라는 영웅이 등장한다. 메르겡은 명사수, 에르히는 엄지라는 뜻이니 '최고의 명사수'라는 이름을 가졌다. 고구려의 '주몽'도 그런 뜻이다. 이 명사수한테 어느 날 사람들이 찾아온다. 하늘에 일곱 개의 해가 떠올라 강이 마르고 초목이 시들어 사람과 가축이 살 수가 없으니 제발 해를 없애달라고! 신화는, 왜 일곱 개의 해가 동시에 떠올랐는지에 대해서는 묻지 않는다. 폭염의 원인을 묻지 않고 폭염의 퇴치만을 이야기한다.

에르히 메르겡은 맹세한다. '일곱 개의 화살로 일곱 개의 태양을 쏘아 떨어뜨리지 못하면 엄지손가락을 잘라버리고 물도 풀도 먹지 않는 작은 동물이 되어 굴속에서 살 것이다.' 존재를 건 맹세로 무장한 메르겡은 해가 떠오르기를 기다려 여섯 개의 태양을 여섯 개의 화살로 떨어뜨린다. 여기까지는 이른바 사일射日신화의 일반적인 사건 전개와 다르지 않다. 마지막 한 개를 어떻게 처리하느냐에 따라 이야기가 달라진다. 예羿의 사일신화에서는 명령자 요堯 임금이 예의 마지막 화살을 감추지만, 몽골의 메르겡 신화는 동물을 등장시킨다.

메르겡이 일곱 번째 태양을 겨누고 있을 때 마침 제비 한 마리가 앞을 날아간다. 시위를 떠난 화살은 태양을 향해 날아가다가 제비의 꽁지에 맞아 떨어지고 만다. 그 사이 태양은 서쪽 산 뒤에 숨어버린다. 맹세하는 순간 예견되었듯이, 메르겡은 자신의 맹세를 지키지 못한다. 그래서 화살에 맞은 제비의 꽁지는 가위 모양이 되었고, 실패한 메르겡은 엄지손가락을 자르고 물도 풀도 먹지 않고 어두운 굴속에서 사는 타르바간[Marmota bobak]으로 변신했다고 말한다.

'장수 나면 용마 난다'는 속담처럼 영웅의 필수적 동반자는 말이다. 메르겡 신화에도 얼룩무늬 말이 등장한다. 이 말은 자신의 주인 메르겡을 따라 맹세를 반복한다. "제가 새벽까지 제비를 못 따라잡으면 네 다리를 잘라 들판에 버려주세요. 차라리 날쥐가 되어 흙 언덕에 살겠어요." 용마도 자신의 존재를 건다. 결과는 어땠을까? 주인처럼, 잡을 듯 말 듯 밤새 따라다니다가 결국은 따라잡지 못한다. 용마도 실패한다. 메르겡은 화가 나서 말의 앞다리 둘을 잘라버린다. 날쥐의 앞다리가 짧은 이유가 여기에 있다.

동화 같지만 이야기의 그늘을 들여다보면 '동화처럼' 숨은 그림이 있다. 얼룩무늬 말의 맹세대로 되었다면 어떻게 되었을까? 제비는 메르겡한테 살해되어 지상에서 자취를 감추었을 것이다. 제비 멸종보다 심각한 사태는 메르겡의 맹세가 이뤄졌을 때 생길 일이다. 그의 맹세대로 되었다면 일곱 번째 해도 화살에 떨어져 지상은 흑암세상이 되었을 것이다. 폭염을 해결하려다가 폭한暴寒에 빠지지 않았을까. 이는 폭염에 시달리던 사람들이 전혀 기대하지 않은 사태였으리라. 덥다고 해를 없앨 수는 없지 않은가.

이 메르겡의 이야기 뒤에 숨어 있는 것은 신화적 패러독스다. 영웅은 원래 용맹이 과한 존재다. 어떤 사회든 영웅을 원하지만, 영웅이 자신의 힘을 과용하면 반드시 탈이 난다. 사회가 영웅을 제어해야 하는 것이다. 이런 생각이 메르겡의 해 쏘기 신화에 작동하고 있다. 메르겡이 성공하면 세상은 암흑으로 변한다. 메르겡이 실패해야, 달리 말하면 적절한 수준에서 성공해야 하나의 태양이 빛나는 자연스러운 질서가 조성된다는 생각이 그것이다. '성공=암暗 : 실패=명明'이라는 역설적 대응 구조는 이런 신화적 사유가 빚은 틀이다.

양물화살과 뼈화살에 숨은 신화의 논리

타이완의 소수 종족인 (아)타이얄족 신화에는 동물이 없는 대신 태양을 쏘러 가는 원정길의 고난이 강조되어 있다. 이들의 신화에도 두 개의 태양이 번갈아 떠올라 주야의 구분이 없는 상태, 폭염으로 초목이 마르고 짐승들도 자취를 감춘 고통스러운 상황이 제시된다. 이 절체절명의 사태를 해결하기 위해 여러 마을의 원로들이 협의한 끝에 세 명의 용사를 파견하기로 결정한다. 세 용사는 활과 화살, 무기를 갖추고 길을 떠난다.

그러나 가도 가도 태양은 멀리 있었고 용사들은 늙어갔다. 문제 상황을 자각한 용사들은 작전을 변경한다. 둘은 전진하고, 하나는 돌아가 원로들에게 상황을 보고하기로 한 것. 원로들은 토론 끝에 새로운 결정을 한다. '용사들은 각각 사내아이를 하나씩 업고, 밀감과 좁쌀 종자를 지참하고 태양을 추가하라!' 귀로의 식량으로 삼기 위해 행로에 좁쌀과 밀감 씨를 뿌리고, 젊은 용사가 늙어 죽으면 아이들이 뒤를 이어받아 계속 전진하는 전략이었다. 첫째 세대, 둘째 세대가 죽고, 마침내 셋째 세대의 용사들이 목적지에 도달한다. 몽골 신화가 하늘을 나는 영웅의 과도한 용력에 초점을 맞추었다면 타이얄족의 신화는 종족의 운명을 짊어진 세 용사의 영웅 되기에 초점을 두고 있다.

그런데 세 용사가 쏜 화살은 태양에 전혀 해를 입히지 못한다. 여러 차례 실패한 뒤에야 그들은 어린 자신들을 업고 걷던 선배들이 가르쳐 준 '비법'을 기억해낸다. '다람쥐의 양물陽物을 화살촉에 걸어 쏴라!' 세대의 양물화살이 모두 태양의 한가운데를 꿰뚫자 천지가 진동하면서 피가 줄줄 흐르는 태양의 파편이 하늘에서 떨어져 내렸다. 그때 공교롭게도 파편 하나가 한 용사의 머리를 때렸다. 바로 그때 태양은 빛을 잃고 창백한 해골처럼 변한다. 화살에 맞은 태양은 점점 어두워져 달이 된다. 이렇게 하여 일월주야의 질서가 생성되고 만물이 살 만한 세상이 만들어졌다.

타이얄족 신화는 폭염의 원인인 태양을 제거하는 데 헌신한 용사들의 희생을 강조한다. 몽골의 메르겡도 희생되었지만, 그 희생은 자신의 용력에 대한 과신에서 초래된 것이다. 반면에 타이얄족 용사들의 희생은 용력의 결여에서 비롯했다고 해도 과언이 아니다. 그들은 사일射日의 긴 행로에서 앞 세대의 주검을 밟고 전진했다. 거듭된 실패에도 굴하지 않고 해를 살해할 방법을 찾아냈다. 혼자가 아니라 셋의 협력으로 결여를 넘어섰다. 용력의 과잉이든 과소든 두 신화 모두 천지일월의 질서가 쉽게 만들어진 것이 아니라는 잠언을 이야기의 갈피에 묻어 두고 있다.

한데 왜 타이얄족은 다람쥐의 양물이 태양을 이길 수 있다고 상상했을까? 역사적으로 화살촉은 여러 재질이 쓰였지만 철기문명 이후에는 철이 가장 강한 것으로 인식되었다. 사일신화에서는, 그래서 무쇠 화살이 일반적으로 사용된다. 제주 신화의 대별왕·소별왕 형제는 천근이나 되는 무쇠 활과 화살로 해와 달을 쏜다. 무겁고 강한 활과 화살은 신화적 영웅의 용력을 상징한다. 그런데 타이얄족 용사들은 실패한다. 얼마나 강한 화살이었는지에 대한 상세한 이야기는 없지만 일반적인 화살로는 해결할 수 없었다는 말이다. 그래서 다람쥐의 양물을 쓸 수밖에 없었다면 거기에는 문화적 맥락이 없을 수 없다.

러시아 비긴강, 아무르강 지역에 거주하는 우데게이족 신화에서는 해가 둘이 함께 뜨고 하늘이 너무 가까워서 사람들을 고통스럽게 만든다. 폭염으로 인해 겨울에 태어난 사람이 여름이면 죽을 정도였다. 이 문제를 해결하기 위해 나타난 영웅들은 세 용사가 아니라 특이하게도 세 노인이다. 아마도 이 노인들은 마을의 장로 혹은 현자의 표상일 것이다. 이들은 처음에는 얼음으로, 다음에는 쇠로 화살을 만들어 쏘았지만 실패한다. 마지막으로 이들이 사용한 화살은 뼈화살이다. 타이얄족의 양물화살에 대응하는 것이 우데게이족의 뼈화살이다. 뼈 역시 문화적 맥락이 있을 터이다.

다람쥐의 양물은 강한 양기陽氣의 표상이다. 태양太陽은 말 그대로 양기에 속한다. 그렇다면 양기와 양기의 대결이었을까? 표층에서는 그렇게 볼 수 있겠지만 심층은 다르다. 양물화살을 맞은 태양은 달이 된다. 화살에 맞아 피를 흘리던 해가 본래는 달이었다는 뜻이다. 자연의 질서가 일그러져 해의 모습을 하고 있었을 뿐이다. 그렇다면 활쏘기로 음양의 조화가 회복되어 일그러졌던 자연이 질서를 되찾은 것이 아니겠는가. 우데게이족 신화에는 또 다른 신화의 논리가 작동하고 있다. 뼈는 생명 또는 재생의 상징이다. 뼈는 바위와 동일시되는 불변의 상징이기도 하다. 뼈는 쇠보다 강하다. 그러니 뼈로 화살을 만들어야 이글거리는 태양을 상대할 수 있겠다고 상상했을 법하다.

해 쏘기 신화의 상상력으로는
폭염을 막을 수 없다

역사학자인 유발 하라리는 『호모 데우스 ─미래의 역사』(김명주 옮김, 김영사, 2017)에서 인류가 딜레마에 직면했을 때 어떤 식으로 대응했는지, 거시사적 관점에서 기술하고 있다. 첫 단계에 해당하는 바빌로니아 사람들은 별을 관측하여 행동했다고 한다. 신화적 사유, 은유적 사유가 행동을 결정하는 시대였다. 폭염을, 여러 태양이 동시에 출현하는 천체의 이상으로 진단하고 활쏘기라는 위협적 주술로 이를 해결하려고 했다. "거북아 거북아 머리를 내놓아라. 만일 내놓지 않으면 구워 먹으리라." 〈구지가龜旨歌〉의 위협도 같은 사유에서 나온 집단행동이었다.

두 번째는 보편종교의 시대. "별은 거짓말을 한다. 별을 창조한 신이 우주의 모든 진리를 계시한 것이 바로 성경이다. 그러니 별 관측은 그만두고 성경을 읽어라!"처럼 실용적 권고를 한 시대라는 것이다. 이 권고에 따르자면 폭염을 초래하는 해의 운행은 신의 뜻이다. 모세의 뒤를 이은 엑소더스의 지도자 여호수아는 아모리족에 대한 복수를 마칠 때까지 해와 달의 운행을 정지시켰다. 야훼를 향한 기도의 '말'로. 교회마다 폭염을 해결해달라고 여전히 기도하는 이유다. 피리를 불어 달의 운행을 멈추게 한 월명사는 〈도솔가兜率歌〉를 지어 신라 경덕왕 때의 이일병현二日竝現 사태를 해결했다. 그는 노래로 미륵불을 호출했다. 두 번째 시대는 화살의 주술이 안 먹히는 시대다. 위협 대신 간절한 기원의 말과 노래로 해의 이상을 치료했다.

다음은 인본주의의 시대, '인간이 신을 발명했다'고 여기는 시대다. 모든 진리의 원천은 인간이라고 자부했다. 과학혁명은 여기서 비롯된다. 인본주의와 손잡은 근대 과학은 폭염의 원인을 신의 분노가 아니라 지구온난화의 결과라고 분석했다. 그래서 1972년 6월 유엔인간환경회의가 열렸고, 온실가스(CO_2) 감축을 위한 제네바(1994)·교토(1997)·파리(2015) 기후협약은 세 번째 시대가 주조한 화살이고 노래라고 할 수 있다. 그러나 현재 이 화살은 얼음화살이나 마찬가지고, 노래는 어떤 신도 호출할 힘이 없다. 중국이 경제성장을 멈출 생각이 없다면 태양도 폭염을 멈출 생각이 없다. 부채 들고 혼자서 폭염과 맞선다고 해결될 문제가 아니다.

이제 남은 것은 무엇인가? 유발 하라리는 이렇게 쓴다. "그리스도교가 인간은 신과 그의 계획을 이해할 수 없다고 말하듯이, 데이터교는 인간의 뇌로는 새로운 마스터 알고리즘master algorism을 이해할 수 없다고 말한다." 구글로 대표되는 데이터 집적 시스템을 '데이터교'라고 비유한 것이다. 이것이 폭염과 더불어 살아야 할 현재고 미래다. 그렇다면 데이터교의 유일신 마스터 알고리즘은 폭염에 대해 어떤 결정을 내릴까? 그리스도교가 최후의 심판을 예언했듯이 지구온난화 문제 하나 해결하지 못하는 인류에게 데이터교도 부고장을 발부할까?

　우리가 여름이면 겪고 있는 전 지구적 폭염은 해 쏘기 신화의 상상력으로는 해결하기 어려운 딜레마다. 메르겡의 전통箭筒은 비었고, 여호수아의 기도도 월명사의 노래도 말라버렸다. 인본주의 과학은 지구를 떠나라는 권고문까지 게재하고 있다. 어떻게 해야 할까? 굴속의 타르바간이 되어야 하는 것일까?

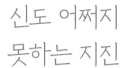
신도 어쩌지
못하는 지진

2016년 경주 지진에 이은 2017년의 포항 지진으로 한반도의 남쪽이 불안에 시달리고 있다. 한반도만이 아니라 지구 곳곳에서 크고 작은 지진 소식이 끊이질 않는다. 이른바 '불의 고리' 위에서는 큰 규모의 지진이 지속적으로 일어나고 있다. 2011년 3월 11일 발생했던 동일본대지진은 후쿠시마 원전폭발사고로 이어져 일본을 오염시키고 지구촌에 씻을 수 없는 상처를 남겼다. 인도네시아에서는 악마가 화가 나서 몸을 떨 때 지진이 난다고 이야기한다는데 악마는 왜 계속 화를 내고 있는 것일까?

게으르거나,
어쩔 수 없거나

지진의 원인에 대해 오늘날 거의 정설로 받아들여지고 있는 이론은 '판구조론'이다. 지구는 여러 개의 판들로 덮여 있는데 판들끼리 서로 밀다가 한쪽이 다른 쪽으로 미끄러져 들어가면서 땅이 흔들린다는 것이다. 이런 합리적인 설명이 있는데도 지진이 나면 어떤 종교인들은 신의 심판 운운하고, 어떤 정치인들은 지도자에 대한 경고 운운한다. 여전히 주술적인 언어가 횡행하고 있다. 그렇다면 진짜 신화는 지진에 대해 어떤 이야기를 하고 있을까?

하늘에는 17층이 있고 땅에는 9층이 있다. 사람이 살고 있는 곳을 지상국이라고 하고 신이 살고 있는 곳을 천상국이라고 한다. 17층 하늘과 9층 땅을 주재하는 이는 천신 압카언두리이다. 태초에는 땅이 없이 물만 하늘에 닿아 있었다. 압카언두리는 자기 모습대로 일남일녀를 만들어 돌 항아리에 넣은 뒤 물속에 던졌다. 항아리는 곧 수면 위를 떠다녔다. 그러다가 이들 둘이 결혼하여 많은 자손들을 낳았고 여러 세대가 흐르면서 항아리도 따라서 점점 커졌다.

나중에 항아리 속에 사람이 너무 많아지자 압카언두리는 다시 사람들이 살 만한 곳을 만든다. 흙으로 아주 큰 땅을 만들어 물 위에 놓고는 큰 물고기 세 마리에게 땅을 등에 지라고 명했다. 그리고 천신 하나를 보내 며칠마다 한 번씩 먹을 것을 주게 했다. 천신이 게을러 이따금씩 제때 먹이를 주지 않을 때가 있다. 그러면 배고픔을 참지 못해 물고기들이 몸을 움직이는데 이때 땅도 따라서 흔들린다. 이것이 지진이다.

만주족이 구전하고 있는 창세신화다. 압카언두리가 사람을 만들어 돌 항아리 속에 넣어 물 위에 떠다니게 했다는 상상력이 흥미롭다. 인류를 낳은 돌, 대홍수 때의 방주, 영웅을 실어 나르는 돌배를 연상시키기 때문이다. 그러나 그보다 더 재미있는 대목은 흙으로 거대한 땅을 만들어 물고기 등에 얹어 놓았다는 상상력이다. 이런 상상력은 이족 서사시 〈므이꺼〉에도 나타난다. 천신 거쯔가 암수 물고기 두 마리로 하여금 땅을 지게 한다. 라후족 서사시 〈무파미파〉의 물고기는 하늘을 지탱하는 기둥을 떠받치고 있다. 이는 주로 어렵을 통해 살아갔던 민족들의 일상생활에 기반을 둔 상상력으로 보인다.

그런데 천신 압카언두리의 창조 행위는 물고기 등에 땅을 고정시키는 데서 끝나지 않는다. 창조란 일회적인 것이 아니기 때문이다. 천신은 대어 셋을 잘 관리해야 한다. 하지만 만주신화는 게으른 천신 때문에 문제가 일어난다고 이야기한다. 천신이 물고기들을 굶주리게 만들어 그들이 몸을 움직이면 땅이 흔들리기 때문이다. 만주신화는 지진의 원인을 인간의 잘못이 아니라 '천신의 게으름'에서 찾고 있다. 물고기 담당 천신이 왜 게으른지에 대해서는 말이 없다. 하지만 창조된 세계를 부지런히 관리해야 할 신의 직무태만이 지진의 원인이라는 점은 분명히 말하고 있다.

만주족 신화와 달리 신도 어쩔 수 없는 지진에 대해 이야기하는 신화도 적지 않다. 몽골 창세신화가 그런 사례다. 몽골 신화의 창조자는 마이다르이다. 마이다르는 미륵불의 몽골식 이름으로 이해되고 있지만, 신화 속의 형상은 여신이다. 대홍수가 일어나 인류가 절멸했는데 수미산Sumeru 꼭대기 동굴 속에 몇 사람이 살아남아 있었다. 키가 반 자도 안 되는 소인들이었다. 여신은 이들을 위해 대지를 만든다.

마이다르 여신이 흰색 신마神馬를 타고 푸른 물 위를 분주히 오가며 신마의 발굽으로 수면을 밟을 때마다 불꽃이 퍼지더니 연소된 재가 수면 위로 떨어졌다. 재는 쌓일수록 두터워져 점점 한 덩어리의 가없는 대지로 변했다. 대지가 수면을 내리 누르면서 서서히 가라앉자 하늘과 땅이 천천히 나뉘어졌다. 대지가 처음 이루어졌을 때는 한 덩어리의 크고 평평한 판이었는데 물 위에 떠 있어서 늘 흔들렸다. 마이다르는 대신大神 거북이 한 마리를 물속으로 보내 등으로 대지를 떠받쳐 움직이지 않게 만들었다. 하지만 거북이 아주 피곤해서 허리와 다리를 펼 때가 있는데 그때 지진이 발생한다. 신마의 발굽이 일으킨 불은 수증기를 증발시켜 구름을 만들었고 불티는 공중으로 날아 올라가 별이 되었다.

지진이 일어나는 까닭은 단순하다. 여신 마이다르의 명으로 대지를 떠받치고 있는 거북이가 피곤해서 몸을 움직일 때 따라서 땅이 흔들린다는 것이다. 거북이가 허리와 다리를 펴는 것은 말 그대로 '자연스러운' 일이다. 식물조차도 끊임없이 움직인다. 움직임은 생명의 본성이다. 신도 그렇다. 그러니까 거북이 신의 움직임은 창조자 마이다르 여신도

힌두 신화가 상상한 세계의 모습.

제어할 수 없는, 자연스러운 상태다. 역으로 말하면 움직임이 없는 존재는 죽은 존재이므로 거북이의 움직임은, 나아가 지진은 대지가 살아 있다는 좌증이다. 몽골신화에서 지진은 창조신의 능력 바깥에 있다. 아니, 지진 자체가 창조신의 능력이라고 말하고 있는 것일 수도 있다.

　몽골 신화처럼 지진에 대해 이야기하는 신화는 아주 많다. 어웡키족 신화에서는 창조 과정에 동참하는 니산샤먼이 대지를 떠받치고 있는 신귀神龜의 몸을 화살로 꿰뚫어 고정시켜놓는다. 그럼에도 불구하고 신귀가 이따금 움직여 지진이 난다. 힌두 신화에서는 땅을 지탱하고 있는 여덟 마리의 코끼리가 거북의 등 위에 서 있는데 거북이는 다시 똬리를 튼 뱀 아난타 위에 있다. 가장 밑에 있는 아난타가 움직일 때 거북도 움직이고 연달아 코끼리가 움직이면 지진이 난다.

'자연스럽던' 지진이
특별해졌다

그런데 지진에 대한 창조신의 역할을 강조할 경우 미묘한 변화가 감지된다. 카자흐스탄을 이루고 있는 카자흐족 신화가 그런 경우이다.

> 태초에 하늘도 없고 땅도 없을 때 오직 조물주만 있었다. 조물주는 사람처럼 사지와 오관이 있어 귀로 들을 수 있었고 눈으로 볼 수 있었고 혀로 말할 수 있었다. 조물주가 하늘과 땅을 만들었다. (…) 처음에 하늘은 위에서 움직이지 않는데 땅은 자신이 밑에 있는 것이 불만이어서 늘 이리저리 움직였다. 그래서 조물주는 거대한 소 한 마리를 끌고 와서 뿔 사이에 땅을 고정시켰다. 하지만 소가 너무 고집이 세서 한쪽 뿔로만 땅을 지탱하려 했기 때문에 땅의 움직임은 끊이질 않았다. 특히 소가 땅을 한쪽 뿔에서 다른 쪽 뿔로 옮길 때 아주 큰 지진까지 일어났다. 조물주는 화가 나서 큰 산을 못으로 삼아 소의 머리에 땅을 고정했다.

카자흐족 신화에서 대지를 떠받치고 있는 존재는 거대한 소다. 뿔로 받치고 있으니 아마도 황소일 것이다. 황소는 민족에 따라 거북이·물고기 등으로 변형될 수 있으니 큰 차이가 없다. 이 신화에서 흥미로운 부분은 소와 조물주의 갈등이다. 소는 조물주가 끌고 온 존재지만, 조물주가 완벽하게 통제할 수 없다. 조물주의 의지와 달리 고집스레 한 뿔로만 땅을 떠받치고, 이 뿔에서 저 뿔로 땅을 옮기니 크고 작은 지진이 난다. 여기까지는 창조신도 어쩔 수 없다고 이야기하는 몽골 신화의 경우와 다르지 않다. 그러나 카자흐족 신화는 더 나간다. 소가 땅을 이리저리 옮기지 못하도록 창조주가 못을 박아 땅을 고정했다고 말한다. 큰 산을 못으로 썼다니 대단한 상상력이다.

그렇다면 못 박힌 땅은 움직이지 않았을까? 그래도 소가 피곤해서 다리를 움직이면 지진이 일어나지 않을까? 하지만 카자흐족 신화는 거기까지는 이야기하지 않는다. 다만 땅 위에 풀이 자라자 무게가 가벼워져 다시 땅이 흔들리기 시작했다는 것, 그래서 창조주가 높고 큰 산을 많이 만들어 대지를 안정시켰다는 변형된 이본異本만 전해지고 있다.

왜 카자흐족 신화는 지진이 나는 까닭을 말하는 데서 그치지 않고 지진이 일어나지 못하도록 조물주가 일을 했다는 점을 강조하고 있는 것일까? 그 단서는 이 창세신화의 마지막 부분에 등장하는 첫 인간의 유래와 이름에서 찾아야 할 것 같다. 조물주는 땅을 만든 뒤 흙으로 한 쌍의 인형을 빚어 그들의 입에 영혼을 불어넣는다. 이렇게 하여 창조된 인류의 시조는 아다무아타·아다무아나 커플이다. 흙으로 만들어 혼을 불어넣었다는 창조담은 유다인의 성서 『토라』에 보인다. 그리고 최초의 인간 '아담'이라는 이름은 『토라』나 『코란』에 모두 나타난다. 카자흐족 신화의 커플 이름은 동방정교회나 이슬람교의 영향 아래서 카자흐스탄식으로 변형된 것으로 생각된다. 이름만이 아니라 신화 자체도 상당한 영향을 받았다.

『토라』나 『코란』처럼 창조주의 절대적 권위가 강조되면 지진은 자연스레 일어나지 않는다. 지진은 창조주의 통제 아래 있다. 카자흐족 신화의 조물주는 소뿔 위의 대지가 더는 움직이지 못하도록 못을 박아버렸다. 카자흐족 신화에 이런 신화소가 부가된 것은 창조주의 권능을 드러내기 위한 장치일 것이다. 신화가 여기까지 확장되면 이제 지진이 일어나지 않는 것도, 일어나는 것도 창조주의 뜻으로 해석될 수 있다. 신화가 종교 담론이 되면 지진은 '자연스럽지 않은', 특별한 사건이 된다.

고향에 계신 노모는 지진 소식이 들리면 곧장 말세라는 말을 입에 올리시곤 한다. 지열발전소가 촉발한 포항 지진을 종교인 과세에 대한 '하나님'의 경고라고 설교했던 목사도 있었다. 『삼국사기』나 『삼국유사』에 다수 기록되어 있는 재이災異에 대한 시각과 크게 다를 바 없다. 앞으로도 이런 식의 스토리텔링은 쉽게 사라지지 않을 것이다. 인간은 생각보다 덜 이성적이기 때문이다.

신화는 자연을 인격화해서 이해한다. 그래서 자연의 인격화라고 할 수 있는 신에게도 인간적인 자질을 부여한다. 인간이 자신의 형상대로 신을 빚었다. 그래서 지진이 일어나면 신이 화를 낸다거나 신이 게으름을 피운다고 이야기한다. 더 많은 신화들은 신도 어쩔 수 없는 일이라고 말한다. 지진이 신의 분노의 결과라고 이야기하는 아시아 신화는 상대적으로 드물다.

신의 분노 때문이라면 신을 달래면 되고, 게으름이 원인이라면 일깨우면 된다. 그러나 신도 어쩔 수 없다면? 우리는 지진이 지나가기를 기다릴 수밖에 없다. 내진설계라는 합리적 이성을 최대한 발휘하면서!

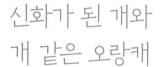

옛날 옥황상제가 뜀뛰기 시합을 시켜 열두 띠 동물의 순서를 정했다는 이야기가 있다. 그때 영리한 생쥐는 1등을 했고, 개는 11등을 한다. 좀 느린 소는 하루 전에 출발했다고 하는데 날쌘 개는 왜 늦었을까? 이 이야기에는 아무 설명이 없다. 밤새 주인을 지키느라, 개는 출발이 늦어지지 않았을까? 이런 추론을 해보는 것은 열둘 가운데 개가 사람과 가장 친한 동물인 까닭이다.

개는 어쩌다 사람과 친구가 되었을까? 그 이유를 아주 흥미롭게 설명해주는 이야기를 시버족이 전하고 있다. 시버족은 중국 신장성이나 랴오닝성에 거주하고 있는데 옛 선비족의 후예로 알려져 있다.

옛날 외로웠던 개는 다른 동물과 친구가 되고 싶어 먼저 토끼를 찾아가 함게 지낸다. 밤이 되자 토끼는 풀숲에 몸을 움츠리고 잠이 들었지만 개는 작은 소리가 나도 심하게 짖어댔다. 토끼는 화가 나서 그렇게 짖으면 늑대가 찾아와 우릴 잡아먹을 거라고 소리쳤다. 개는 토끼를 겁쟁이라 여겨 늑대를 찾아가 친구가 되었다. 저녁에 되자 늑대도 나무 뒤에 숨어 잠이 들었지만 개는 바람소리에도 짖어댔다. 늑대는 잠이 깨자 곰이 들으면 우리를 잡아먹을 거라고 개를 나무랐다. 개는 늑대가 곰보다 담이 작다고 생각하고는 곰을 찾아간다. 개는 곰과 친구가 되어 굴속에 살기 시작한다. 그런데 밤이 되자 곰은 굴에 들어가 잠을 잤지만 개는 굴 밖에서 망을 보다가 작은 기척에도 짖어댔다. 곰은 화를 내며 사람이 들으면 우릴 잡아갈 거라고 소리쳤다. 개는 곰이 사람보다 약하다고 생각하고는 사람을 찾아간다. 개는 마침내 사람과 친구가 되어 살기 시작했다. 밤이 되자 사람은 집에 들어가 잠을 자고 개는 망을 보았는데 작은 소리에도 짖어댔다. 아침이 되자 사람은 밤새 집을 지키느라 수고했다면서 쓰다듬어주고 먹을 것을 주었다. 개는 마음이 따뜻해졌다. 사람을 위해 망을 보는 것이 기뻤다. 이렇게 하여 개는 사람과 인연을 맺게 되었다.

동화 같지만 개와 사람 사이를 아주 잘 보여주는 이야기다. 개는 친구가 필요했다. 생긴 그대로를 인정해주는 친구! 개의 본성은 짖는 것인데 토끼도 늑대도 곰도 그것을 용납하지 못한다. 토끼는 늑대가 무섭고, 늑대는 곰이 무섭고, 곰은 사람이 무서웠기 때문이다. 그렇다면 사람은? 사실 사람은 곰이 무섭고 늑대도 무섭다. 하지만 개가 있으면 경계할 수 있고, 때로는 개를 앞세워 사냥을 할 수도 있다. 개와 사람은 죽이 잘 맞았다는 이야기다.

왜 늑대는 개가 되었을까? 언제쯤 개는 가축이 되었을까? 여러 학설이 논쟁 중이다. 그 가운데 사람이 늑대를 길들여 개로 만든 것이 아니라 사람들 곁에 있는 것이 배를 채우는 데 더 유리해서 늑대가 점차 가축화되었다는 견해가 그럴듯하다. 마을 주변을 배회하며 청소부 노릇을 하던 늑대가 사람한테 적응하면서 유전자가 변형되었다는 것. "외로워서", 동물들 가운데 궁합이 딱 맞는 사람하고 마침내 친구가 되었다는 시버족 이야기는 이런 최신 학설의 오래된 설화 버전이 아닐까?

개는
인류의 은인

그러나 시버족 이야기는 신화가 아니라 민담에 속한다. 성스러움이 결여되어 있기 때문이다. 민담 형식으로 구전되고 있지만 신화의 자취를 지니고 있는 개 이야기를 더 만나보자.

아담과 밀 이삭은 함께 천국에서 쫓겨난다. 당시 지상의 밀 이삭은 뿌리부터 줄기까지 다 밀알이 열려 있었다. 하루는 어떤 할멈이 기름과 밀가루로 만든 전으로 손자의 똥을 닦아 버렸다. 일이 이 지경에 이르자 밀 이삭은 알라에게 애걸한다. 사람들의 학대를 견디지 못하겠으니 천국으로 도로 데려가달라고. 애원을 들은 알라는 천사들에게 땅으로 내려가 밀 이삭을 다 꺾어 오라고 명한다. 천사들이 내려와 이삭을 꺾고 있을 때 개가 그것을 발견한다. 개는 알라에게 달려가 간청했다. "전지전능하신 신이시여, 조금이라도 밀 이삭을 남겨주십시오. 다 가져가신다면 저보고 무엇을 먹으라는 말씀입니까?" 개를 가엾게 여긴 알라는 천사들에게 조금 남겨두라고 명했다. 우리가 지금 먹고 있는 밀은 알라가 개에게 준 음식이다. 그러므로 개를 기르는 사람은 늘 배불리 먹이는 것을 잊어서는 안 된다.

위구르족이 입에서 입으로 전하고 있는 이야기다. 위구르족은 오늘날 주로 신장위구르족자치구에 거주한다. 이들의 기원은 고대 정령족丁零族에 닿아 있고, 후대는 철륵족鐵勒族–돌궐족突厥族으로 연결된다. 이들은 늑대를 신성시하는데, 늑대는 위구르의 영웅 우구즈칸이 전투에 나설 때 길을 인도해주는 신성한 존재로 나타난다. 이 늑대는 나중에 돌궐 시조신화에서 발목이 잘린 채 버려진 사내아이를 키우는 암늑대로, 몽골 시조신화에서 흰 사슴과 짝을 맺는 푸른 늑대로 나타나기도 한다. 천신에게 간청하는 개의 모습은 이런 신화에 젖줄을 대고 있다.

그런데 이 이야기에는 알라신이 등장한다. 천국에 살던 아담Adam도 출현한다. 이는 위구르족이 10세기에 이슬람교를 받아들이면서 생겨난 변형이다. 천국의 아담이 문제를 일으켜 쫓겨났듯이 지상의 인간도 문제를 일으킨다. 밀 이삭에 인격을 부여하여 노파가 밀을 학대했다고 말하고 있지만, 사실은 밀의 낭비가 문제였다. 뿌리에까지 밀알이 열릴 정도로 밀이 너무 풍성했기 때문이다. 곡식의 낭비가 대홍수의 원인이 되는 신화가 적지 않은데 여기서는 홍수 대신 알라가 곡식을 회수해간다. 밀이 사라지면 인류는 신석기 시대 이전으로 돌아간다. 이 이야기는 오늘날의 인류를 있게 해준 은인이 바로 개라고 말하고 있다. 망을 봐주는 친구에서 신 같은 존재로 개의 위상이 업그레이드되어 있는 셈이다.

종족의
시조가 된 개

이제 개의 신성성을 제대로 보여주는 신화를 만나보자. 5세기에 편찬된 『후한서後漢書』〈남만서남이전南蠻西南夷傳〉에 좋은 사례가 있다.

고신高辛 임금 시절에 견융犬戎이 변경을 침범했다. 고신 임금이 견융의 포악을 근심하여 정벌하였으나 이기지 못했다. 이에 임금이 천하에 두루 인물을 모으면서 견융국 오장군의 머리를 가져오는 자에게는 황금 1000일(일=24냥)과 만가萬家의 식읍食邑을 주고, 공주를 아내로 주겠다고 했다. 그때 고신 임금이 키우던 오색의 털을 지닌 개가 있었는데 이름이 반호盤瓠였다. 임금의 영이 내려진 뒤 반호가 사람의 머리를 물고 대궐 아래 이르렀다. 여러 신하들이 이상하게 여겨 살피니 오장군의 머리였다. 임금은 크게 기뻐하였으나 반호에게 딸을 아내로 줄 수도 없었고, 봉작封爵할 길도 없어 신하들과 포상에 대한 논의를 하였으나 마땅한 방법을 찾지 못했다. 공주가 듣고는, 임금이 내린 명령은 어겨서는 안 되니 그대로 시행해달라고 요청했다. 임금은 어쩔 도리가 없어 딸을 반호의 배필로 주었다. 반호는 공주를 얻자, 업고 남산으로 달려가 석실石室에 들어갔다. 아주 험하여 인

적이 없는 곳이었다. 거기서 여자는 본래 입었던 옷을 벗어버리고 복감僕鑿

식으로 머리를 묶고 독력獨力의 옷을 입었다.

고신 임금은 슬퍼하며 딸을 그리워하여 사자를 보내 찾도록 하였으나 번

번이 비바람이 불고 깜깜해져 앞으로 나아갈 수가 없었다. 3년이 지나자 6

남 6녀를 낳았다. 반호가 죽은 뒤 서로 부부가 되었다. 이들은 나무껍질로

옷감을 짜고 풀 열매로 염색을 하였는데 오색 옷을 좋아했고 옷을 지을

때는 꼬리를 달았다.

고신은 제곡帝嚳으로 불리는 고대 부족국가의 족장으로, 어머니가 거

인의 발자국을 밟고 낳았다는 신화적 인물이다. 중국의 신화적 족보에

는 황제黃帝의 증손으로 자리매김되어 있다. 견융은 오늘날 산시[陝西·山

西]성 일대에 터 잡고 있던 부족으로 국경을 맞대고 있던 중원의 고신씨

와는 적대적 관계였다. 이 신화는 양자, 곧 화이華夷의 적대를 묘사하고

있는데, 그 사이에 이상한 개 한 마리가 끼어들어 사연을 복잡하게 만

들었다.

이 신화에는 개를 둘러싼 두 가지 서사 전략이 감춰져 있다. 하나는

반호가 견융국 오장군의 머리를 물어왔다는 진술이다. 견융은 견이犬

夷·험윤獫狁 등의 이름으로도 불리는데 후대의 흉노匈奴와도 관계가 있

는 종족이다. 그런데 한자를 보면 이름마다 '개'가 붙어 있다. 이는 소위

오랑캐에 대한 비칭卑稱이지만, 그 이상의 함의도 있다. 종족의 문화적

특징, 다시 말해 신화가 숨어 있다. 견융은 늑대를 숭배하는, 그 연장선

상에서 개를 신성시하는 종족이다. 그런 견융의 오장군을 고신이 기르

던 개가 잡아왔다니! 개로 개를 죽인 셈이다. 이것이야말로 이이제이以 夷制夷가 아닌가! 이 상징 놀이에는 후한後漢의 외교정책이 그대로 표현되어 있다.

이이제이의 결과는 어떠했는가? 반호는 공주를 얻어 고신 임금의 부마가 된다. 여기에 두 번째 전략이 숨어 있다. 반호와 공주는 결혼해서 자녀를 낳고, 자녀들끼리 짝을 맺어 한 종족을 이룬다. 그러니까 이 종족의 시조는 개다. 아주 익숙한 토템신화의 형식이다. 이런 신화를 전승하고 있는 종족은 현재의 먀오[苗]족·야오[瑤]족·셔[畲]족 등인데 본래 같은 계통이다. 기록 속의 '복감'이나 '독력'이 무엇인지 불분명하지만, 오늘날 야오족의 전통 패션을 보면 짐작이 간다. 야오족 여성들은 머리카락을 자르지 않고 길게 길러 터번처럼 둘러 올리는데 이것이 복감일 것이고, 반호의 털 빛깔처럼 오색의 옷에 꼬리를 다는데 그것이 독력일 것이다. 반호의 후손임을 표현한 복색이다. 따라서 이 『후한서』의 기록은 이들 종족의 기원신화이기도 하다.

그렇다면 그 의미는 무엇인가? 윈난성에 거주하는 이족彝族은 〈므이꺼〉라는 창세서사시를 통해 자신들과 한족의 관계를 노래한다. 대홍수 뒤 살아남은 오누이가 짝을 이뤄 낳은 박 속에서 여러 민족이 나왔는데 한족이 맨 먼저, 이족이 세 번째로 나왔다고 한다. 이족은 한족과 동원을 지닌 형제지만 서차가 있다는 이야기다.[12] 이족은 자신들의 기원을 노래하는 서사시를 통해 화이의 관계를 추인한다. 이족과 마찬가지

12) 자세한 이야기는 4부의 〈만리장성 안과 밖의 신화〉를 참조하라.

로 먀오족·야오족·셔족은 중원의 서남쪽에 사는 오랑캐들이지만, 고신이라는 매개를 통하여 황제의 족보에 등록된다. 이들은 험지에 고립되어 중원의 한족과 소통하지는 않았지만, 그래도 황제의 방계 후손이라는 새로운 스토리텔링을 얻는다.

먀오족이 구전하는 신화에 따르면 신농씨의 딸이 개와 결혼한다. 개가 적장의 머리가 아니라 서방에서 곡물의 종자를 가져왔기 때문이다. 개가 인간에게 종자를 선물했다는 점에서 앞서 위구르족 이야기와 연결된다. 이렇게 하여 개와 결혼한 신농의 딸은 2년 뒤 핏덩어리를 하나 낳았는데 칼로 가르자 사내아이 열넷이 나온다. 그 가운데 일곱이 먀오족이 되고 일곱이 한족이 된다. 먀오족과 한족이 형제라는 말이다. 이런 변형된 신화가 구전되고 있는 것을 보면 먀오족 역시 『후한서』의 통합 이데올로기를 일정 부분 받아들이고 있었다는 것을 알 수 있다. 물론 고신(황제)의 위치에 신농씨(염제)를 놓음으로써 약간 비틀어서 수용했지만 말이다.

집을 지켜주면서 사람과 친구가 된 개, 신의 징벌로부터 밀을 보존해 오늘날의 문명을 추동해준 개, 사람과 결혼하여 종족의 시조가 된 개. 개의 신화적 형상은 실로 다양하다. 때로는 신령한 개가, 시조인 개가 화이론과 같은 이데올로기에 포획되어 '개 같은 놈들'로 비하되기도 했지만, 개는 인류의 벗으로 늘 우리 곁에서 짖고 있었다. 애견가들이 늘어나는 이즈음 개의 신화사도 한번쯤 음미해볼 일이다.

벌목에 저항하는
타자들

『일본서기日本書紀』(720)는 스이코천황[推古天皇] 26년(618)에 일어났다는 이상한 사건을 기록하고 있다. 배를 만들기 위해 파견된 신하가 적당한 목재를 얻으려고 산에 들어가면서 발생한 사건이다.

이 해에 가하에노오미[河邊臣]를 아키노쿠니[安藝國]에 보내 배를 만들게 하였다. 산에 들어가 배 만들 목재를 찾았는데 마침 적합한 나무를 얻어 베려고 하였다. 그때 어떤 사람이 "벼락을 맞은 나무이니 베어서는 안 됩니다"라고 말했다. 가하에노오미가 "벼락신이라고 해서 천황의 명령을 거역할 수는 없지 않은가?"라고 반문하면서 적지 않은 폐백으로 제사를 올린 뒤 인부를 보내 베게 했다. 그러자 즉시 큰비가 내리면서 천둥이 치고 벼락이 번쩍였다. 가하에노오미는 칼을 굳게 쥐고 "벼락신이여, 인부를 다치게

경상남도 하동군 상신흥 마을의 성황당 나무와 돌탑. 사진 제공 〈경향신문〉

하지 말고 내 몸을 상하게 하라!"라고 외치면서 하늘을 우러러 기다렸다. 벼락이 10여 번이나 내리쳤지만 가하에노오미에게 상처를 주지는 못했다. 그리고 벼락은 곧 조그마한 물고기로 변하여 나뭇가지 사이에 끼었다. 그 물고기를 잡아 태워버리고는 드디어 배를 완성했다.

일본의 33대 천황 스이코는 백제계인 소가씨 집안 출신으로 아스카 [飛來] 문화를 연 인물이다. 아키노쿠니는 지금 히로미사현 서쪽 지역이다. 7세기 초는 일본이 활발한 대외 활동을 벌이던 시기로 배가 많이 필요하던 때였다. 그래서 가하에노오미를 아키노쿠니에 파견한 것이다. 『일본서기』를 참고하면 그는 외교와 군사 방면에서 활약했던 씨족의 일원이었던 것으로 보인다.

그런데 이 기록이 던지고 있는 문제적 상황은 지역민들의 민간신앙과 중앙에서 파견된 관리의 대립이다. 가하에노오미가 신중히 고른 나무가 하필이면 이른바 '벼락 맞은 나무'였던 것. 벼락 맞은 나무, 특히 벼락 맞은 대추나무는 벽사목(辟邪木)으로 우리 민속에서도 귀하게 여기는 신성한 나무다. 비유컨대 국도를 뚫어야 하니 마을 앞 당산나무를 베겠다고 달려드는 꼴이다. 지역민들의 저항이 클 수밖에 없다. 이 이야기에서는 그 저항이 큰비와 천둥·벼락이라는 자연의 노여움으로 표현되고 있다. 그러나 결국 나무신 혹은 벼락신의 저항은 천황의 권위 앞에 무릎을 꿇는다. 벼락은 가하에노오미의 칼을 이기지 못했다. 물고기 형상의 신은 관리의 칼에 살해된다. 천황가의 정치적 정당성을 옹호하기 위해 제작된 『일본서기』의 목적에 잘 들어맞는 이야기이다.

문왕 편에
선 귀신의 배반

흥미롭게도 이와 유사한 상황에서 벌어진, 나무신과 왕권의 대결에 관한 이야기가 동진시대에 편찬된 소설집 『수신기(搜神記)』(권 18)에도 보인다. 춘추시대 진나라 문왕(B.C.765~B.C.716 재위, 원문에는 문공으로 표기되어 있지만 이해의 편의를 위해 문왕으로 바꿈) 때의 일이니 기원전 8세기까지 올라간다.

　진나라 때 무도군의 고도 지역에 노특사(怒特祠)라는 사당이 있었는데 사당
　위에 가래나무가 한 그루 서 있었다. 진나라 문왕 27년에 사람을 시켜 나

무를 베려 했더니 갑자기 큰 비바람이 불었다. 도끼로 찍었던 곳이 다시
아물어 종일 찍었지만 베지 못했다. 문왕이 다시 병졸을 증파하여 도끼를
든 자가 40명이나 되었는데도 베지 못했다. 병졸들이 피곤하여 쉬려고 돌
아갈 때 한 병졸이 다리를 다쳐 따라가지 못하고 나무 아래 누워 있었다.
그는 귀신이 나무신한테 말하는 것을 들었다. "싸우느라 힘드시지요?" 나
무신이 대답했다. "어찌 힘들다고 할 수 있겠습니까?" 또 "문왕이 반드시 쉬
지 않을 텐데 어쩌시렵니까?"라고 묻자 "문왕이 어찌겠습니까?"라고 대답
했다. 귀신이 또 "문왕이 만약 300명으로 하여금 머리를 풀어 헤치고 붉은
실을 나무에 두르고 붉은 색의 거친 털옷을 입고 재를 뿌리면서 당신을 베
면 힘들지 않겠습니까?"라고 묻자 나무신은 묵묵히 아무 말도 하지 않았
다. 다음 날 그 병졸이 엿들은 바를 전하자 문왕은 병졸들에게 그런 차림
으로 나무를 베고 벤 자리에 재를 뿌리라고 명했다. 드디어 나무가 베어지
자 나무 속에서 푸른 소 한 마리가 나와 풍수豊水로 달려 들어갔다.

『일본서기』의 이야기보다 좀 더 복잡하지만 기본 구도는 동일하다.
왕과 나무신의 대립 구도가 바로 그것이다. 문맥에 따르면 이 나무는
노특사의 신을 상징하는 나무다. '노특사'가 '화난 수소를 모시는 사당'
이란 뜻이니 사당 위의 가래나무는 화난 수소가 깃들어 있는 나무이고,
노특사는 수소가 깃든 나무의 신을 모시는 사당이다.

그런데 문왕은 왜 군사들에게 벌목을 명했을까? 이야기 속에는 이유
가 명시되어 있지 않지만, 추론해볼 수는 있다. 무도는 오늘날 감숙성
무도현 일대로 진나라의 변방 지역이다. 문왕은 군사를 이끌고 변방으

로 순행을 나간 것이다. 그곳에서, '화난 수소'가 시사하듯이, 지역민들이 두려워하는 신과 부딪히게 된 것. 문왕은 변방 백성들의 어려움을 해결하고, 자신의 왕권을 과시하기 위해 벌목을 시도했던 것으로 보인다. 1702년 제주 목사로 부임한 이형상이 음사척결을 내세워 신당들을 불태운 사건과 아주 비슷하다. 문왕은 자신의 권위를 드러내기 위해 나무신을 척결하지 않으면 안 되었던 것이다.

하지만 천황이 파견한 가하에노오미에게 나무신이 저항했던 것처럼 노특사의 나무신도 문왕의 도끼에 저항한다. 병사들이 아무리 찍어도 나무의 찍힌 상처는 바로 아문다. "문왕이 어쩌겠습니까?"라고 반문할 정도로 나무신의 힘이 강했다는 뜻이다. 이 팽팽한 싸움의 승부는 엉뚱하게도 내부의 적에 의해 결판이 난다. 두 신이 대화하는 과정에서 귀신이 나무신의 아킬레스건을 누설한다. 귀신이 일부러 그렇게 물은 것은 아무래도 다리 다친 병사가 들으라고 한 행위로 봐야 한다. 귀신은 이미 중앙의 권력자인 문왕의 편에 선 것이다.

왕권이 없는 곳에 찾아온 공존

그런데 유사한 이야기라도 왕권이 배제될 경우 사뭇 달라진다. 지리서 『히타치국풍토기[常陸國風土記]』(713)에 실려 있는 이야기가 그런 사례이다.

옛날 노인이 말하기를 이와레노타마호노미야[磐余玉穗宮]가 통치하던 시절에 훌륭한 사람이 있었다고 한다. 이름을 야하즈노마타치[箭括麻多知]라고 했는데 군청 서쪽 계곡의 갈대밭을 차지하고는 새로 밭을 개간하려고 하였다. 그때 야토가미[夜刀神]가 동료들과 무리를 지어 와서는 갖은 훼방을 놓으면서 밭을 경작하지 못하게 했다. 그러자 마타치는 몹시 화가 나서 갑옷을 차려 입고 창을 들고 나가서는 뱀을 죽여 없애버렸다. 그러고는 산 입구에 땅을 점유했다는 표시로 커다란 막대기를 경계가 되는 수로에 세우면서 선언했다. "여기부터 위로는 신의 땅으로 허락한다. 그렇지만 이곳부터 아래로는 결단코 사람의 밭이다. 앞으로 내가 제주[祭主]가 되어 대대손손 영원히 정성스레 제사를 드리겠으니 원컨대 탈이 없기를, 원망하지 말기를 바란다." 그 후 신사를 설치하여 처음으로 제사를 지냈다. 또 밭 10여 정 정도를 개간하여 마타치 자손들이 대대로 제사를 드렸는데 지금에 이르기까지 끊이지 않는다.

히타치국은 현재 일본 간토 지방 동북부의 이바라키현[茨城縣]에 있었고, 야하즈노마타치는 이 지방 호족이었다. 그의 과업은 습지 개간이었는데 습지를 먼저 차지하고 있던 야토가미들의 저항에 부딪힌다. 야토가미는 마타치가 살해한 뱀신이다. 마타치는 뱀신을 제거하고 갈대밭 개간을 시작한다.

이야기의 표면만 읽으면 가하에노오미가 벼락신이 깃든 나무를 베어 낸 행위, 문왕이 황소신이 깃든 나무를 찍어낸 행위와 다를 바 없어 보인다. 그러나 이 이야기에는 두 가지 다른 점이 있다. 하나는 이와레노

전라남도 장성군 북하면 단전리에 있는 느티나무. 『한국민족문화대백과사전』, ⓒ한국학중앙연구원(encykorea.aks.ac.kr)

타마호노미야, 곧 게이타이천황[繼體天皇]이 등장하기는 하지만 그가 개간의 명령자로 명시되어 있지 않다는 사실이다. 천황의 이름은 사건이 일어난 시기를 명시할 뿐이다. 다른 하나는 뱀신을 살해한 뒤 이어진 마타치의 '사후조치'다. 그는 신의 땅과 인간의 땅 사이에 경계표지를 세우고, 땅을 빼앗긴 신을 위로하기 위해 스스로 제주가 되어 제사를 지낸다. 그뿐 아니라 이 제사를 가문의 관례로 만든다.

마타치 이야기가 보여주는 두 가지 차이점은 사실 서로 조응하는 것이다. 마타치는 갈대와 나무를 베어내고 뱀신을 살해하기는 했지만, 완전히 무시하지는 않았다. 인간의 영역을 좀 더 확장했지만, 제사를 통해 인간과 신의 공존을 도모한다. 뱀신, 곧 타자의 존재를 인정한다. 하지만 마타치처럼 타자의 존재를 대등하게 인정하면 천황의 권위는 수립되지 않는다. 그래서 명령을 받은 가하에노오미는 천황의 권위를 내세워 나무신을 살해했던 것이다. 사후조치도 취하지 않았다. 진나라 문왕도 마찬가지였다.

왕의 시선이
자연의 저항을 부른다

신에 대한 두 가지 태도는 기실 낯선 것이 아니다. 인간은 자연을 개간해서 살 수밖에 없다. 도심에 멧돼지가 출몰하는 것도 멧돼지의 땅에 우리가 들어가 아파트를 지었기 때문이다. 그렇다고 멧돼지를 보호하기 위해 산의 일부를 점유하지 않을 수도 없다. 인류가 오랫동안 안고 온 큰 딜레마의 하나다. 이를 해결하기 위해 신화는 일찍부터 방안을 고심하고 신에 대한 이야기를 통해 지혜를 전수해왔다.

  신화는 살해된 동물을 신의 선물이라고 말한다. 인간이 스스로의 능력으로 동물을 잡은 것이 아니라 신인 동물이 인간들에게 자신을 선물로 주었다고 이야기한다. 이를 아이누족의 서사시 〈카무이유카르〉에서는 "마을 한가운데 집에서 나는 불의 여신 후치의 환영을 받았네. 인간들은 내게 선물을 주었고 마지막엔 나를 집으로 돌려보냈네"라고 노래한다. 곰을 살해하는 이오만테 의례에서 부르는 살해된 곰의 노래다. 곰은 인간들을 위해 자신의 몸을 선물로 내주었고, 곰은 다시 인간들의 답례품을 받아 자신들의 땅으로 돌아간다는 노래이다.

산을 개간하여 나무를 베는 것도 다르지 않다. 우리는 생존을 위해 다른 동물을 죽일 수밖에 없다. 존재는 타자의 비존재를 동반한다. 나무를 베지 않을 수는 없다. 문제는 벌목과 개간의 적절성이고, 개간의 대상인 자연에 대한 우리의 태도이다. 야하즈노마타치는 뱀신을 살해하고 갈대 늪을 밭으로 만들 수밖에 없었지만, 그 이상 신의 영토를 점유하지 않았고 신을 완전히 쫓아내지도 않았다. 신의 영역을 조금 점유하는 대신 제사를 통해 신에게 선물을 바쳤다. 인간과 자연 사이에 '증여관계'를 맺은 셈이다.

그러나 이 상호적 증여관계에 왕의 권력이 개입하면 증여의 균형이 깨진다. 스이코천황의 명을 받은 가하에노오미의 나무신 살해, 문왕의 나무신 살해가 그것을 잘 보여준다. 왕은 나무를 목재로만 여기지 자연의 선물로 여기지 않는다. 왕의 마음, 권력자의 시선으로 자연을 보는 한 되돌아오는 것은 자연의 저항이다.

문화와 기억

돌배와
모석의 기억

신화의 주인공들은 어디론가 떠난다. 떠날 때 그들은 걷지 않고 무언가를 탄다. 고구려의 해모수는 오룡거五龍車를 타고 유화를 만나러 지상으로 하강하고, 하백河伯은 큰 물고기 세 마리가 끄는 수레를 타고 물속을 다닌다. 몽골의 게세르는 33명의 용사를 거느리고 밤색 천마天馬를 타고 지상세계로 내려온다. 문수보살文殊菩薩은 푸른 사자를 타고, 보현보살普賢菩薩은 흰 코끼리를 타고 현현한다. 신선神仙들은 구름을 타고 이동한다. 그 가운데 특이하게도 돌을 타고 이동하는 신들이 있다.

『삼국유사』를 보면 신라의 연오랑은 해초를 따다가 홀연 바위에 실려 일본국으로 간다. 바위를 타고 온 연오랑을 현지인들은 특별한 존재로 여겨 왕으로 삼는다. 남편의 자취를 찾던 세오녀가 연오랑의 신발이 놓여 있는 바위 위에 오르자 바위는 저절로 남편의 길을 따라 바다를

목판화가 홍선웅의 〈미황사 창건설화〉.

건넌다. 연오랑 세오녀 부부는, 말하자면 '돌배'를 타고 일본국으로 이 동했던 것이다.

고구려 건국신화에 보이는 '유화의 돌'은 더 이상하다. 유화는 아버지 하백의 허락 없이 해모수와 정을 통한 뒤 입술을 세 번 늘리는 형벌을 받고 쫓겨난다. 그 후 동부여 금와왕의 궁실에 유폐되는데 그 과정에서 특이한 장면이 연출된다. 어부가 그물 속의 물고기를 훔쳐가는 짐승에 대해 아뢰자 금와왕은 쇠그물로 끌어내게 하는데, 잡고 보니 입술이 길 쭉한 여자가 '돌 위에' 앉아 있었다. 이규보의 서사시 〈동명왕편東明王篇〉

에만 등장하는 이 장면에서 돌은 주몽을 임신한 유화를 금와의 궁실로 태워 가는 돌배의 역할을 한다. 이런 돌배들을 어떻게 이해해야 할까?

돌배의 수수께끼를 풀려면 해석의 징검다리가 필요하다. 돌 창세신화가 그것이다. 중국 서남부와 타이완 지역에 거주하는 민족들의 창세신화 가운데 돌로부터 인류가 출현하는 신화가 많다. 중국의 하니족, 타이완의 아메이족 신화에 따르면 하늘에서 떨어진 큰 돌에서 최초의 남자가 출현한다. 타이완의 파이완족이나 베이난족의 경우에는 돌 속에서 여자가 태어난다. 이 최초의 여자는 돌에서 흘러나온 물을 먹고 산다. 중국 나시족의 신화는, 태초의 바다에 떠 있던 섬의 둥근 돌이 갈라지면서 한 쌍의 원숭이가 출현하는데 이 원숭이 커플이 인류를 낳았다고 이야기한다. 창세신이 돌로 인간을 직접 만드는 신화도 있다. 뚜룽족의 창세신 까메이와 까싸는 돌을 비벼 진흙을 만든 뒤 진흙으로 인간을 빚는다. 어룬춘족의 창세신 언두리마파는 돌을 깎아 사람을 만든다. 돌에서 인간이 탄생하는 경우든 창세신이 돌로 인간을 창조하는 경우든 돌은 인류의 어머니, 모태의 상징이다.

왜 우리들 사피엔스는 돌을 모태로 상상했을까? 신화는 문화를 만들기도 하지만, 동시에 문화의 영향도 받는다. '돌-인간' 또는 '어머니-돌'이라는 신화의 상상력은 석기 문화를 토양으로 삼고 있다. 석기 시대에 우리는 바위 동굴에 살면서 돌을 깨거나 갈아서 사냥과 채집활동에 유용한 도구를 만들어 썼다. 암혈을 드나들며 삶을 영위했던 호모 사피엔스 사피엔스는 바위 동굴을 출입하는 행위와 여성의 임산을 동일시했을 가능성이 높다. 이런 것을 은유적 사고라고 한다. 돌의 자리에 동물이 들어가면 이른바 '토템'이 된다. 이런 상상력은 모두 인류와 자연의 관계를 표현한 것이다. 돌배의 뿌리에는 '어머니 돌[母石]'이 있다.

돌배, 홍수에서
인류를 구하다

그렇다면 모석은 어떻게 부석[浮石], 곧 물에 뜨는 돌배가 되었을까? 모석과 부석의 관계를 풀려면 또 다른 해석의 징검다리를 건너야 한다. 인류 재창조신화, 곧 홍수신화가 그것이다.

> 명나라 홍무 연간 초기, 동명현에 노파가 살았는데 어느 날 이인異人을 만났다. 그는 마을 입구의 돌사자를 가리키며 "이 사자의 눈이 붉어지면 홍수가 날 거요. 그때 도망치면 재난을 면할 거요"라고 말했다. 노파는 매일 그곳에 가서 몇 번이나 돌사자의 눈을 보았다. 사람들이 이유를 물어 알려주자 누군가 몰래 가서 돌사자의 눈을 붉게 칠해놓았다. 돌사자의 눈이 붉어진 것을 보고 노파는 그것이 가짜인지도 모르고 도망쳤다. 그러자 며칠이 안 되어 그 마을이 모두 물에 잠겼다.

이 이상한 이야기는 청나라 강희제가 만든 백과사전 『고금도서집성古今圖書集成』(1725)에 수습된 〈동명현지東明縣志〉에 실려 있다. 동명현은 현재 중국 산동성 허쩌시[荷澤市] 인근이다. 이 지역에서 전해지고 있던 이른바 함호陷湖 전설을 기록해놓은 것인데 우리의 장자못 전설이 같은 유형의 이야기다. 못된 부자가 시주를 청하러 온 중을 구박하자 며느리가 대신 사과하면서 시주를 해주었고, 중은 밤에 천둥이 치고 비가 내리면 뒤도 돌아보지 말고 집을 떠나라고 했지만 도망치다 뒤를 돌아보는 바람에 며느리는 돌로 변했고, 부자의 집은 홍수에 함몰되어 연못이 되었다는 이야기 말이다.

그런데 이 장자못 전설이나 함호 전설을 못된 부자를 징치하는 이야기나 노파를 속인 마을 사람들이 물에 빠져 죽은 이야기로만 보고 말 것은 아니다. 민간에 구전되는 신화 가운데 흥미롭게 변형된 이야기가 있기 때문이다. 중국 하남성 통바이현[桐柏縣]의 한족이 구술해준 이야기가 그것이다.

판꾸 오누이가 돌사자산 위에서 돌사자와 친하게 놀면서 살았다. 하루는 돌사자가 판꾸한테 오늘부터 매일 자신의 입에 만두 하나씩을 넣어달라고 말한다. 49일이 지난 뒤 돌사자는 판꾸에게 자기 눈이 붉어지면 누이하고 내 뱃속으로 들어오라고 말한다. 오래지 않아 돌사자의 눈이 붉어지자 오누이는 뱃속으로 피했고 큰 비가 내려 모든 것을 휩쓸어버렸다. 오누이는 돌사자의 뱃속에서 49일 동안 만두를 먹으면서 살아남았다.

이 구전신화는 '돌사자의 눈이 붉어지면 홍수가 난다'는 핵심화소를 매개로 함호 전설과 연결되어 있다. 그런데 함호 전설의 노파는 돌사자의 눈이 붉어지자 도망을 쳤지만 홍수신화의 오누이는 돌사자의 뱃속으로 피한다. 피난처가 사자의 모습을 지니기는 했지만, 여기서 더 중요한 것은 돌이다. 돌 속에 들어가 홍수를 피한 것이므로 돌이 '노아의 방주' 같은 역할을 한 셈이다. 돌배는 홍수신화에 등장하는 의미심장한 피난선避難船 모티프 가운데 하나이다.

돌배는 타이완 신화에서 또 다른 모습으로 나타난다.

> 아주 오래전에 리나하무에 홍수가 범람하여 마을 전체가 물에 잠겼다. 홍수가 발생할 당시 오누이가 집 앞에서 밤을 찧고 있었다. 이들은 갑자기 홍수가 일어나자 숨을 곳을 찾다가 황급히 돌절구 안으로 몸을 숨겼다. 돌절구 안에 들어간 남매는 파도를 타고 떠다녔는데 시간이 얼마나 흘렀는지 모르는 어느 날 어떤 높은 산에 이르렀다. 며칠이 지나자 홍수가 빠졌다. (…) 남매는 나누마안이라는 곳에 이르렀다. 그곳은 날씨가 좋고 토지도 좋았다. 오누이는 그곳에 정착하여 부부가 되었다.

고산족의 하나인 아메이족의 홍수신화다. 여기서는 돌절구가 배 역할을 수행한다. 이 돌절구에 대해 아메이족은 나무절구를 사용하므로 나무절구를 잘못 말한 것이라는 견해도 있다. 타이완 동우東吳 대학의 루이루鹿憶鹿 교수가 해준 말이다. 그러나 잘못으로 치지도외하기는 어렵다. 구전의 현장에서는 기억의 왜곡에 의해 돌절구가 될 수도 있고 나무절구가 될 수도 있다. 설령 왜곡이라고 하더라도 그것을 돌절구로 표현한 것은 '돌배'라는 신화적 상상력이 아메이족의 문화 안에 있었기 때문일 것이다.

인류의 기억을
실어 나르는 돌배

돌절구는 민족에 따라 맷돌로 변형되기도 한다. 그런데 돌절구나 맷돌이나 모두 돌로 만든 생활도구로 곡물을 찧거나 갈 때 사용하는 것들이다. 이런 도구들은 인류의 정착생활과 농경문화의 산물이다. 아시아 지역의 신화 자료들을 보면 볼수록 홍수신화는 농경문화의 개시와 깊은 관계가 있다는 생각이 강해진다. 이런 시각에서 보면 홍수신화에 돌절구나 맷돌이 등장하는 것이 우연이라고는 할 수 없다.

그렇다면 모석은 어떻게 부석이 되었을까? 신석기 농경문화와 관계가 깊은 홍수신화의 '뜨는 돌'은 이전의 고문화가 지녔던 인류의 질료로서의 돌, 어머니-돌의 연장선에 있다. 돌은 모태이기 때문에 새로운 생명을 생산할 수 있고, 모태이기 때문에 홍수에도 생명을 보존하는 능력을 발휘할 수 있었던 것이다. 인류를 생산한 돌이라는 상상력이 인류를 보존하는 돌배의 상상력으로 확장될 수밖에 없는 이유가 여기에 있다.

창세신화에서 인류를 낳은 모석, 홍수신화에서 두 남녀를 보존한 부석 신화소는 우리 신화의 '돌함'과도 연결되어 있다. 제주 무속신화 〈삼승할망본풀이〉의 주인공 동해용궁따님애기는 용궁에서 쫓겨날 때 무쇠석갑에 봉함된다. 〈괴네깃당본풀이〉의 괴네깃도가 쫓겨날 때도 무쇠석함에 실린다. 〈삼승할망본풀이〉의 무쇠석갑은 물 아래 3년, 물 위 3년을 떠다니다가 뭍에 도달하고, 〈괴네깃당본풀이〉의 무쇠석함도 여섯

해 동안 바다를 떠다니다가 용왕국에 도달한다. 무쇠가 붙어 더 무거울 것 같은 무쇠석갑(석함)은 돌배의 변형이다.

동해용궁따님애기는 무쇠석갑에서 나와 산육신産育神 삼승할망(삼신할미)으로 모셔진다. 괴네깃도는 석갑에서 나와 용왕의 사위가 된 후 강남 천자국에 들어가 큰 전공을 세우고 제주로 귀환하여 김녕리 당신堂神이 된다. 두 주인공은 돌배의 시간을 통과한 뒤 새로운 존재가 된다. 이런 사례들은, 돌배가 이들의 신성성을 증명하는 신화소였을 뿐 아니라 새로운 존재를 탄생시키는 모태의 상징이기도 했다는 사실을 증언한다.

신라 경덕왕 8년(749), 인도에서 경전과 불상을 실은 배가 사자포구, 곧 전남 해남의 땅끝마을에 도착했다고 한다. 배를 맞이한 의조 스님 등이 경전을 봉안할 장소를 의논하자 배 안에 있던 검은 돌이 벌어지면서 검은 소가 출현한다. 스님의 꿈에 나타난 금인金人은 경전을 진 검은 소가 가다가 눕는 곳에 경전을 모시라고 말한다. 해남의 아름다운 절 미황사美黃寺는 이런 인연으로 세워진 사찰이다.

미황사 연기설화의 검은 소를 낳은 검은 돌, 그 돌을 싣고 온 배가 바로 돌배[石船]였다. 인도양을 건너 땅끝마을에 닿은 돌배는 인류를 낳은 어머니-돌, 홍수로부터 인류를 지켜낸 돌사자·돌절구의 상상력에 잇닿아 있다. 신화는 인류의 오래된 문화적 기억을 오늘이라는 항구로 실어 나르는 돌배다.

곰과 범,
우데게이와 단군의 고리

세종 21년(1439) 7월 2일, 병조에 이상한 첩보가 올라온다. 함길도 도절
제사인 김종서의 보고서인데 회령 절제사의 보고서를 다시 올린 것이
었다. 회령 절제사는 이렇게 쓴다.

오도리吾都里의 촌장 마가탕馬加湯이 와서 말했습니다.

"구주具州의 우지개亏知介 등이 '어떤 사람이 강에서 큰 고기를 잡았는데 배
를 갈라보니 아이 둘을 배고 있었다고 해서 그 사람이 동네 사람들과 함
께 가보니 애들은 모두 죽어 있었다'고 떠들어댔습니다. 또 이런 말도 했습
니다. '우지개의 풍속에 여자는 모두 방울을 차는데, 무오년 5월에 여자 셋
이 벚나무 껍질을 벗기기 위해 산에 들어갔다가, 한 여자는 집으로 돌아오
고 두 여자는 돌아오지 않았답니다. 그해 11월, 사냥하는 사람이 산에 들

어가 곰 사냥을 하다가 나무의 빈 구멍 속에서 방울 소리가 나는 것을 듣고 나무를 베어내고 보니 두 여자가 모두 아이를 데리고 있어서 그 연유를 물었답니다. 여자들 대답이, 지난 5월에 벗나무 껍질을 벗기려고 산속에 들어왔다가 길을 잃어 집에 돌아가지 못했는데, 수곰의 협박으로 함께 자서 아이를 낳았다는 겁니다. 애들 얼굴이 반은 곰의 모습과 같아서 그 사냥꾼이 아이들은 죽이고 두 여자는 데리고 돌아왔답니다.'"

첩보는 두 가지 사건을 전하고 있다. 둘 다 비현실적인 사건이다. 큰 고기가 아이를 뱄다는 것도, 곰과 교접을 해서 애를 낳았다는 것도 있을 수 없는 일이다. 그러나 이 첩보를 신화적 사건으로 읽으면 있을 수도 있는 일이다. 신화 속에서는 늘 이런 사건들이 일어나고 있기 때문이다.

『삼국사기』에 따르면 신라의 12대 왕인 첨해 이사금 시절에 동해안에 큰 물고기가 나타났다는 기록도 있고, 백제 의자왕 때도 그런 일이 있었다. 손진태의 『조선민담집』(1930)에는 고래 뱃속에 들어갔던 사람 이야기가 있는데 고래가 덥석 삼켜 뱃속에 들어가 보니 먼저 들어온 사람들이 안에서 노름을 하고 있었다고 한다. 황당한 이야기지만 신화와 민담의 상상세계에서는 흔히 있는 사건이다. 중국에서 가장 오래된 지리서 『산해경山海經』이나 조선 중기에 유몽인이 편찬한 설화집 『어우야담於于野談』에 기록되어 있는 인어人魚의 상상력도 그런 것이 아니겠는가? 그러나 아이를 밴 물고기 사건보다 더 우리의 흥미를 끄는 부분은 곰의 아이를 낳은 우지개 여자들 이야기다.

우선 몇몇 정보를 확인해보자. 마가탕이 촌장으로 있는 '오도리'는 건주여진족이 거주하던 오늘날 중국 지린성 지역이다. '구주'의 정확한 위치는 알 수 없지만 대체로 두만강 북동쪽 만주지역을 일컫는다. 풍문을 전한 구주 우지개는 오늘날 우데게이족이라고 부르는 소수 종족이다. 현재 우데게이족은 러시아 비긴강, 아무르강 지역에 살아남아 있지만, 조선시대에는 구주 지역 여진족의 일부로 살기도 했던 모양이다. 『조선왕조실록朝鮮王朝實錄』에 따르면 일부 우데게이들은 한양에 들어와 살기도 했다. 현종 때까지도 우지개가 실록에 언급되는 것을 보면 17세기까지만 해도 우데게이족은 주로 함경도 변경 지역에서, 또 일부는 내륙에 들어와서 우리와 섞여 살았던 사람들이다.

그런데 왜 이들은 곰과 결혼한 여자 이야기를 떠들어댔을까? 우지개 여자들을 협박해서 함께 산 곰은 또 어떤 존재였을까? 이 의문을 풀려면 우데게이족의 신화와 삶을 만나봐야 한다.

곰과의 족외혼으로
탄생한 우데게이족

사냥꾼이 자신의 아이들을 숲에 남겨두고 강물에 뛰어들었다. 곰이 소녀를 아내로 삼아 함께 살았고, 범이 소년을 남편으로 삼아 함께 살았다. 범과 소년 사이에서는 아이가 태어나지 않았고 곰과 소녀 사이에서는 아이가 태어났는데 그가 우데게이족의 시조이다. 그 때문에 우데게이족은 곰을 자신들의 조상으로 생각한다.

어느 날 소년이 사냥에서 화살로 곰한테 상처를 입혔다. 곰이 죽으면서 자신이 누이동생의 남편이라고 말하면서 이렇게 유언을 남겼다. "이후로는 오빠에 의해 살해된 곰 고기는 누이동생이 먹을 수 없고 여성은 언제나 곰 가죽에서 잘 수 없다. 곰의 음경 뼈는 모계를 따라 상속하도록 하라." 이 금기는 지금도 지켜지고 있다.

러시아 학자들이 보고한 우데게이 구전 신화이다. 어떤 소녀와 곰이 결혼하여 아이를 낳았는데 그가 우데게이족의 시조가 되었다는 것. 그래서 우데게이 사람들은 곰을 자신들의 조상으로 생각한다는 설명도 덧붙여 있다. 전형적인 동물시조신화, 곧 토템신화다.

한데 이상한 것은 동물과의 결연에 앞서 사냥꾼 아버지가 느닷없이 아이들을 남겨두고 강물에 뛰어들었다는 진술이다. 왜 투신했을까? 하지만 우리의 의문에 대해 이 신화는 아무 설명도 해주지 않는다. 의문을 풀려면 또 다른 우데게이 시조신화로 우회할 필요가 있다.

누나 벨레가 남동생 이그드이가와 함께 살았다. 어느 날 남동생은 누나가 곰인 비아투와 살고 있는 것을 알게 되었다. 남동생은 누나가 여행을 떠난 사이에 그 곰을 창으로 찔렀고, 곰은 피를 흘리면서 도망쳤다. 여행에서 돌아온 누나는 이런 사실을 알고는 비아투를 찾아 집을 떠나버렸다. 곰을 찾은 누나는 곰과 함께 살았지만 곰 남편은 결국 남동생에 의해 살해된다. 그 후 누나는 남동생을 떠났고, 남동생은 다른 여자와 혼인을 했다.[13]

우데게이족이 모여 사는 아무르강의 모습. KBS 〈아무르강〉

첫 번째 시조신화의 변이형으로 보이는 이 신화는 오누이가 함께 사는 장면에서 시작된다. 함께 살았다 함은, 이야기의 맥락을 보면 근친혼 관계였다는 뜻이다. 평온하던 둘의 관계에 문제가 생기는 것이 다음 장면이다. 누이가 다른 남자, 곧 비아투라는 이름의 곰과 동거하고 있었다는 사실이 본부本夫이자 동생에게 발각되는 장면이 그것이다. 처남이자 본부의 공격을 받은 곰은 도망쳤지만 결국에는 살해된다. 첫째 신화에서 유언을 남기고 죽은 곰이 바로 이 곰이다.

왜 남동생은 곰을 죽였을까? 이 살해에는 누이이자 아내인 여자를 다른 남자에게 빼앗긴 남동생의 분노와 복수 이상의 문화적 맥락이 개

13) 두 편의 우데게이 시조신화는 곽진석의 〈시베리아 우데게이족의 신화와 신앙에 대한 연구〉(『한국민속학』 36, 한국민속학회, 2002)에 소개된 번역문을 약간 수정해서 인용했다.

입되어 있다. 결혼제도의 변화가 그것이다. 퉁구스족의 일원인 우데게 이족은 오랫동안 족내혼族內婚 풍습을 유지하고 있었다고 한다. 오누이 가 함께 살았다는 진술은 족내혼의 다른 표현이다. 일반적으로 보면 족 내혼에서 족외혼族外婚으로의 변모는 상당히 충격적인 문화 변동 현상 이고, 신화는 이 충격을 완화하고 조절하기 위해 개입한다. 그래서 낯 선 처남을 죽이려고 하는 남동생의 형상, 남동생을 떠나는 누나의 형상 이 창조된 것이다. 이 신화의 가르침에 따르면 이제 남동생은 누이가 아닌 여자와 결혼할 수밖에 없다.

결혼제도의 변동과 신화의 대응이라는 시각에서 보면 첫 번째 시조 신화의 아버지가 돌연 강물로 뛰어든 이유가 짐작이 간다. 아버지의 투 신은 결혼제도의 변동을 예고하는 상징적 행위이다. 부친의 죽음 이후 오누이가 각각 곰·범과 짝을 맺었다는 이야기가 그 좌증이 아닐 수 없 다. 시조신화가 말하는 이 최초의 족외혼을 통해 곰을 시조신으로 숭배 하는 우데게이족이 탄생했을 뿐 아니라 곰과 맺어진 또 다른 관습까지 형성된다. 여성은 곰 고기를 먹을 수도 없고 곰 가죽을 덮고 잘 수도 없 지만 곰의 남성성을 상징하는 음경 뼈는 모계로 상속된다는 관습이 그 것이다.

신화가 말해주듯이 우데게이 사람들은 곰을 조상으로 여기고 신으 로 숭배한다. 곰을 사냥하여 죽이지만 죽은 곰을 위해 벌이는 의례가 있고, 의례에서 부르는 곰을 위한 노래와 이야기가 있다. 우데게이족만 그런 것은 아니다. 시베리아, 중국 동북부 지역에 살고 있는 한티족, 어 웡키족, 나나이족, 에벤족이나 일본 홋카이도의 아이누족 등 다수 종족들이 곰의 신화와 의례를 여전히 전승하고 있다. 흔히 '곰문화권'이라고 불리는 이 지역의 거민들은 곰이 신성한 존재이며 자신들과 같은 핏줄이라는 믿음을 공유하고 있다.

우데게이 신화와
단군신화의 고리

다시 1439년으로 돌아가보자. 구주의 우지개 사냥꾼은 자신들이 시조로 여기는 곰과 두 여자 사이에서 태어난 아이들을 왜 죽였을까? 마치 사실처럼 기록하고 있는 『세종실록世宗實錄』의 정보만으로는 진실을 가늠하기 어렵다. 하지만 신화와 의례의 변형이라는 시각에서 보면 두 가지 추론이 가능하다.

하나는 두 여자가 이웃 종족의 남성과 늑혼勒婚을 했을 가능성이다. 우데게이족 가운데는 곰을 시조로 여기는 씨족도 있고, 범을 시조로 모시는 씨족도 있다. 우데게이와 섞여 살았던 오로치족, 나나이족도 비슷하다. 방울을 찬 우지개 여자들을 잡아 애를 배게 한 곰은, 당연한 말이겠지만, 실제 곰이 아니라 곰을 시조로 숭배하고, 곰을 사냥하여 그 가죽옷을 입은 곰 씨족 남성이었을 터인데 길 잃은 두 여자를 억지로 아내로 삼은 것이다. 한데 이 사건 안에 등장하는 두 여자와 곰과 사냥꾼의 관계는 우데게이 시조신화의 누이(벨레)와 곰(비아투)과 남동생(이그드이가)의 관계와 유사하다. 실화처럼 보고된 우지개 이야기는 우데게이 시조신화의 변형일 가능성이 있는 셈이다. 이그드이가가 비아투를 죽였듯이 사냥꾼이 곰 아이를 살해한 것이다.

다른 하나는 시조신화와 곰 의례의 약화 혹은 부재가 초래한 결과일 가능성이다. 15세기, 아무르강이나 비긴강 지역의 우데게이는 수렵과 어로 중심의 원시적 삶과 더불어 자신들의 신화와 의례를 전승하고 있었을 것이다. 이들의 생활이 달라진 때는 20세기 초 러시아가 이 지역을 정복한 뒤 위생문제 해결을 빌미로 우데게이족을 크라스노야르로 집단 이주시킨 다음부터다. 그러나 일찍부터 중원이나 한반도 문화의 영향을 받고 있던 만주 지역의 우데게이족은 사정이 달랐을 것이다. 신화적 세계관을 부정하는 동아시아 중세문화의 영향을 받으면서 원시적 곰 살해 의례는 지속될 수 없었을 것이고, 그와 더불어 시조신화의 동물조상신이라는 관념과 믿음도 유지되기 어려웠을 것이다. 신성 관념의 부재가 곰 아이를 죽음에 이르게 했을 가능성이 있다.

두 가능성 가운데 어느 쪽이 사실에 가까운지 확언할 수 없다. 그러나 이보다 더 흥미로운 점은 저 『세종실록』의 보고서가 구전되는 우데게이족 시조신화와 고조선의 단군신화를 이어준다는 사실이다. 소녀·소년과 짝을 맺은 우데게이 시조신화의 곰과 범은 같은 굴에 살던 단군신화의 웅호熊虎와 무관할 수 없다. 우데게이족이 바로 고조선 건국세력의 일부였다는 말이 아니라 곰이나 범을 숭배하는 문화와 신화적 기억을 전승하고 있는 집단이 단군신화의 일부를 이루었다는 뜻이다.

1439년 여름, 세종은 함경도 회령에서 올라온 보고서를 읽으면서 무슨 생각을 했을까? 단군신화를 떠올렸을까, 아니면 변방 야인野人들의 민심을 읽었을까? 저간의 사정을 헤아리기는 어렵지만 한 가지는 분명

하다. 김종서의 정문묘文을 고리로 삼아 우데게이족과 그 이웃 종족들
의 웅호신화를 더 따라가다 보면 단군신화를 더 잘 이해할 수 있게 될
것이라는 사실이다. 신화는 공동체의 문화적 기억을 다루는 언어이기
때문이다.

'죽음의 향연'으로
부르는 함흥 〈바리데기〉

우리 무속신화 가운데 그래도 가장 널리 알려진 것이 〈바리데기〉다. 요즘 젊은 세대들에겐 더 익숙하다. 어린 시절에는 옛이야기 책에서 읽었을 테고, 고등학교 시절에는 문학 교과서를 통해 배웠을 테니까. 병든 부왕을 살리기 위해 저승 여행을 떠나는 공주 이야기. 윤리 교과서에 실릴 만한 효녀의 이야기지만, 그건 우리가 알고 있는 바리데기 신화의 단면일 뿐이다.

바리데기가 아버지 병을 고칠 약을 구하러 저승에 갔다고? 그렇지 않다. 바리가 효성이 지극한 공주님이라고? 천만에, 꼭 그렇지는 않다. 부친을 되살린 바리데기가 무당들의 조상신이 되었다고, 또는 천상의 신이 되었다고? 아니, 그렇지 않다. 바리는 효성이 특별한 딸이 아니었다. 바리는 아비가 아니라 '어미의 병'을 고치기 위해, 목숨을 되살리기 위해 '천상'으로 갔다. 바리는 거룩한 신이 되지 않고 우리가 죽듯이 죽었다. 비명횡사하여 귀신이 되었다. 그런 바리데기가 어디에 있느냐고? 함경도 함흥에 있다.

옛날 나무가 말을 하고 구렁이가 혀를 놀릴 때였다. 수차랑 선비는 옥황상제의 벼루를 떨어뜨려서, 덕주아 부인은 세숫대야를 떨어뜨려서 인간 세상에 귀양을 내려온다. 둘이 부부가 되어 살았는데 늦도록 자식이 없어 한탄하다가 지리박사(점쟁이)를 찾아 점을 치고 백일기도를 한다. '첫 자식이 아들이면 구남매를 낳아 개국의 치를 떨고 첫 자식이 딸이면 칠남매를 낳아 구족이 망하리라'는 점괘가 나온다.

이렇게 시작되는 함흥 〈바리데기〉의 아버지는 왕이 아니다. 아비는 천상의 선관仙官이고 어미는 선녀였다. 그러니 바리데기는 공주가 아니다. 구남매, 칠남매는 무녀 지금섬이 잘못 읊은 것이다. 문맥상 '첫째가 아들이면 아들 아홉을, 첫째가 딸이면 딸 일곱을 낳으리라'고 말해야 한다.

그런데 아들을 낳으면 나라를 세워 이름을 떨치고 딸을 낳으면 온 집안이 망한다니, 아주 고약한 점괘다. 점괘에 투영된 남성중심적 세계관이 심히 불편하지만 지난 현실의 그림자라는 점, 아니 여전히 암약하고 있는 남근주의의 투사라는 점을 고려하면서 읽어야 한다. 하지만 이보다 더 중요한 사실이 있다. 함흥 〈바리데기〉에는 이런 세계관이 시종일관 관철되지 않는다는 것이다.

천상 축출, 성폭력, 도둑질…
족보가 다른 함흥 〈바리데기〉

점괘대로 부인은 내리 일곱 딸을 낳는다. 한데 막내가 태어나기 전 아비 수차랑은 '아들을 낳으면 편지를 하고 딸을 낳으면 용늪에 버리라'는 유언을 남기고 승천한다. 이제 아비는 사라지고 이야기는 모녀 중심으로 전개된다. 아비의 부재! 이야기는 우리가 알고 있는 〈바리데기〉와 점점 멀어진다.

남편의 명대로 덕주아 부인은 막내딸을 돌함에 넣어 용늪에 버린다. 용늪은 천상과 지상의 경계에 있다. 다른 지역의 〈바리데기〉에 보이는 이승과 저승의 경계인 황천강에 해당한다. 용늪은 천상의 빨래터, 마침 빨래하러 왔던 천상 수궁용왕 부인에 의해 구출된다. 논리적으로는 수궁이 안 되지만, 왕비는 자기가 낳은 아이라 속이고 기른다. 수궁용왕의 딸이라 '수왕이'라는 이름도 얻는다. 작품의 후반부에서 무당이 수왕이를 '바리덕이'라고 부르는 것을 보면 수왕이는 바리데기의 함흥식 별명이다. 수왕이는 옥황에서 잠시 '공주'가 된다.

하루는 옥황상제가 조회를 소집했는데 수궁용왕은 관복이 없어 식음을 전폐한다. 어머니의 말을 들은 수왕이는 하룻밤 새 관복을 지어낸다. 관복을 입고 회의에 참여한 수궁용왕은 칭찬을 받았지만 동시에 오제용왕한테서 수왕이가 친자가 아니라는 말을 듣는다. 화가 난 수궁용왕은 수왕이를 쫓아낸다.

이런 장면은 다른 〈바리데기〉에는 전혀 나오지 않는다. 연관성을 찾아보자면 남편의 조복朝服을 지어 바쳤다는 선도성모 이야기(『삼국유사』), 천상의 기울어진 전각을 수리하러 떠나는 남편 궁산이를 위해 하룻밤 사이 구슬옷을 짓는 부인 이야기(함흥 무속신화 〈일월노리푸넘〉) 정도다. 동해 안이라는 지리적 특성을 반영한 것으로 보이는 옥황상제와 용왕들로 구성된 어전회의 장면도 새롭다. 함흥 〈바리데기〉는 다른 지역과 계보가 다르다는 생각을 지울 수가 없다.

천상에서 축출된 수왕이는 마침내 모친을 찾아간다. 버릴 때 끊어 두었던 엄지손가락으로 친자식임을 확인받은 수왕이는 드디어 저 유명한 저승(서천서역국)행에 나선다. 그런데 길에서 만난 인물들은 무상으로 길을 가르쳐주지 않는다. 방아 찧던 할머니, 다리 놓던 생원, 실 씻던 할머니, 체 쓴 할머니 등등은 모두 '자신의 죄상이 무엇인지' 물어봐달라는 요구를 한다. 왜 이런 '개고생'을 하며 살고 있는지 물어본다고 약속을 해야 길을 가르쳐주겠다는 것! 중생의 절실한 물음을 담고 있는 이런 대목도 다른 〈바리데기〉에는 없다.

없는 게 또 있다. 수왕이는 마지막으로 사냥꾼에게 길을 묻다가 사냥꾼의 장손한테 붙잡힌다. 장손은 계속 겁탈을 꾀한다. 그러나 수왕이는 조상 제사를 핑계로 피하다가 꾀를 발휘하여 마침내 탈출한다. 우아한 바리데기의 이미지를 구축해놓고 있는 다른 지역 〈바리데기〉에는 이런 '폭력적인' 장면이 나타나지 않는다. '미투' 운동을 폭발시킬 만한 성폭력 행위를 지워놓은 셈이지만, 함흥 〈바리데기〉는 성폭력을 외면하지 않는다.

천상 축출, 성폭력으로부터의 탈출, 거듭된 시련에 서러운 수왕이는 처음 버려졌던 용늪을 찾아가 통곡한다. 곡소리를 들은 옥황상제가 보낸 '덩'을 타고 승천한 수왕이는 옥황의 손자와 결혼하여 아들 열둘을 낳는다.

한데 저승에 가려던 수왕이가 천상으로 올라가는 장면도 낯설지만, 약수와 환생꽃을 얻는 방법도 특이하다. 남편을 다독여 천상의 꽃밭 구경을 나간 수왕이는 몰래 꽃들을 꺾어 몸에 감춘다. 도둑질이다. 이 역시 공주의 우아함과는 거리가 한참 멀다. 약수를 어디서 퍼 올렸는지도 모호하다. 세 바가지를 퍼 놋동이에 담지만.

죽음을 직시하는
현실주의

귀환 길에 수왕이는 길을 일러주었던 이들의 죄상을 고지해주고 장례 행렬을 만나 죽은 모친을 살린다. 바리데기는 부활한 모친과 집으로 들어가는데 소식을 들은 언니들이 모두 도망친다. 약수행을 거부했던 잘못, 모친을 실은 상여를 따라가는 대신 집에 남아 재물 다툼을 했던 자신들의 잘못이 부끄러웠기 때문일 것이다. 그런데 이어지는 장면이 아주 이상하다. 함흥 〈바리데기〉에서 가장 희한한 장면이다.

"얘들아 내 저승 가 보배를 가지고 왔다. 기물器物을 나눠 줄 것이니 모두 나오너라."

기물을 나눠 준다고 하니 다락에서 내려온다. 쥐구멍에서 나온다. 먼지가 뿌연 얼굴로 오백나한처럼 쪼르르 모여 앉았다. 맏딸부터 차례대로 상문살喪門煞, 극체살克體煞, 괴강살魁罡殺을 주니 여섯 딸이 다 죽는다. 여섯을 다 구덩이를 파고 묻고 나자 바리덕이가 아프기 시작한다. 바리덕이는 삼일고개에 묻어달라는 유언을 남기고 죽는다. 바리덕이를 묻고 삼일제를 지내러 올라가다가 서인대사를 만났다.

"할머니 어디 가시오?"

"일곱째 바리덕이 제祭 지내러 가오."

"할머니 일곱째 바리데기 죽어 생불이 돼 나와 앉아 할머니 오면 잡아먹겠다고 합디다."

"대사님 그러면 챙겨가지고 온 제물은 다 잡수시오. 말똥에 굴러도 이승이 제일이지. 내 어찌 죽겠소."

"할머니 우리 절에서 윤동짓달 스무 초하룻날에 재齋를 하니 구경 오겠소?"

그 말을 듣고 할머니는 윤동짓달을 찾아다니다가 3년 묵은 보리그릇에 엎어져 죽었습니다.

다른 지역 〈바리데기〉는 이 대목에서 아버지 혹은 부모를 살린 다음 궁궐로 돌아간다. 그다음엔 큰 공을 쌓은 바리데기에 대한 포상 장면이 이어진다.

그런데 함흥 〈바리데기〉는 전혀 다르다. 죽음에서 돌아와 '바리덕이'

와 귀가한 어머니 덕주아 부인은 딸들을 모조리 살해한다. 아귀다툼을 하던 여섯 딸을 모아 여러 '살'을 주는데 다 죽음에 이르는 나쁜 살들이다. 살의 기운이 얼마나 강했는지 생명의 은인인 막내딸마저 죽음에 이르게 한다. 이것은 요즘 종종 발생하는 신세비관형 자식살해담이 아니다. 그리스 신화의 메데이아처럼 배신한 남편을 징치하는 복수형 자식살해담도 아니다. 바리데기의 '숭고한 희생'마저 처참하게 만드는 아주 괴상한 복수극이다.

더 괴상한 것은 그다음이다. 심정적 부채를 지닌 모친은 막내딸의 망혼을 위로하기 위해 길을 나선다. 한데 뜬금없이 서인대사, 곧 스님이 나타나 거짓 정보를 흘린다. 막내딸의 원혼이 복수를 위해 기다리고 있다는 것. 결국 제물은 중이 차지한다. 서인대사는 다시 '윤동짓달 스무초하룻날의 재'라는 2차 거짓 정보를 흘린다. 무당이 '윤동짓달 초하루'를 잘못 구연한 것인데 윤동짓달은 아주 드물게 오는 달이다. 그래서 '윤동짓달 초하루에 갚겠다'며 돈을 빌리면 안 갚겠다는 말이 된다. 부활한 모친은 대사한테 사기를 당해 오지 않는 날을 찾아다니다가 비명횡사한 셈이다. 막내딸의 '숭고한 희생'을 무위로 돌리는 허망한 종말이다. 함흥 〈바리데기〉는 여기서 끝난다.

함흥 〈바리데기〉는 해석이 난감한 작품이다. 그래서 해석의 열쇠를 잘 깎아야 한다. 열쇠 가운데 하나는 '서인대사의 형상'이다. 이 사기꾼 중의 이미지는 함흥 창세신화에 등장하는 '석가님'의 모습과 닮은꼴이다. '자면서 꽃 피우기 내기'를 하면서 미륵님의 무릎에 솟아오른 꽃을 꺾어 자기 것이라고 속이는 석가님 말이다.[14] 함흥 지역의 무속은 불교에 상당히 배타적이다. 중한테 속아 불사佛事를 쫓아다니다가는 망한다는 경고가 숨어 있다. 불교의 처지에서 보면 어불성설이겠지만 함흥의 신화들은 무속의 속내를 솔직히 털어놓고 있다.

또 하나의 열쇠는 '죽음'이다. 다른 〈바리데기〉의 경우 부모는 되살아나고, 저승행을 거부한 언니와 사위들도 용서를 받는다. 아들 못 얻은 부왕의 한恨도 바리가 낳은 외손자들을 통해 풀린다. 이승에서의 화해, 행복한 결말을 도모한다. 그러나 함흥 〈바리데기〉는 도무지 화해에는 관심이 없다. 오히려 죽음에 몰두한다. 모녀 사이의 갈등은 해결되지 않고, 비극적 결말에 이른다.

이 비극을 풀고 거두는 곳이 이승이 아니라 저승이라는 인식이 함흥 〈바리데기〉를 점거하고 있다. 말랑말랑한 이승의 해피엔딩을 말하지 않는다. 죽음을 직시하는 현실주의라고 할 만하다. 그래서 무녀 지금섬은 "옥황에 올라가 아들 열둘 낳아 열두시왕을 매겨놓고 내려왔으니 거기서 오기탈을 받고 탈을 거두소서"라는 비념을 덧붙이는 것이다. '오기탈', 곧 죽음이라는 탈을 죽음을 관장하는 옥황(저승)의 열두시왕十大王에게 모두 맡기자는 것이다. 함흥 〈바리데기〉는 '죽음의 향연'으로 부르는 초대장이다.

함경도 함흥·홍원 등지는 한국 신화 판도에서 대단히 중요한 지역이다. 아니, 아시아 신화와 샤머니즘의 구도를 이해하려고 할 때 꼭 풀어야 할 매듭이다. 분단의 역사 속에서 굿과 신화가 단절되었지만, 조만

14) 자세한 이야기는 1부의 〈창세신들의 경쟁과 협력〉을 참조하라.

간 현지조사를 통해 자취를 더듬을 수 있으면 좋겠다. 그곳에서 아시아 신화의 맥을 짚어보고 싶기도 하다.

인면조와
하이브리드

2018년 2월 9일, 평창올림픽 개막행사에 사람 얼굴의 새, 인면조人面鳥 가 등장해 세계를 놀라게 했다. 연출자는 고구려 고분벽화에서 영감을 얻었다고 한다. 평안남도 덕흥리에서 발굴된, 유주자사를 지냈던 한 권력자의 무덤에는 다양한 생활풍속화와 상상화가 그려져 있다. 고구려가 수도로 삼았던 중국 지안[集安]에서 발견된 무용총의 벽화도 비슷하다. 연출자는 이 벽화들 속의 존재들을 불러내어 "고대의 원형적 평화를 형상화"[15]하려고 했다고 한다. 이미지화된 평화의 군무 한가운데 언론이 '충격'이라는 표현까지 쓰며 특필한 인면조가 있었다.

왜 고구려인들은 인면조를 상상했을까? 그런데 인면조는 백제 무령

15) 〈연합뉴스〉, 2018. 2. 16.

왕릉에서 출토된 동탁은잔銅托銀盞에도 새겨져 있고, 『산해경』의 "북방에 우강禹彊이란 신이 있는데 사람 얼굴에 새의 몸으로 두 마리 푸른 뱀을 귀에 걸고 두 마리 푸른 뱀을 발로 밟고 있다"라는 기록을 참조하면 중국 초나라의 상상 세계에도 있었다. 그뿐 아니라 인도 신화의 극락조 깔라윈까Kalavinka, 그리스 신화의 하르퓌아이Harpyai라는 괴조怪鳥도 사람의 얼굴을 지닌 것을 보면 인면조는 특정 지역에 국한된 것이 아니라 인류적 상상력의 소산이다.

집단의 정체성을
드러내는 하이브리드

그렇다면 인류는 왜 인면조를 상상했을까? 인면조는 새와 사람이 결합된 존재다. 요즘 자주 쓰는 외래어로는 하이브리드hybrid다. 하이브리드의 상상력은 인류가 다른 동물과의 관계 맺기를 통해 자신들의 정체성을 표현하는 데서 비롯했다. 어떤 집단은 늑대를, 어떤 집단은 곰이나 호랑이를, 또 어떤 집단은 양을 시조로 삼아 다른 종족과 구별짓기를 시도했다. 그 결과 특화된 동물에 대한 금기도 생성되고, 집단적 의례도 마련되었다. 새도 그런 동물 가운데 하나다.

 고구려 건국신화에는 유화柳花라는 아리따운 여성이 등장한다. 압록강의 신 하백의 세 딸 가운데 맏이다. 둘째가 훤화萱花, 셋째가 위화葦花여서 이름만 보면 식물과 관련이 있을 것 같지만 그렇지가 않다. 해모수한테 잡혀 억지로 짝을 맺었지만 아버지는 허락 없이 혼인했다는 이

──────── 신화의 언어

북한 평안남도 덕흥리 고분에 그려진 인면조 만세(왼쪽)와 천추(오른쪽).

유로 유화를 추방하게 되는데 이때 이상한 장면이 연출된다. 세 자나 되도록 입술을 잡아당겨 백두산 남쪽 우발수라는 연못으로 귀양을 보낸다. 입술이 석 자나 튀어나온 여인이라니! 그래서 이규보는 〈동명왕편〉에서 "기이한 짐승이 왔다 갔다 (…) 모습이 아주 무서웠네"라는 감회를 토로했던 것이다.

　유화는 호수에 살았다. 그러다가 어부의 쇠그물에 잡힌다. 어부 강력부추가 금와왕한테 바쳤는데 말을 못 하자 입술을 세 번 잘라 말을 하게 한다. 잘 알려져 있듯이 유화는 금와왕의 궁실에서 큰 알을 낳는다. 이런 유화의 모습 위에 어른거리는 것은 부리가 긴 새의 형상이다. 알을 낳는 것도 조류의 생태에 속한다. 유화는 분명 새를 자신들의 종족적 표지로 삼던 집단의 신화 속 인물일 것이다. 하이브리드라고 하더라도 얼굴은 새의 모습이고 몸은 사람이어서 조면인鳥面人으로 역치易置되어 있기는 하지만.

조면인 유화와 연결되어 있는 신화적 인물이 만주신화의 부쿠룬이다.

장백산 북동쪽 부쿠리산 아래 부루후리라는 호수가 있었다. 어느 날 하늘에서 선녀 셋이 내려와 호수에서 목욕을 한다. 목욕을 마치고 기슭에 올랐는데 막내 부쿠룬의 옷 위에 붉은 열매가 떨어져 있었다. 신령한 새가 물어와 떨어뜨린 열매였다. 너무 아름다워 손에서 내려놓지 못하고 입에 물고 옷을 입다가 그만 삼키고 말았다. 그러자 곧 느낌이 있어 임신을 한다. 몸이 무거워진 부쿠룬은 언니들에게 함께 갈 수 없다고 말한다. 언니들은 하늘의 뜻이라며 몸이 가벼워진 뒤 올라와도 된다는 말을 남기고는 떠나버렸다. 그 뒤 부쿠룬은 사내아이를 하나 낳는다. 아이는 태어나자마자 말을 했고 성장도 빨랐다. 아이가 자라자 부쿠룬은 어지러운 나라를 안정시키라고 하늘이 너를 보냈다는 말을 남기고는 사라진다.

부쿠룬이 붉은 열매를 먹고 낳은 아이가 부쿠리용숀인데 이 사람이 바로 만주의 시조다. 부쿠룬과 더불어 목욕하러 내려온 천상의 여인들은 어떻게 내려왔을까? 『만주실록』에 실려 있는 이 자료에는 아무런 단서가 없다.

그러나 이 신화와 같은 계통으로 보이는 일본 이카고 씨족 시조신화를 읽어보면 실마리가 잡힌다. 『오우미국풍토기近江國風土記』에 실려 있는 신화다. 오우미국은 오늘날 교토 인근 시가현 지역이다.

노인들이 전하는 말이다. 오우미국의 이카고군 요고 마을 남쪽에 이카고라는 작은 강이 있었다. 천녀 여덟이 함께 백조가 되어 하늘에서 내려와 강 남쪽 나룻가에서 목욕을 하였다. 이때 이카도미[伊香刀美]가 서쪽 산에 있다가 멀리서 백조들을 보았는데 그 모습이 기이하였다. 그래서 혹시 신인神人이 아닐까 의심이 들어 달려가 보니 정말로 신인이었다. 이카도미는 바로 사랑스럽다는 마음이 일어 돌려보낼 수가 없었다. 그래서 가만히 흰 개를 보내 막내의 천의天衣를 훔쳐오게 하여 감추었다. 그것을 알게 된 천녀들은 모두 하늘로 날아 올라갔다. 그러나 막내는 옷이 없어 올라가지 못했다. 하늘 길이 막힌 막내는 지상의 백성이 되었다. 천녀가 목욕했던 물가를 오늘날 가미우라[神浦]라고 한다. 이카도미는 제일 어린 천녀와 부부가 되어 이곳에서 살았다. 아들 둘과 딸 둘을 낳았는데 이들이 이카고 집안의 조상이다. 나중에 천녀는 날개옷을 찾아 입고 하늘로 올라갔다. 이카도미는 혼자 쓸쓸하게 살면서 한탄하는 노래를 늘 불렀다고 한다.

〈선녀와 나무꾼〉 전설과 흡사한 신화인데 천상에서 내려오는 여자들이 백조의 모습을 하고 있다. 이카도미는 백조가 기이하다고 했고, 지상의 인간이 되었던 천녀가 날개옷을 입고 하늘로 돌아갔다고 했으니 날개옷을 입으면 기이한 백조가 되고, 벗으면 사람의 모습을 했던 것으로 상상된다. 날개옷을 입은 백조가 기이하다고 했고, 신인이라고 했으니 백조라고 하더라도 사람의 얼굴을 지니고 있지 않았을까? 어쨌든 사람과 새의 결합이라는 점에서 이카도미 신화는 금강산의 〈선녀와 나무꾼〉, 만주의 부쿠룬 신화, 나아가 고구려의 유화 신화와 이어져 있다.

흉조와 길조,
인면조의 두 얼굴

하이브리드는 이렇게 집단의 정체성을 표현하는 데만 쓰이는 것은 아니다. 1차적 상징은 2차적 상징으로 확장된다. 마치 『주역』에서 용이 하늘을 나는 괘가 나오면 상서로운 징조로 해석되듯이[16] 하이브리드가 보이면 뭔가 다른 의미가 있는 것으로 확대 해석된다. 고구려의 무덤 벽화에 인면조가 나타나고, 백제의 은잔에 인면조를 새겨놓은 것은 단지 그것이 집단의 표지이기 때문만은 아닐 것이다. 그렇다면 무슨 뜻일까?

다시 『산해경』을 펼쳐보자. 초나라 문화가 바탕에 깔려 있는 『산해경』은 인면조를 비롯한 각종 하이브리드의 보고, 하이브리드의 금메달 감이다. 이 인문지리서에 출현하는 인면조는 크게 둘로 대별된다. 하나가 부정적인 인면조라면 다른 하나는 긍정적 상징성을 지닌 인면조다.

거산柜山 새가 있는데 그 모습은 올빼미 같고 사람 손을 지니고 있는데 그 소리는 마치 암메추라기 같다. 이름을 주鴸라 하는데 제 이름을 스스로 불러댄다. 이 새가 나타나면 그 고을에 방사放士가 많아진다.

『산해경』〈남차이경南次二經〉에 실려 있는 인면조에 대한 기록이다.

---

16) 건괘(乾卦)의 구오효(九五爻)에 대해 "용이 하늘을 날고 있으니 대인을 만나야 이롭다(飛龍在天, 利見大人)"라고 해석한다.

이 새의 출현과 인과관계가 설정되어 있는 '방사'는 '추방된 선비'를 뜻한다. 주가 나타나면 정변이 일어나 귀양 가는 지식인이 많아진다는 말이다.

전설에 따르면 '주'는 성군 요임금의 아들인 단주丹朱의 화신이다. 요임금은 단주의 사람됨이 사납고 교만했기 때문에 순임금한테 양위를 하고, 아들 단주는 남쪽 단수丹水 지역의 제후로 보낸다. 그 때문에 적개심을 품은 단주는 그 지역 삼묘三苗의 수령과 연합하여 순임금에 대항한다. 그러나 실패하여 삼묘의 수령은 피살되고 단주는 남해에 투신자살하고 만다. 이 단주의 원혼이 변하여 주라는 새가 되었다는 것이다.

이 이야기에 나오는 삼묘는 오늘날 먀오족[苗族]의 조상으로 중원의 황제黃帝에 맞서는 적대적인 세력이다. 삼묘는 지금까지도 포악한 오랑캐의 상징이다. 그런데 황제의 후예인 단주가 남쪽 오랑캐와 손을 잡고 성군 순임금에 대항한다는 것은 있을 수 없는 일이다. 패배는 당연한 것이고 투신자살이라는 비극도 이미 예비된 것이다. 비극의 주인공 단주의 원혼이 변하여 인면조가 되었으니 그 새가 길조일 수는 없다. 단주가 정변으로 죽었으므로 이 흉조가 출현하면 방사가 많아지는 것도 당연하다.

옹顒이나 부혜鳧徯라는 인면조도 같은 계열의 새들이다. 옹은 모습이 올빼미 같고 사람 얼굴에 눈이 넷이며 귀도 달린 새다. 이 새가 보이면 천하에 큰 가뭄이 든다고 〈남차삼경〉에 기록되어 있다. 부혜는 생김새가 수탉 같은데 사람 얼굴을 하고 있다. 이것이 나타나면 전쟁이 일어난다고 〈서차이경〉에 서술되어 있다. 인면조가 가뭄과 전쟁을 상징하는 흉조로 묘사되어 있는 것이다. 이들 인면조의 배후에도 우리가 모르는 단주 전설과 같은 이야기가 숨어 있을 것이다.

그런데 『산해경』의 인면조 가운데는 반모鵉鵰와 같은 새도 있다. 불효산이란 곳에 까마귀 같은 새가 있는데 사람 얼굴을 지니고 있다. 이 새는 밤에 날아다니고 낮에는 숨어 있는데 이 새의 고기를 먹으면 열병과 두통을 치료할 수 있다고 한다.〈〈북차이경北次二經〉〉 그 이상의 설명이 없어 길흉을 판단하기 쉽지 않지만 적어도 흉조는 아닐 것이다. 질병을 치료할 수 있는 약재가 된다니 길조로 분류해도 무방하지 않을까?

반모와 같은 긍정적 인면조 계열에 갈홍葛洪. 284~364이 지은 도교서적 『포박자』의 인면조가 있다. 인면조는, 수련을 통해 장수에 이를 수 있다는 설을 의심하는 이에게 포박자라는 신선이 대답하는 말 중에 등장한다. "천세千歲는 새이고 만세萬歲는 날짐승인데 모두 사람 얼굴에 새의 몸을 지니고 있으며 수명은 그 이름과 같다."〈〈대속권對俗卷〉〉 천세와 만세는 모두 인면조인데 천년만년을 사는 짐승이다. 무병장수를 상징하는 새라 할 만하다. 덕흥리 고분에 그려진 천추千秋와 만세萬歲라는 이름의 인면조가 바로 이 새다. 이렇게 보면 고분의 주인은 『포박자』를 읽었거나 신선사상에 관심이 많았던 인물이었을 것이다.

집단의 정체성을 상징하는 인면조가 있었다. 무병장수를 상징하는 길조로 의미가 확장된 인면조도 있었다. 이런 내력을 지닌 인면조가 평창올림픽 마당에 평화를 호출하는 새로 다시 출현했다. 누천년의 상징성이 누적된 인면조에 새로운 상징의 옷이 하나 더 입혀진 셈이다. 『산해경』투로 말하자면 2018년 평창에 인면조가 나타났으니 천하에 평화가 이룩될 것이다! 정말 그랬으면 좋겠다. 근대 올림픽의 정신이 무엇인가? 전쟁을 멈추고 평화를 불러오자는 것이 아니었던가!

티베트 원숭이와
청보리술

지난 세기 말 라싸에서 시가체에 이르는 티베트 고원을 답사한 적이 있다. 성도에서 출발한 비행기가 라싸 공항에 착륙했을 때 별다른 느낌이 없었기에 별거 아니라고 나는 고산병을 괄시했다. 그러나 버스로 20여 분을 달리다가 마애불을 만나려고 잠시 하차했을 때 문워킹을 하는 듯한 이상한 감각을 경험했다. 그날 밤 나는 감기몸살 비슷한 고산병을 호되게 앓았다.

호된 신고식 덕분인지 다음 날부터 몸이 가벼웠다. 가이드는 술을 조심해야 한다고 했지만, 나는 그날부터 쉬지 않고 술과 벗하여 답사를 이어갔다. 그때 '줄창' 먹어댄 술이 칭커주[靑稞酒]였다. 칭커, 곧 티베트 사람들의 주식인 청보리를 원료로 만든 바이주[白酒]였다. 우리는 웃고 떠들면서 아마 원숭이도 이 술을 먹고 사람이 되었을 거야, 농담을 하곤 했다. 칭커주는 티베트의 원숭이 신화를 호출하는 맑은 술이다.

   그런데 티베트 원숭이를 호출하기 전에 넘어야 할 산이 하나 있다. 티베트 곡물기원신화가 그것이다. 왜냐하면 원숭이가 먹고 사람이 되었다는 청보리가 이 신화에 먼저 등장하기 때문이다.

인간의 분투로
곡물을 얻다

천지가 개벽한 뒤 아직 곡식 종자가 없었을 때 사람들은 사냥을 하면서 동굴에서 살았다. 그때 티베트 어느 지방에 아홉 형제가 살았는데 막내는 새의 말을 알아들었다. 막내는 어느 날 사냥을 나갔다가 까치의 제안을 받는다. '사슴고기를 주면 좋은 정보를 주지!' 까치의 말은 놀라웠다. 태양이 아홉 개나 떠오르는 대재난이 닥칠 테니 이러저러한 준비를 하라는 것!

"어떤 준비를?"
막내가 묻자 까치가 말한다.
"아홉 길 되는 구덩이를 파. 그리고 그 안에 내장을 파낸 젖소를 넣어. 젖소
  위에는 아홉 층으로 가시나무 쌓고, 다시 그 위에 아홉 층으로 돌판 덮어
  야 해. 일이 닥치면 노루·말개미 한 마리씩을 데리고 젖소의 뱃속에 들어
  가 숨어야 해. 방망이도 하나 들고."

티베트인들의 삶과 신화의 젖줄인 야루장부강.

하지만 말은 알아듣는 이에게만 가치가 있다. 까치의 말을 전하자 형들은 '미친놈', 막내를 욕했다. 형들은 결국 대재난이 닥치자 타죽게 된다. 형들만 죽은 것이 아니라 아홉 개의 태양이 내뿜는 열에 인류가 다 타죽는다. 새의 말을 알아들은 막내만 살아남았다.

막내가 숨은 구덩이 속, 소의 뱃속은 '노아의 방주'와 비슷하다. 이 신화가 홍수신화의 변형판이란 뜻이다. 물의 심판이 아니라 불의 심판이란 차이가 있을 뿐. 하지만 이 불의 재앙은 인류의 죄악에 대한 신의 심판과는 무관하다. 아홉 개의 태양이라는 신화소가 알려주듯이 가혹한 자연재해일 뿐이다. 재난을 피하려면 신의 음성을 듣지 말고 새의 말, 곧 자연의 소리를 들어야 한다.

신화의 언어

홍수신화에는 크게 두 유형이 있다. 하나가 오누이가 살아남아 어쩔 수 없이 결혼하는 남매혼(혹은 근친혼) 유형이라면 다른 하나는 사내 혼자만 살아남아 어쩔 수 없이 짝을 찾아 천상에 올라가 천신의 딸과 결혼하는 인신혼人神婚 유형이다. 이 티베트 신화에 변형된 홍수신화의 화소가 스며들어 있다면 막내의 다음 이야기는 짝을 찾아 떠나는 것이어야 한다. 과연 그렇다. 소의 뱃속에서 나와 폐허의 대지를 확인한 막내는 물을 찾아 세상의 끝까지 여행한다. 거기서 마침내 찾아낸 샘물이 하늘샘[天泉]이다. 그리고 그 샘이 천신의 세 딸이 3년에 한 번 물을 길러 오는 샘이라는 정보를, 이번에는 '붉은 새'한테서 듣는다.

이제 지상의 유일한 생존자가 천신의 막내딸과 결혼해야 하는 힘든 여정이 시작된다. 새의 가이드에 따라 막내는 반지를 나무에 걸어놓는데, 반지는 천신의 막내딸에게만 보인다. 제 눈에 안경이다. 막내딸한테 청혼한 막내는 천신의 허락을 얻기 위해 하늘로 올라간다. 〈종자의 기원〉이라는 제목이 붙어 있는 이 구전신화는 승천 과정에서 겪는 신체적 고통을 길게 구술한다. 그러나 이 승천통昇天痛은 허혼에 이르는 고난의 예고편일 뿐이다.

"왜 이리 늦었느냐?"

부친의 호통에 맞선 솔직한 막내딸의 이실직고는 분노를 부른다. 지상의 모든 아빠들이 그렇듯이 천신은 '사위될 놈'을 경계한다. 딸을 주지 않으려고 감당할 수 없는 시험문제를 낸다. 첫째 문제, 하루 만에 네 말의 청보리 씨앗을 뿌릴 만큼 넓은 땅을 개간하라! 사람으로서는 불가능한 일이다. 막내는 막내딸이 일러준 주술로 신을 불러내어 땅을 개간한다. 그러나 딸을 안 주기로 작심한 천신이 호락호락 물러설 리 없다.

"자네가 개간한 땅을 하루 만에 혼자서 갈아놓지 않으면 결혼 못 하네."

막내는 두 번째 문제도 같은 주술로 해결해버린다. 문제는 이어진다. 세 번째는 유채 씨 네 말을 하루에 다 뿌리라고 했다가, 네 번째는 그것을 다 회수하라고 한다. 천신의 심통이 보통이 아니다. 다시 막내는 막내공주가 일러준 대로 주술로 신을 불러내어 씨를 회수했지만 다시 문제가 생긴다. 비둘기가 훔쳐가서 세 홉이 모자랐던 것! 막내는, 마치 주몽처럼, 천신의 활로 비둘기 셋을 쏘아 유채 씨를 모두 회수한다. 천신은 마침내 어쩔 수 없이 결혼을 허락한다.

그런데 또 다른 분란이 발생한다. 사위가 지상으로 돌아가고 싶어 했기 때문이다. 장인은 친구 天狗의 가죽으로 만든 신발을 주면서 '신어서 찢어지면 지상으로 돌아가도 좋다'는 조건을 건다. 물론 조건에는 함정이 있었다. 그 '특수신발'은 찢어져도 바로 복원되는, 영화 〈엑스맨〉 시리즈의 울버린 같은 신발이었다. 그러니 찢어질 때까지 종일 뛰어다녀도 아무 소용이 없었다. 이제 기댈 곳은 한 군데뿐! 하지만 이번에는 막내딸도 도와주려 하지 않는다. 막내딸도 내심으로는 친정에서 살고 싶었으니까. 그러나 솟아날 구멍은 있는 법, 낙심한 막내 앞에 천신을 위해 숯을 굽는 노인이 나타난다. 이 숯구이노인은 찢어진 신발이 원상복

구되지 못하게 하는 비법을 알려준다. 천기누설!

마침내 승리한 막내에게 천신은 마지막 바리케이드를 친다.

"설령 딸이 자네를 따라간다 하더라도 식량은 한 톨도 못 가져가네!"

천신은 막내딸을 철석같이 믿었다. 그러나 막내딸은 아비의 소망과 달리 남편을 따라 지상으로 내려가겠다고 선언한다. 이제 남은 희망마저 버린 천신은 딸과 사위를 단호히 추방한다. 딸은 마지막으로 호소한다.

"엄마랑 언니들하고 작별인사만이라도 하게 해주세요."

딸을 이기는 아빠는 없다. 결국은 맨몸으로 들어갔다 맨몸으로 나오라는 조건을 달아 허락하고 만다. 하지만 아버지와 달리 어머니는 지상으로 가는 딸이 걱정되어 온갖 좋은 곡물을 주려 하지만 맨몸으로 나가야 하니 다른 방법이 없었다.

지혜로운 막내딸은 다시 꾀를 낸다. 청보리와 밀 한 톨씩은 입안에, 완두콩 한 톨은 콧구멍에, 메밀 한 톨은 손톱 밑에 감추고, 제비콩 두 알은 귀고리처럼 두 귀에 걸고 나온다. 천신은 감쪽같이 속는다. 막내딸은 어머니·언니들과 작별한 뒤 마침내 지상으로 내려온다. 이렇게 하여 농경문화가 이 땅에 이식되었고, 농사로 인해 인류의 생활은 점점 나아진다. 아직 긴 후일담이 더 남았지만 지루하니 이쯤에서 접자.

하지만 티베트의 설산처럼 막아선 신화의 산을 넘으려면 숨이 가빠도 질문을 접을 수는 없다. 두 가지는 꼭 물어야 한다. 첫째, 왜 천신은 지상에서 온 소년에게 그토록 가혹한 과제를 부과했을까? 둘째, 천신은 왜 천상의 곡물종자가 지상으로 반출되는 것을 그렇게 꺼렸을까?

일반적으로 인신혼 홍수신화에는 두 개의 문화적 변곡점이 표현되어 있다. 하나가 결혼제도의 변화라면 다른 하나는 생산양식의 변화다. 족내혼에서 족외혼으로의 변동, 수렵에서 농경으로의 전환이 그것! 지상에 짝이 없어 소년이 천상으로 올라가는 사건은 씨족 외부로 신부를 구하러 갔다는 뜻이다. 그래서 우리의 '신랑다루기' 민속처럼 심한 시험을 치르는 것이다. 동시에 부과된 난제가 경작이었던 까닭은 사위의 농경 능력을 알아보기 위한 것이었다. 농경이야말로 당대의 최신기술이었으니까. 이 기술의 핵심은 종자를 갈무리하는 일이므로 종자의 유출을 꺼리는 것은 당연지사! 그래서 천신의 막내딸은 문익점처럼 곡물의 종자를 밀반출할 수밖에 없었던 것이다.

신의 은총으로
곡물을 얻다

그런데 또 하나의 문화적 변곡점이 있다. 티베트 고원에 불교가 들어오면서 곡물기원신화는 아주 달라진다. 이전에 없던 원숭이와 관세음보살에, 나찰녀까지 등장한다. 1388년, 샤카 쇠남걜첸이 쓴 역사서 『서장왕통기西藏王統記』의 민족기원신화를 요약하면 이렇다. 우리가 주목하는

신후를 유혹하는 나찰녀가 그려진 티베트 민족기원도.

곡물기원담은, 이 민족기원신화 안에 포함되어 있다.

신이한 원숭이 神猴 한 마리가 구족계를 받으려고 티베트 설산에서 수행을 하고 있었다. 그때 바위산의 나찰녀가 와서 유혹한다. 원숭이가 계율을 깰 수 없다며 거절하자 나찰녀는 하루에 만령 萬靈을 상하게 하고 일천의 생명을 먹어치우겠다고 위협한다. 진퇴양난의 상황에서 신후는 포탈라산의 관자재보살을 찾아 길을 구한다. 답은 간단했다. '부부가 되어라!' 둘이 부부가 된 뒤 육도 六道, 곧 지옥도·아귀도·축생도·아수라도·인간도·천상도의 정 情

이 태에 들어와 여섯 마리의 새끼 원숭이로 태어난다. 육도에서 왔으므로 여섯의 천성은 각각이었다.

신후는 새끼 여섯을 얄룽 계곡의 새들이 모이는 삼림으로 보내 3년 동안 살게 했다. 3년 만에 갔더니 500마리로 늘어나 있었는데 먹을 것이 없어 비참한 상황이었다. 신후는 순식간에 포탈라산의 관자재보살을 찾아가 구원을 요청한다. 보살은 "네 후예들은 내가 돌볼 것이야"라고 하면서 수미산 틈새에서 청보리·콩·메밀·보리를 가져와 지상에 뿌렸다. 땅 위에는 곧 뿌리지 않아도 저절로 자라는 향기로운 곡식으로 충만하게 되었다. 아버지 신후는 새끼들을 이끌고 그 땅에 이르러 곡식들을 먹으라고 했다. 그래서 땅의 이름이 쩨탕강뽀리산이 되었다.

새끼 원숭이들은 곡식을 먹으면서 아주 만족해했다. 원숭이들은 곡식을 먹으면서 털이 점점 짧아지고 꼬리가 줄어들더니 말까지 하게 되었고, 마침내 사람이 되었다. 그들은 향기로운 곡식을 먹으면서 나뭇잎으로 옷을 해 입고 살았다.

일반적인 민족기원신화(시조신화)처럼 이 신화도 동물기원담의 형식을 갖추고 있다. 원숭이와 나찰녀의 결합으로 설역雪域의 민족, 곧 티베트인들이 비롯되었다고 말하고 있다. 하지만 불교의 외투를 걸치고 있어 해석이 간단치가 않다. 원숭이는 힌두신화의 원숭이 신 하누만을 염두에 둔다면 설역의 여러 민족들에게 널리 받아들여지고 있던 토템동물이었을 가능성이 높다. 나찰은 힌두신화의 락샤사이고, 불교에서는 악귀로 수용된 존재지만 바위산에 거주하는 존재라는 데서 알 수 있듯이 암석신앙과 결합된 티베트 샤머니즘, 다시 말해 뵌뽀bonpo의 신이었을 가능성이 크다.

그러나 이보다 더 중요한 점은 이들의 결합이 관자재보살의 기획 작품이었다는 신화적 사실이다. 관자재보살은 누구인가? 관자재보살은 티베트 불교가 가장 중요하게 여기는 신이다. 관자재보살은 포탈라산에 있고, 그의 현신인 달라이라마는 지상의 포탈라궁에 거주한다. 티베트인들에게 곡물이라는 천상의 선물을 주어 사람으로 만들고, 설산 아래 야루장부강 유역에 살게 해준 존재도 관자재보살이다. 따라서 조상인 신후가 설산에 수행했듯이 티베트인들은 반드시 수행자의 삶을 살아야 한다는 이데올로기가 이 불교신화의 이면에 숨어 있는 것이다.

이렇게 보면 티베트에는 두 가지 곡물기원신화가 있는 셈이다. 새의 말을 알아들어 대재난을 피한 지상의 유일한 소년이 온갖 고생 끝에 천상에서 훔쳐 왔다는 곡물기원담이 하나라면 관자재보살의 뜻으로 결혼한 원숭이와 나찰녀의 자식들을 굶주림으로부터 구원하고 인간으로 만들기 위해 관자재보살이 수미산에서 가져왔다는 곡물기원담이 다른 하나다. 전자가 인간의 분투를 말하고 있다면 후자는 신의 은총을 말하고 있다.

지금 생각해보니 그때 라싸의 뒷골목에서 놓친 것이 있었다. 칭커주를 마시면서 원숭이만 호출했지 새의 말을 알아듣는 소년은 불러내지 못했다. 그때는 그 소년을 몰랐으니까. 이제라도 그 소년을 찾아 다시 설산으로 가야겠다.

머리사냥과 문신,
그리고 야만

1930년 10월 27일 타이완 난터우현 우서에서 반일 봉기가 발생한다. 1895년 시모노세키 조약에 따라 청으로부터 타이완을 할양받은 일본의 식민지배에 대한 반발이었다. 타이완총독부는 한반도에서 했던 바와 다르지 않게 경찰과 군대를 파견하고, 토지조사·일본어교육·출초出草 금지와 같은 방법으로 타이완 원주민들을 동화시키려고 했다. 통제와 탄압에 맞선 항일봉기의 한가운데에 일본 유학까지 다녀온 시디그족 족장 모나루다오(1882~1930)가 있었다.

2011년 타이완의 웨이더성[魏德聖] 감독이 연출한 영화 〈시디그 발레 賽德克·巴萊, Seediq Bale〉는 바로 이 사건을 극화하고 있다. 영어로는 '무지개 전사들Warriors of the Rainbow'이라고 아름답게 번역되었지만(한국 정식 개봉명도 〈레인보우 워리어스〉다), 사실은 일제의 학살에 관한 이야기다. 이 슬

타이완 영화 〈시디그 발레〉의 한 장면.

프고도 장엄한 영화를 따라가다 보면 두 가지 인상적 이미지와 만나게 된다. 출초, 곧 머리사냥[獵頭, head hunting]과 문신tattoo이 그것이다. 시디 그족 성인들은 대개 얼굴 문신을 가지고 있고, 그 문신은 남성의 경우 머리사냥과 연결되어 있다.

먼저 머리사냥에 대한 이야기를 들어보자.

아타얄족은 원래 문신을 하지 않았다. 그런데 나중에 누군가 발에 문신을 했더니 보기에 아주 좋았다. 그래서 다시 얼굴에 문신을 해봤는데 다들 아름답다고 하였다. 이렇게 해서 문신 풍속이 생겨났다. 얼굴에서 시작된 문신은 나중에는 얼굴 전체를 검게 하는 데까지 갔지만 나중에는 문신의 범위가 갈수록 축소되었다.

남자들은 평지인 平地人들의 머리를 베어 돌아오면 이마와 턱에 문신을 할 수 있었다. 머리사냥에 나설 때 어른들은 남자아이들 한 무리를 대동하고 가서 머리를 벤 뒤 아이들한테 머리카락 한 올씩을 준다. 아이들은 이렇게 배우면서 성장한다. 평지인들을 많이 사냥한 경우 한 건에 한 줄씩 가슴에 가로줄 문신을 한다.

머리사냥에서 돌아올 때 마을의 남녀노소가 모두 모여 큰 소리로 노래를 부르고 춤을 추며 축하한다. 다음 날에도 계속 노래하고 춤을 추는 가운데 머리를 아랍파오(머리를 걸기 위해 나무로 얽어 짜놓은 시렁)에 바친다. 부녀들은 좁쌀을 찧어 빚은 떡을 베어 온 머리의 입에 넣어 먹인다. 그다음에 그 떡을 나눠 머리베기에 참가한 남자아이들에게 먹인다. 그 후 부녀들은 술을 빚고 남자들은 사냥에 나선다. 마을사람들은 잡아 온 고기와 술을 함께 나눠 먹으면서 노래하고 춤추는 집단적 축제를 벌인다.

이 구전 자료는 시디그족의 전승이 아니다. 시디그족과 인접해 살고 있는 아타얄족의 머리사냥과 문신에 얽힌 이야기이다. 이 이야기에서 우리는 몇 가지 정보를 확인할 수 있다. '아름답다'는 문신에 대한 인식, 문신과 머리사냥의 관계, 머리사냥을 후대에 전수하는 방법, 사냥한 머리에 대한 의례와 마을 축제 등등이다. 아타얄족의 사례이기는 하지만, 시디그족도 크게 다르지 않았다. 영화 〈시디그 발레〉는 바로 이런 머리사냥 축제의 장면을 화면 가득 담아놓고 있다.

그런데 여기서 우리가 주목해야 할 장면은 '머리에 대한 의례'다. 왜 이들은 베어 온 머리를 아랍파오에 걸고 좁쌀떡을 해서 먹이는가? 또 베어 온 머리가 먼저 먹은 떡을 왜 나눠 먹는가? 이는 조상신에게 먼저 음식을 바치고, 조상신이 먹은 음식을 의례에 참여한 이들이 나누는 우리의 제사와 흡사하다. 이들은 베어 온 머리를 단순한 전과戰果로 여기지 않고 신으로 숭배하는 것처럼 보인다. 이런 아타얄족 또는 시디그족의 의례와 인식은 우리를 머리사냥 문화의 심연으로 이끈다.

머리사냥은
풍요 기원 의식

중국 윈난성 란창강 지역에 거주하고 있는 와족, 필리핀의 이푸가오족 등은 타이완의 고산족과 더불어 머리사냥 문화를 오랫동안 고수해오던 종족들이다. 우리는 이들을 고古문화권, 다시 말해 원시적 관습을 20세기까지 지속해오던 문화권의 종족들로 부른다. 이들 가운데 와족의 신화는 타이완 고산족의 머리사냥 문화를 해석하는 데 흥미로운 실마리를 던져준다.

와족의 원조元祖 부부는 처음에는 올챙이였다가 개구리가 되었고, 나중에는 괴물로 변해 동굴에 살면서 동물을 잡아먹었다고 한다. 그러다가 어느 날 사람들이 사는 먼 마을에 들어가 사람을 잡아먹고는 두개골을 가지고 돌아왔는데 그 후 인간의 모습을 한 아이들을 많이 낳았다고 한다. 그래서 이들 부부는 두개골을 숭배했고, 자손들에게 사람의 머리를 계속 바치라는 유언을 남겼다는 것이다.

이 짤막한 신화 속의 부부가 '야만적'이라고 느낄 수도 있겠다. 하지

타이완 고산족 시디그족의 족장 모나루다오의 동상.

만 이야기의 심층에는 흥미로운 문화 코드가 숨어 있다. 올챙이와 개구리, 그리고 괴물은 인간이 아니다. 이들 비인간과 인간의 경계에 원조 부부의 사냥 행위와 종교적 의례가 있다. 이들의 머리사냥과 식인食人은 괴물 부부에게 많은 아이들을 선물한다. 사람을 먹은 괴물이 인간을 낳았다는 이야기에서 우리가 발견할 수 있는 것은 주술적 사유다. '개고기를 많이 먹으면 개를 닮게 된다'는 생각도 이와 다르지 않다. 동시에 머리를 계속 바치고 모시라는 와족 조상 부부의 유언에는 머리사냥과 머리 숭배가 다산을 약속한다는 사유도 함축되어 있다.

이런 사유는 1부의 〈뼈와 구슬에 스민 무의식〉에서 언급한 바 있는 뼈가 지닌 증식의 힘과 연결된다. 죽은 어머니의 변신인 소의 뼈가 신데렐라들에게 필요한 것들을 주었듯이 사냥에서 획득한 인간의 머리뼈도 다산과 풍요를 가져다준다는 생각이 그것이다. 뼈는 그것이 누구의 것이든 더 많은 뼈를 낳고, 더 많은 생명을 생산한다.

그런데 와족 신화를 좀 더 들여다보면 머리사냥과 숭배의례에는 문화 코드 하나가 더 숨어 있다.

옛날 하늘과 땅 사이가 아주 가까워서 사람들은 씨를 뿌려 양식을 마련할 수가 없었다. 천신 메이지가 사람들에게 말하기를 "한 사람을 죽여 그 머리로 신께 제사를 드리면 씨를 뿌릴 수 있을 거야"라고 했다. 어떤 사람이 듣고는 자신의 양자(노예)를 죽여 머리를 잘라 제사를 드렸다. 과연 하늘이 높이 올라가 씨를 뿌릴 수 있게 되었다.

이 신화는 머리베기와 농경의 시작을 연결하고 있다. 아시아 지역의 농경기원신화를 살펴보면 천지분리신화와 접합되어 있는 경우가 적지 않다. 천지개벽 초기에는 하늘과 땅이 아주 가까워 사람들이 나무나 사다리, 높은 산을 딛고 쉽게 하늘을 오갈 수 있었고, 인간과 신이 결혼도 했다는 것이다. 그러다가 농사를 지으면서 드디어 하늘이 멀어져 인간은 더는 하늘에 올라갈 수 없게 되었다고 한다. 곡물을 재배하면서 식량이 많아지자 낭비가 심해져서, 너무 많이 먹고 너무 많이 싸자 화가 난 신들이 하늘을 데리고 멀리 올라가버렸기 때문이다.

그런데 이 와족 신화에는 농경기원신화와 천지분리신화에 머리사냥이라는 신화소가 더 부가되어 있다. 그뿐 아니라 여기서는 천지분리와 파종의 인과관계가 전도되어 있다. 곡물을 재배해서 하늘이 멀어진 것이 아니라 하늘이 높이 올라가서 곡물을 재배할 수 있게 되었다고 말하고 있기 때문이다. 나아가 이 모든 것이 천신 메이지의 기획이라고 말한다. 머리베기와 제사를 신의 뜻으로 긍정하고 있을 뿐 아니라 그것을 농경의 기원으로까지 연결시키고 있다.

바로 이 지점에서 와족의 신화와 머리사냥 의례는 타이완 고산족의 머리사냥 의례와 만난다. 왜 아타얄족은 좁쌀로 떡을 해서 잘라 온 적의 머리에 주고 자신들도 나눠 먹었는가? 그것은 '머리 베어 모시기'가 농경의 풍요와 무관치 않다는 문화적 증표다. 와족 신화를 참조한다면 머리사냥은 일종의 풍농의례였다. 이는 또 하나의 고산족인 푸유마족이 좁쌀 파종 전의 머리사냥을 필수적 의례로 삼고 있었다는 사실을 통해 재확인할 수 있다.

지금까지의 논의를 정리해보면 이렇다. 원시사회가 동물을 의례적으로 사냥하고 뼈를 소중히 여겨 숭배한 것은 뼈를 통해 해당 동물이 재생한다고 믿었기 때문이다. 뼈가 뼈를 낳고, 뼈가 새로운 생명을 증식시킨다. 사람의 뼈도 마찬가지다. 사람의 뼈, 곧 머리(해골)는 새로운 생명을 증식시킨다. 다산을 약속한다. 이 원시적 사유가, 농경의 개시와 더불어 머리사냥과 풍농을 연결시키는 또 하나의 주술적 사유로 확장되어간 셈이다.

진짜 야만은
일제의 머리사냥

머리사냥은 어떻게 남성들의 통과의례가 되었을까? 이 물음에 대한 적절한 답을 얻으려면 머리사냥이 왜 문신과 결합되어 있는가를 생각해봐야 한다. 나는 오래전에 『문신의 역사』(살림, 2003)라는 작은 책을 낸 적이 있다. 문신은 신체를 보호하거나 아름다움을 표현하는 기능을 지니고 있고, 신분을 표시하거나 종족적 정체성을 나타나는 기능도 가지고 있다고 그 책에 썼다. 고산족의 문신도 다르지 않다. 여성들의 문신은 기혼자의 표지이거나 베 짜기 능력의 표현이다. 고산족 남성들의 경우, 문신은 통과의례를 거친 전사의 외적 표지로 작동한다. 그렇다면 어떤 이유로 문신이 전사의 정체성을 드러내는 표지가 되었을까?

나는 전쟁과 지배가 아니라 협력이 인류 진화의 산물이라고 생각한다. 사람이 사람의 목을 베는 행위는 자연스러운 것이 아니다. 머리사냥은 문화의 산물이다. 헤드헌팅은 인류가 생존을 위해 불가피하게 만들어낸 원시문화의 일부다. 거기에는 죽음을 통해 삶을 증식시키려는 은유적 사고가 숨어 있다. 머리사냥이 문화인 한 새로운 세대는 성장 과정에서 통과의례의 형식으로 그것을 받아들여야만 한다. 하지만 머리베기는 두려운 행위다. 두려움을 없애기 위해 고산족은 머리사냥에 남자아이들을 참여시키고 획득한 머리카락을 수여한다. 머리사냥에 성공한 신참자에게는 문신을 부여한다. 이런 과정을 거쳐 문신이 전사의 상징이 되면 문신은 아름다움으로 인식되고 욕망의 대상이 된다. 문신 문화는 이런 인지적 과정을 거쳐 머리사냥 문화와 통합되었을 것이다.

1937년 중일전쟁기의 난징에서, 식민통치기의 한반도에서, 태평양 전쟁기의 동남아 밀림에서 일본군의 머리베기가 무수히 자행되었다는 사실을 우리는 잘 알고 있다. 타이완에서도 다르지 않았다. 그렇다면 일본군의 머리베기와 고산족의 머리사냥은 같은가 다른가? 이는 원시 사회의 의례적 동물 사냥과 국가사회의 동물 사냥의 차이[17]를 묻는 것과 크게 다르지 않은 물음이다.

고산족의 머리사냥은 풍요를 기원하는 의례적 행위이다. 더 적극적으로 말하자면 이웃 종족과 머리를 교환하는 행위이다. 머리사냥은 곰 종족과 인간 종족 사이의 선물 교환 행위로 인식되는 의례적 곰사냥과 다르지 않다. 이 사냥에 폭력성이 있다고 하더라고 해도 그것은 의례적 폭력이고, 생존에 요긴한 불가피한 폭력이다. 그러나 일제의 머리사냥은 사무라이적 무용을 뽐내고, 일본도의 성능을 자랑하고, 제국의 위용을 드러내기 위한 폭력이다. 전자의 경우 죽음은 삶을 풍요롭게 만들지만, 후자의 경우 죽음은 더 많은 죽음을 생산할 뿐이다.

야만성은 고산족의 얼굴이 아니라 제국 일본의 얼굴이다. 문신을 하고 머리사냥을 하는 문화가 야만적인 것이 아니라 문명 교화의 이름으로 타자의 문화를 학살하는 행위가 야만적인 것이다. 독가스까지 살포하여 시디그족 전사를 전멸시킨 우서 반일투쟁을 재현하는 영화 〈시디그 발레〉는 저 제국의 야만성을 증언하고 있다.

---

17) 이 주제에 대해서는 『우리 신화의 수수께끼』(한겨레출판, 2006)에 실려 있는 〈두 가지 사냥 두 가지 신화〉를 읽어보라.

수수께끼 신
스사노오의 칼

일본신화에 스사노오라는 수수께끼 같은 신이 있다. 그는 태초의 남녀신 가운데 남신 이자나기가 저승에 다녀온 뒤 몸을 씻을 때 태어난 존재다. 왼쪽 눈에서는 일신 아마테라스가, 오른쪽 눈에서는 월신 쓰쿠요미가 생겨나는데 그는 하필 코를 씻을 때 생성된다. 왜 코였을까?

창세신의 두 눈에서 해와 달이 창조되는 신화는 적지 않다. 중국 문헌에 등장하는 창세신 반고盤古의 좌안은 해가 되고, 우안은 달이 된다. 만주족 구전신화 〈우처구우러본〉에서는 천신 압카허허의 눈에서 빛의 신 와러두허허가 해와 달을 만들어낸다. 제주도 구전신화 〈초감제〉에서는 청의동자의 앞이마에 돋은 눈이 해가 되고, '뒷이마'에 돋은 눈이 달이 된다. 좌우가 불분명하거나, 좌우가 전후로 변형되어 있지만 창세신의 두 눈이 일월의 기원이라는 상상력은 동일하다. 하지만 어디에도 코가 무엇이 되었다는 이야기는 없다. 기기신화(記記神話, 『고사기』와 『일본서기』에 실린 주 신화)의 스사노오는 왜 창세신의 코에서 왔을까?

『일본서기』에 인용되어 있는 '어떤 책[一書]'에 따르면 이자나기가 왼손으로 흰구리거울[白銅鏡]을 잡았을 때 해의 신이, 오른손으로 그것을 잡았을 때 달의 신이 생겨나는데 스사노오는 머리를 돌려 돌아보는 순간 생성된다. 이 이자나기의 고개돌리기를, 『고사기』를 번역한 노성환 울산대학교 교수는 '과거를 회고하는 순간'으로 해석했다. 일월신은 좌우가 분명한데 스사노오는 어느 방향인지 불분명하게 고개를 돌린다. 코든 고개돌리기든 스사노오의 탄생기는 뭔가 모호하고 부자연스럽다. 그래서 다수의 일본 학자들은 스사노오 신화가 본래의 것이 아니라 이자나기와 이자나미의 창세신화에 첨가된 것으로 본다. 왜 스사노오는 코 또는 고개돌리기의 이미지로 기기신화의 세계에 끼어들었을까?

스사노오의 총칭總稱은 '다케하야스사노오미코토'(『고사기』)다. '다케'는 '용맹한', '하야'는 '빠른', '스사'는 '거침없는 사물의 기세', '노오'는 관형어, '미코토'는 존칭어이므로 '용맹하고 빠르게 거침없이 나아가는 분' 정도의 뜻으로 이해된다. 신화적 영웅에 걸맞은 이름이다. 그런데 그는 일반적인 영웅과는 상당히 다른 모습으로 기기신화에 나타난다.

이자나기의 삼귀자三貴子[18] 가운데 막내 스사노오는 우나하라[海原]의 통치를 위임받는다. 우나하라는 바다의 세계지만 바다를 포함한 지

---

18) 이자나기가 황천에서 돌아와 왼쪽 눈, 오른쪽 눈, 코를 씻었을 때 태어난 세 명의 귀한 신. 아마테라스오미카미·쓰쿠요미노모코토·다케하야스사노오미코토. 삼귀자에 대한 더 자세한 이야기는 이 책 4부의 〈'지진의 나라'와 천황신화 만들기〉를 보라.

상을 말한다. 두 언니들은 일월이 되어 천상을 맡았으니 막내는 지상을 맡은 셈이다. 그런데 스사노오는 수염이 가슴까지 자라도록 울기만 한다. 직무를 받은 신이 임지에 내려가지도 일하지도 않으니 지상의 산천은 타들어가고 재앙은 들끓는다. 아버지가 왜 울기만 하느냐고 묻자 스사노오는 어머니의 나라 네노카다스쿠니[根之堅州國, 약칭 '네노쿠니']에 가고 싶어서 그렇다고 대답한다. 불의 신을 낳다가 죽은 이자나미가 거주하는 네노쿠니는 다름 아닌 저승이다. 막내의 대답에 화가 난 아버지는 '너는 이 나라에 살 수 없다'고 판정한다.

그러자 스사노오는 방면을 청하러 아마테라스한테 올라간다. 아마테라스는 동생이 나라를 뺏으러 오는 것으로 여겨 전투태세를 갖춘다. 스사노오는 어머니의 나라에 가려는 까닭을 설명하러 온 것이지 다른 마음은 없다고 하면서 결백을 증명하기 위해 점을 쳐 아이[神] 낳기 내기를 하자고 제안한다. 스사노오는 자신이 여자아이들을 낳았으니 내기에서 이겼다면서 승리의 기쁨을 난동으로 표현한다. 아마테라스가 경작하는 논두렁을 부수고 개천을 메워버리고 아마테라스의 신전에 똥을 뿌린다. 일련의 행패는 마침내 아마테라스를 석굴 안으로 도망치게 만들었고, 그 결과 천상계는 암흑세계로 변해버린다.

스사노오의 이런 기괴한 행태는 정신분석학적으로 해석되기도 했다. 엄마한테 가겠다고 울며 떼를 쓰고 행패를 부린다? 아직 스사노오는 모성에 고착되어 있는 어린아이 같은 행태를 보이고 있다는 것이다. 아마테라스는 농사를 짓는 신, 스사노오는 칼을 들고 난폭하게 설치는 신이니 둘의 대립은 농경과 수렵이라는 생산양식의 대립으로 해석할 수도 있겠다. 둘 다 불가능한 해석은 아니겠지만, 우리는 스사노오가 직무를 거부하고 아마테라스와 맞서다가 아버지의 나라에서 추방당한 신이라는 사실에 더 주목할 필요가 있다.

한반도에서 온 도래신, 스사노오

본향에서 추방당하는 영웅은 적지 않다. 예컨대 제주 김녕리 괴네깃당의 당신堂神 괴네깃도는 아버지한테 불효하여 바다로 추방당한다. 그가 용궁을 거쳐 강남천자국까지 갔다가 제주로 귀환할 때, 마치 아마테라스가 스사노오를 두려워했듯이, 부모는 아들이 무서워 도망친다. 세화리 본향당의 당신 금상님은 한양 남산에서 솟아났다가 역적 누명을 쓰고 스스로 유배 길에 올라 군사를 거느리고 제주로 입도한다. 바다를 건너온 신, 외부에서 들어온 신을 도래신渡來神이라고 한다면 추방은 도래신의 유력한 징표 가운데 하나다. 다카마노하라에서 추방당한 스사노오 역시 도래신일 가능성이 농후하다. 그렇다면 어디서 어디로 도래했다는 말인가?

 형식적으로는 추방당하기 전에 거주했던 '다카마노하라'가 스사노오의 본향이다. 그곳은 천상의 세계, 아버지 이자나기와 누이 아마테라스가 지배하는 나라다. 그곳은 지상 왕권의 신성성을 보증하는 상징적 공간이다. 그런데 스사노오는 그곳에 있으려고도, 위임받은 땅 우나하라에 가려고도 하지 않는다. 그 대신 어머니의 나라에 가고 싶다며 운다.

마침내 추방당한 스사노오는 앙망하던 네노쿠니로 가지 못하고 오늘날 시마네현[島根縣] 동쪽에 있었던 이즈모쿠니[出雲國]로 내려온다. 다카마노하라에서 이즈모쿠니로 도래한 스사노오, 이 코스는 어떤 함의를 지니고 있을까?

『일본서기』가 인용하고 있는 몇몇 전승들에 따르면 스사노오는 성질이 잔해殘害하고, 울고 화를 내어 산천을 메마르게 만들었으므로 네노쿠니를 다스리게 했다고 한다. 기실 『고사기』가 전하고 있는 스사노오의 최종 좌정처도 네노쿠니다. 이즈모쿠니에 내려와 소임(구시나다히메와 결혼하여 낳은 후손 가운데 아마테라스의 후손이 강림할 국토를 이양하는 역할을 수행하는 오쿠니누시를 낳는 일)을 다한 뒤 스사노오는 마침내 네노쿠니로 가 어머니의 뒤를 계승하고 있으니까 말이다. 그렇다면 스사노오의 실질적 본향은 네노쿠니라고 봐야 하지 않을까? 스사노오는 천황가의 조상신인 아마테라스의 계보에 부정적 형상으로 끼어들기는 했지만 본래 네노쿠니의 신이었다가 잠시 이즈모쿠니에 도래하여 할 일을 한 뒤 네노쿠니로 귀환한 셈이다.

네노쿠니는 신화적으로는 저승을 뜻하지만 섬의 세계관에서 저승은 바다와 동일시된다. 그래서 일찍이 민속학자 야나기다 구니오[柳田國男]는 네노쿠니를 바다 저편, 곧 타계他界라고 보았다. 스사노오는 바다 저편에서 이즈모쿠니로 온 도래신이다. 『일본서기』의 어떤 전승은 다카마노하라에서 추방당한 스사노오가 아들 이타케루를 데리고 신라국 소시모리[曾尸茂梨]에 내려갔다가 "이 땅은 내가 있고 싶지 않다"며 흙배를 만들어 타고 이즈모쿠니의 히강 상류 도리카미봉[鳥上峰]에 이르렀다고 말한다. 또 다른 기록은 구마나리봉[熊成峯]에 있다가 네노쿠니로 들어갔다고도 한다. 이런 자료들이 일제히 이야기하는 바는 스사노오가 한반도에서 도래한 신이라는 것이다. 그래서 신화학자 마쓰마에 다케시[松前健]는 스사노오를 '한반도계 도래인들이 모시던 번신蕃神'이라고 했다. 번신은 골맥이로 불리는 마을신의 일본식 표현이다.

도래계 대장장이의 위력,
스사노오의 칼

그렇다면 스사노오를 모시고 이즈모쿠니로 건너간 집단은 뭘 하던 이들이었을까? 실마리는 역시 스사노오의 신화 안에 있다. 이즈모쿠니로 내려온 스사노오는 딸을 사이에 두고 울고 있는 노부부를 만난다. 까닭을 묻자 이렇게 대답한다.

> "딸 여덟이 있었지요. 한데 여덟 개의 머리에 여덟 개의 꼬리를 가진 야마타노오로치[八俣大蛇]라는 뱀이 해마다 하나씩 잡아먹어 이제 하나 남았는데 또 뱀이 올 때가 되었답니다."
> "딸을 나에게 주겠느냐?"
> "고맙습니다만 저는 아직 당신의 이름도 모릅니다."
> "나는 아마테라스의 동생 스사노오다. 지금 막 하늘에서 내려오는 길이다."

노인이 딸을 주겠다고 약조하자 스사노오는 독한 술을 여덟 통 만들

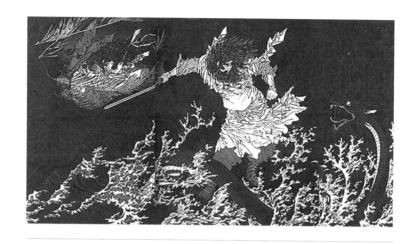

스사노오가 여덟 개의 머리에 여덟 개의 꼬리를 가진 뱀 야마타노오로치를 퇴치하는 모습. 쓰키오카 요시토시 그림

어놓고 기다리라고 당부한다. 마침내 나타난 뱀이 술에 취해 잠이 들었을 때 스사노오는 칼로 토막 내어 죽인다.

스사노오와 야마타노오로치의 대결은 유라시아 대륙에 널리 퍼져 있는 '괴물퇴치담'의 일종이다. 영웅은 괴물을 퇴치하는 과정에서 공주나 보물을 얻는 경우가 일반적이다. 그러면 스사노오는 무엇을 얻었는가? 스사나오는 자신의 칼로 뱀의 꼬리 중간 부분을 자를 때 칼날이 상하는 경험을 한다. 이상하게 여겨 뱀을 갈라보니 아주 예리한 대도大刀가 나왔다. 이 칼이 바로 스사노오가 아마테라스한테 바쳤다는 구사나기[草那藝]라는 칼이다. 천황가의 신성성을 상징하는 소위 삼종신기三種神器[19]

19) 천신 아마테라스로부터 받아 일본 천황이 계승하고 있다는 세 가지 신령한 물건. 곧 구사나기노쓰루기(칼)·야타노카가미(거울)·야사카니노마카타마(굽은 구슬. 곡옥)를 말한다.

가운데 하나다.

신화적으로 해독하면 뱀은 산이 많은 이즈모쿠니 지역의 산신으로 보인다. 산신의 몸속에서 칼을 꺼냈다는 것은 산속에서 칼을 추출했다는 뜻이다. 실제로 이즈모쿠니는 양질의 사철砂鐵이 생산되는 지역이고, 고대의 제련 및 단야鍛冶 유적들이 다수 발굴된 바 있다. 스사노오와 뱀의 대결은 스사노오를 신으로 모시던 도래계 대장장이 집단이 사철을 발굴하여 도검을 제작하는 과정을 은유적으로 표현한 이야기일 가능성이 높다. 그래서 일본 신도학의 권위자인 마유미 쓰네타다[眞弓常忠]는 신라계 대장장이 집단이 이 지역에 진출하여 선주민들과 섞였다가 새로운 기술을 바탕으로 사철을 독점하여 철기문화를 이룩했으며, 이를 바탕으로 토착세력을 몰아내기에 이르렀다고까지 주장한 바 있다.

그런데 이 괴물퇴치담에 담긴 스사노오의 모습이 도래계 대장장이 집단의 위력을 보여주는 것이라고 하더라도 이상한 점이 하나 있다. 겉으로는 스사노오가 야마타노오로치를 죽이지만, 실제로는 스사노오의 칼 도쓰카쓰루기[十握劍]가 뱀의 몸속에서 나온 칼 구사나기노쓰루기[草薙劍]와 부딪쳐 이빨이 빠졌다는 사실이다. 도래신 스사노오의 칼보다 이즈모쿠니 산신의 몸에서 뽑아낸 칼이 더 강했다는 뜻이다. 그렇다면 더 우수한 제련·단야 기술을 지닌 도래인의 이즈모쿠니 지배라는 역사학의 해석과 충돌하지 않을까? 그렇지 않다. 스사노오가 구사나기를 아마테라스에게 바쳤다는 뒷이야기와 연결하면 새로운 이야기가 만들어진다. 스사노오가 바다 건너에서 가져온 칼보다 이즈모쿠니의 사철로 정련해낸 칼이 더 강하다는 이야기가 그것이다. 이는 아마테라스와 무관한 스사노오, 심지어는 적대적인 스사노오를 남매관계로 편집한 기기신화의 의도와 같은 맥락이다.

스사노오는 창세신 이자나기의 코에서 태어난다. 사체화생신화의 사례로 보면 아주 드문 경우인데 왜 코였을까? 해부학적으로 보면 코는 이중적이다. 이목구비 가운데 나머지와 달리 코는 좌우 분간 없이 하나다. 아니, 좌우의 콧구멍을 하나의 코 안에 담고 있다. 음양의 두 기운을 담고 있는 태극과 같다. 스사노오를 도래인으로 해석한다면 그는 한반도와 열도 이즈모쿠니에 양다리를 걸친 존재다. 기기신화로 보면 그는 천상 또는 이승의 아버지 이자나기로부터 태어났지만, 아버지를 버리고 지상 또는 저승의 어머니 이자나미한테 돌아간 신이다. 아마테라스와는 남매관계이면서 동시에 적대적이다. 이런 이중적 혹은 매개적 존재성이 스사노오를 창세신의 코에서 태어나게 했던 것은 아닐까? 이자나기의 고개돌리기 역시 이와 무관치 않을 것으로 생각한다.

코에 꽂혀 스사노오라는 수수께끼와 맞섰지만, 다 풀린 것 같지는 않다. 하지만 한 가지는 분명해졌다. 기기신화의 세계에서 스사노오는 외부자·도래자의 표상이라는 사실! 나아가 이 외래자는 기착한 지역에 완전히 정착하지 못하고 계속 본향을 그리워했다는 사실이다. 그래서일까? 수수께끼 신 스사노오의 얼굴 위로 재일조선인들이 떠오른다. 신화의 언어 안에 스며 있는 집단의 기억이 과거와 현재를 만나게 한다.

신화 속 키워드 네 번째

이념과 권력

염황과
단기라는 이념

비 내리는 2017년 8월 하순 『만들어진 민족주의 — 황제신화』(책세상, 2007)의 저자 김선자 연세대학교 교수와 정주를 거쳐 신정시新鄭市를 찾았다. 2007년 완공된 염제炎帝와 황제黃帝의 거대한 조형물을 찾아온 길이다. 106미터나 되는 거대한 한 쌍의 두상頭像이 황하의 중하류를 가름하는 방향을 바라보고 있었다. 아래쪽 염황광장에는 중국 역사를 수놓은 인물들이 줄지어 조성되어 있고, 멀리 염황을 우러러보는 자리에는 천단天壇의 제단 형상을 본 딴 듯 천원지방(天圓地方, 하늘은 둥글고 땅은 모나다는 동아시아의 전통 우주관)형으로 만들어진 제단이 자리 잡고 있었다. 인물상의 크기가 멀리 있는 관람자들조차 압도한다.

인물상이 자리한 산 아래쪽에 세워진 〈염황이제소상간개炎皇二帝塑像簡介〉에는 한글로 이렇게 적혀 있다. "염황이제의 조각상은 중화민족의 불요불굴하고 근노 용감하며 진취적으로 개척해 나가는 민족정신을 상징하고 있습니다." 맞춤법도 틀리고 각자刻字도 대충 해놓은 번역투의 문장을 보면서 왜 중국어·영어 밑에 군이 한글 설명서를 붙여놓았을까, 의문이 들었다. 한글의 영향력이 그만큼 커서? 아니, 그런 생각은 들지 않았다. 오히려 복잡한 질문이 머리 안을 맴돌았다. 두 두상은 왜 저기 있는가?

판천에서 싸운 염제와 황제, 하나가 되다

사실 염제와 황제는 서로 적이었다. 『국어國語』에는 둘을 형제라고 했고, 『신어新語』에는 아비가 다른 형제라고 했지만 그것은 후대의 분식일 뿐이다. 『사기史記』〈오제본기五帝本紀〉는 황제로부터 시작된다. 황제는 태어날 때부터 신령했고, 자라서는 정이 많고 총명했다는 것. 다음에 바로 제시되는 것은 신농씨의 세력이 약해지자 제후들이 서로 싸워 백성들이 고초를 겪는 상황이다. 영웅의 출현을 고대할 수밖에 없는 조건이다. 황제는 이런 대망에 부응하여 제후들을 정벌하고, 판천의 들에서 세 번을 싸워 염제 신농씨를 제압한다. 다시 치우가 난을 일으키자 저 유명한 탁록의 들에서 사로잡아 죽인다. 이 승리를 바탕으로 황제는 제후들의 추대를 받아 마침내 천자가 된다. 그리고 동서남북 천하를 순행하고, 관직을 설치하고, 제사 제도를 설립한다. 백성들을 덕으로 다스리고, 금수와 초목마저도 순화시킨다. 사마천의 필설에 의해 황제는 전형

중국이 2007년 허난성 정저우 인근에 건립한 염제와 황제의 동상. 조현설 사진

적인 건국 영웅이 되고, 염제는 황제의 제물이 된다.

　그렇다면 황제보다 먼저 있었던 염제는 어떤 존재였을까? 황제에 비해 관련 기록이 상대적으로 적지만 『백호통白虎通』에 따르면 '염제는 태양'이고, 『역사繹史』에 의하면 '염제 신농씨는 사람의 몸에 소의 머리'를 지닌 모습이다. 『주서周書』에는 신농 시절에 하늘에서 오곡이 비처럼 내려 신농이 밭을 갈고 씨를 뿌렸으며 각종 농기구와 질그릇을 만들었다는 기록도 있다. 『술이기述異記』에 따르면 신농에게는 신농원神農原이라는 약초산이 있었고, 『회남자淮南子』에 의하면 신농은 온갖 풀맛을 보다가 하루에 일흔 번이나 중독이 되었다고도 한다. 이런 전승들은 염제가 농업과 관련된 신이었다는 것을 말해준다. 태양·소·오곡·농기구 등은 모두 농사와 관련되어 있지 않은가! 동시에 염제는 제 몸을 실험실로 삼아 의약과 의술을 선물한 신이기도 하다. 그래서 신화학자들은 염제를 신석기 농경문화와 연관해 해석하기도 한다. 어쨌든 중국 신화에서 염제는 문화와 문명을 인민들에게 선사한 신화의 주인공이었다.

이런 염제가, 사마천이 기획한 황제 중심의 새로운 역사 만들기에 의해 주변화된다. 염제에 대한 국가 단위의 제사가 없었던 것은 아니지만, 그 중심은 어디까지나 화하족(華夏族, 한족의 딴 이름)의 기원으로 자리 매김된 황제였다. 염제는 황제의 주변부에서 중화의 기원이 아니라 문명의 표상으로 존재했을 따름이다. 그 결과 문화와 문명의 기원인 염제와 국가의 시조인 황제라는 이원적 프레임이 만들어진다.

그런데 이원적으로 존재하던 염황 프레임은 근대의 민족주의적 분위기 속에서 하나로 통합된다. 양계초는 이렇게 노래한다.

혁혁한 우리 조상의 이름은 헌원軒轅, 곤륜산에서 내려와
북으로 흉노 남으로 묘만苗蠻을 쫓아내려 말을 치달렸지.
이족異族을 쓸어내고 주권을 확정하여 자손들에게 물려주었으니
아, 우리 자손들이여 잊지 말자 잊지 말자 조상의 영광을.

푸근한 우리 조상의 이름은 헌원, 세계 문명의 선구자.
문자와 음양오행, 역수曆數를 가르치고 의약도 전해주셨지.
과학사상도 근원을 찾노라면 문명은 우리가 가장 앞섰느니

아, 우리 자손들이여 전하고 전하자 조상의 영광을.

〈황제사수黃帝四首〉의 첫째, 둘째 수다. 첫 수는 황제 헌원의 본래 형상, 건국 시조의 모습을 노래한다. 그런데 둘째 수가 노래하고 있는 역할들은 본래 염제에게 부여되었던 것들인데, 염제는 사라지고 염제의 역할마저 황제한테로 넘어간 형국이다. 중국 근대 지식인들에게 이족의 상징인 염제 신농씨는 민족의 순수를 해치는 존재로 인식된다. 그 결과 염제의 위상은 격하된다. 적어도 등소평이 1980년대 후반 염제를 언급한 뒤, 1990년대 이래 하상주단대공정夏商周斷代工程, 그리고 이어진 중화문명탐원공정中華文明探源工程과 같은 일련의 국가적 프로젝트가 개시되기 전까지는.

개국시조 단군이
문명기원 기자를 흡수하다

염황과 유사한 짝을 우리한테서 찾자면 단군-기자 짝이 아닐까? 정조 3년(1779) 2월 15일 경기 유생 안발 등이 상소를 올린다. 기자묘箕子廟를 문묘文廟 옆에 따로 세우고 공자와 똑같이 높여 제사를 지내게 해달라는 상소였다. 그러나 정조는 허락하지 않는다. 그 후에도 기자의 묘우廟宇를 중건해달라, 묘우의 품계를 역대 왕과 동급으로 올려달라 등등의 상소가 올라왔지만, 정조는 그때마다 부정적인 반응을 보인다. 왜 유생들은 기자에 집착했고 정조는 또 그것을 무시했을까?

한반도의 역사에서 기자의 위상을 보여주는 첫 문장은 『삼국사기』
에 보인다. "현도와 낙랑은 본래 조선의 땅으로 기자가 봉함을 받은 곳
이다. 기자가 그 백성을 가르치기를 예의와 전잠田蠶과 직작織作으로 하
고 8조의 금禁을 베풀었다. 이로써 그 백성이 서로 훔치지 않고 문을 닫
지 않고 부인은 정신하여 음란하지 않고 음식은 변두(邊豆, 제사 때 쓰는 그
릇)로써 하니 이는 인현仁賢의 교화였다. 천성이 유순하여 삼방三方과 다
르니 고로 공자가 중국에 도가 행하여지지 않음을 슬퍼하여 바다에 배
를 띄워 여기 동방에 거하려고 한 것은 까닭이 있는 것이다."〈고구려본
기〉보장왕조에 붙인 김부식의 논찬이다. 김부식을 필두로 한 고려와 조
선의 유자들에게 기자는 예의와 누에치기·베 짜기를 가르치고, 법률제
도를 설립한 성인이다. 말하자면 기자는 염제에 필적하는 문화와 문명
의 창도자였다.

그렇다면 단군은 어떤 존재였을까? 이승휴가 『제왕운기帝王韻紀』(1287)
에서 "밭 갈고 우물 파는 예의의 나라/ 중화인들이 소중화라 불렀네./
누가 처음 개국의 풍운을 열었던가?/ 석제의 손자 이름은 단군"이라고
노래했듯이 개국시조이다. 『삼국유사』의 단군신화는 환웅에 대해서는
지상에 내려와 신시를 열고 제반 인간사를 주관한 사실을 자세히 기술
하고 있지만, 단군에 대해서는 나라를 세운 사실만 언급한다. 뒤이어
"주나라 무왕이 즉위한 기묘에 기자를 조선에 봉하니", "장당경으로 옮
겼다가 뒤에 돌아와 아사달에 숨어 산신이 되었다"라고 했다. 기자가
문명을 전해준 존재라면 단군은 나라를 세운 존재인 것이다. 황제-염
제와 비슷한 이원성이 단군-기자의 관계에도 구축되어 있었다.

신화의 언어

그래서 유생들이 연이어 상소를 올렸던 것이다. 문명을 이 땅에 전한 소중화의 상징인 기자를 드높여야 한다고. 하지만 정조는 기자보다 단군에 더 관심이 많았다. 〈숭령전치제문崇靈殿致祭文〉은 평양 단군사당에서 제사를 지낼 때 보낸 제문인데 이렇게 단군을 칭송하고 있다.

소중화에 비기고
예의의 나라라 일컬어졌으니
기자의 팔조법금만이 아니라
단군의 교화가 크게 미친 까닭이었네.

기자를 부정하지는 않았으나 기자보다 단군의 교화를 정조는 강조한다. 정조의 단군에 대한 이런 평가는 홍만종의 『동국역대총목東國歷代總目』(1705)의 인식과 다르지 않다. 홍만종은 이 책에서 '단군은 우리 동방에 가장 먼저 나타난 성인으로 편발개수(編髮蓋首, 머리카락을 땋아 상투를 틀어 올린 머리 모양)의 제도, 군신상하의 구분, 음식과 거처의 예절을 만들었다'고 했다. 예의와 제도는 기자가 아니라 단군에서 비롯되었다는 것이다. 승지 서형수徐瀅修는 정조 앞에서 홍만종의 문장과 같은 표현을 사용한다. 그러면서 단군의 은택에 보답하기 위해서는 존귀하게 받들어야 하는데 강동에 버려진 단군묘가 있으니 수리하고 관리해야 한다고 간언한다. 이에 대해 정조는 관리자를 정하고 지방 수령이 직접 돌보라는 하교를 내린다.(정조 10년 8월 9일) 단군에 대한 정조의 관심을 다시금 확인할 수 있는 장면이다.

물론 정조가 단군을 강조한 것은 전략적 측면이 있다. 정조는 정통 존주론자^{尊周論者}들의 입장과 의도적으로 거리를 둠으로써 자신의 왕권을 강화하려고 했다. 정조는 단군만이 아니라 역대 왕조의 개국자들에 대한 제사를 정비하고 제문을 짓는 등의 정치 행위를 통해 '임금이자 스승[君師]으로' 자신을 자리매김함으로써 스승의 길은 재야의 선비들에게 있다는 유생들의 입장을 견제하려고 했던 것이다. 이런 정조의 입장과 상관없이 우리가 여기서 확인할 수 있는 것은 '개국시조 단군-문명기원 기자'라는 유자 일반의 이원론 한쪽에 단군이 개국의 시조이자 문명의 창안자라는 일체론을 강조하는 흐름이 있었다는 사실이다.

이 일원론이 전면화되는 시기가 근대계몽기이다. 학부에서 펴낸『조선역대사략』(1895)이나 현채의『동국역사』(1899)와 같은 근대계몽기 역사교과서를 보면 '단군이 내려와 나라를 세웠고, 편발개수 등의 교화를 베풀었다'고 기술하고 있다. 단군은 민족의 시조이자 문명의 시원이다. 기자의 상징성이 단군에 통합된 것이다. 나아가 김교헌의『신단실기^{神檀實記}』(1914)와 같은 대종교 문헌에 이르면 단군은 건국시조를 넘어 민족종교의 신이 된다. 기자는 지워지고 단군이 민족통합의 이념적 중심이 된다.

주지하듯이 현재 중국의 국가적 과제는 화이의 통합이다. 신화상으로는 적대자였고, 역사적으로도 다른 상징적 의미를 지녔던 염제와 황제가 사이좋게 염황광장에 조성되어 있고, 중국의 각종 미디어들이 '우리는 염황의 후손'임을 강조하는 것도 통합의 일환이다. 통합이 없으면 G2도 불가능하기 때문이다. 신화는, 그리고 신화 해석은 이런 국가적 과업을 위해 종종 동원된다. 철학자 에른스트 카시러가 이해했듯이 신화는 민족성의 기초를 만들기 때문이다. 집단 통합의 이데올로기, 신화의 운명이 이렇다.

　한국의 국가적 화두는 대국 옆에서의 생존이고, 조화이다. 한반도의 국가들은 대국과의 조화를 위해 기자를 활용했고, 생존을 위해 단군을 드높였다. 그리고 민족의식이 고양된 20세기에 와서는 '주나라 무왕이 조선에 봉했다'는 기자를 버렸다. 그렇다면 21세기의 단군은 어떤 이념의 얼굴로 조성되어야 할까? 높이가 106미터나 된다는 염황의 거대한 소상을 조망하면서 다문화 사회로 진입한 한국사회 위로 홍익인간의 이념을 겹쳐 놓아보았다.

만리장성 안과
밖의 신화

중국 사람들이 높은 곳에서 일제히 뛰어내리면 지구가 흔들린다는 농담이 있다. 인구가 거대하다는 뜻이다. 인구만큼 영향력도 대단하다. 중국인들이 커피를 마시기 시작하면서 윈난의 차밭들이 커피콩밭으로 바뀌고 있다. 사드THAAD 사태로 인한 중국관광객 감소라는 지진을 우리는 이미 실감한 바 있다. 큰 나라 옆에서 사는 일이 쉽지 않다. 그렇다면 중국 안팎의 민족들은 이 대국과 더불어 사는 일에 대해 어떻게 이야기해왔을까? 신화 속에서.

이족 신화:
한족은 형님이다

이족彝族이라는 중국 내 소수민족이 있다. 쓰촨, 구이저우, 윈난 등의 산지에 거주한다. 이들 가운데 윈난의 이족들은 〈므이꺼〉라는 창세신화를 구전하고 있다. '옛날이야기' 또는 '옛날을 노래한다'는 뜻을 지닌 서사시이다. 거쯔라는 천신이 등장하여 금과金果, 은과銀果로 아들과 딸을 만들어 이들로 하여금 세계를 창조케 한다. 인류가 창조된 뒤 인류의 낭비와 게으름에 대한 신의 심판으로 대홍수가 일어난다. 착한 오누이는 곰을 살려준 덕분에 곰이 선물해준 박씨를 심었고, 수확한 큰 박에 들어가 살아남는다.

그런데 둘이 혼인하여 낳은 것도 괴상하게 생긴 박이었다. 이들이 박을 버리자 천신 거쯔가 박을 찾아 송곳으로 연다.

첫 번째 여니

나온 것은 한족

한족은 맞이

제방 속에 살며

밭을 쌓아 곡식을 키우고

책을 읽고 글을 짓고

총명하여 본래 큰일을 하네.

두 번째 여니

나온 것이 따이족

따이족은 수단이 좋아

하얀 면화를 생산하네.

세 번째를 여니

나온 것은 이가

이가는 산속에 살며

땅을 일궈 곡식을 키우네.

이런 식으로 리수족·먀오족·쨩족·빠이족·회이족 등 주변에 거주하는 아홉 종족의 출현을 노래한다. 그런데 흥미로운 바는 이족이 자신들을 셋째로, 한족을 첫째로 이야기하고 있다는 사실이다. 한족은 첫째 형님일 뿐 아니라 농사를 짓고 글을 지을 줄 아는 총명한 민족, 그래서 능히 큰일을 하는 민족이라는 것이다. 제방 안에 사는, 다시 말해 만리장성 안에 사는 한족과 산속에 사는 이족을 대비시키고 있는 것이다. 왜 이족은 창세신화를 통해 이런 민족적 정체성을 노래하고 있을까?

이족은 당나라 시기에 윈난의 빠이족과 연합하여 남조(南詔, 653~902)라는 국가를 세웠던 기억을 지닌 민족이다. 이문彝文이라는 문자 체계도 사용했다. 그러나 남조 이후 더는 민족국가를 이룩하지 못한다. 중국이라는 정치적, 영토적 질서 내에서 주변의 소수민족과 마찬가지로 '산속의 소수자'로 살 수밖에 없었다. 이런 역사적 경험이 창세신화 속의 민족의 서차와 정체성을 주조했을 것이다. 한족을 형님으로 인정하지 않고서는 자신들의 존속을 확보할 수 없었기 때문이다. 동시에 자신들을 한족과 한 박에서 나온 '동포同胞'라고 노래함으로써 한족의 인정을 요청한 것이다.

당항족 신화:
한족은 적이다

이족과 달리 중국 서북방의 당항족(Tangut, 현재 치앙족)은 동포되기를 거부한다. 당항족의 수장은 본래 척발씨였는데 척발씨의 후예 이원호가 송宋에 대항하여 세운 나라가 대하(大夏, 1038~1227)다. 대하는 한자를 받아들이지 않고 '번서蕃書'라고 불린 자신들의 독자적 문자를 갖추었는데 이 번서 문헌에는 대하의 건국에 관한 신화가 없다. 중국 역사서에도 보이지 않는다. 오히려 티베트 문헌에 나타나는데 『홍사紅史』(1363)가 그것이다. 티베트 불교가 이 지역에도 전해졌기 때문에 티베트 불교 역사서에 관련 자료가 실리게 된 것으로 보인다.

처음에 서하 지역은 한인 황제의 통치를 받고 있었다. 북쪽 도성과 까 지역 사이에 있는 만서산曼西山의 산신은 꺼후였다. 어느 날 도성 안 한 부인의 처소에 백마를 탄 일곱 사람이 나타난다. 이들의 수령과 부인이 동거한 지 1년 후 사내아이가 태어났는데 그때 하늘에 본 적이 없는 이상한 별이 나타난다.
한인漢人 점성술사가 사직을 빼앗을 인물이 태어났다고 말한다. 황제가 찾아내라는 명령을 내리지만 부인의 지혜로 위기를 벗어난다. 황제가 성안에 있는 두 살 아래 아이를 모두 죽이라고 명한다. 부인은 어쩔 수 없이 아이가 죽었다고 통곡하면서 관에 넣어 성 밖으로 나가 강변의 숲속에 버린다. 매일 큰 매 한 마리가 날아와 아이를 덮어주고 한 부인이 키우는 누런 소가 매일 젖을 먹였다. 하루는 부인이 소를 따라왔다가 아이를 발견하고 데려가 키운다. 아이는 일곱 살에 설산雪山으로 도망쳐 반도叛徒가 되어 군대를 양성한다. 후에 한인 노파의 꾀로 한인 황제의 옥새를 넘겨받아 나라를 세운다. 그는 아버지 이름 퍼후의 퍼자를 취하여 퍼쭈왕[格祖王]이라고 했다.

대하 건국신화는 첫머리부터 대결 상황을 툭 던진다. 한인 황제의 통치를 받고 있는 당항족의 상황이 그것이다. 고난은 영웅을 부르는 법. 당항족이 신성시하는 설산雪山의 산신이 여섯 기사를 데리고 현현하여 고난을 극복할 영웅을 낳는다. 산신의 아들로 태어난 아이는 많은 영웅들처럼 어려서 고난을 겪은 뒤 고난을 극복하고 나라를 세운다.

그런데 이 대하 건국신화에서 특히 흥미로운 점은 한인들의 역할이다. 먼저 황제를 죽일 이족異族 영웅의 탄생을 알리는 인물이 한인 점성술사다. 그는 '이상한 별'을 '사직을 빼앗을 인물의 출현'으로 해석한다. 둘째는 영웅에게 지혜를 빌려주는 한인 노파의 역할이다. 이 노파는 '군사를 이끌고 와서 말채찍과 말똥을 황하에 버려두면 황제의 옥새를 넘겨주겠다'고 말한 뒤 성벽에 올라가 대성통곡을 한다. 왕이 이유를 묻자 답한다. "제석천신이 서하국왕의 출현을 명했으니 항복하지 않으면 한인들이 전멸할 것이다. 내일 무수한 대군이 들이칠 것이다." 국왕은 다음 날 말똥과 말채찍으로 변색된 황하를 보고 두려워 일곱 기사에게 옥새를 바친다.

왜 한인들이 신화 속에서 적을 이롭게 하는 역할을 한 것일까? 이는 당항족들의 조상신이기도 한 설산의 산신이 강력한 힘을 지닌 존재라는 것, 또 하늘의 뜻이 당항족들에게 있었다는 것, 나아가 한족도 이에 동의하고 있었다는 것을 말하고 싶었던 것이다. 꺼쭈왕은 옥새를 넘겨받은 뒤 한인 황제와 신하들을 모두 죽여버린다. 한족, 곧 중국에 대한 강한 적대감의 표현이었다. 이들에게는 이족처럼 한족을 형님으로 노래해야 할 아무런 동기가 없었다. 실제로 대하는 송나라와 2년 동안 전쟁을 벌인 나라였다.

베트남 신화:
외교는 맺되 경계한다

이족과 당항족 사이에 비엣족의 나라 베트남이 있다. 베트남은 우리와 마찬가지로 중국 주변에서 중국과 적지 않은 전쟁의 역사를 거쳤다. 기원전 111년에 한나라에 점령된 이래 네 차례나 중국 왕조의 직접적 지배를 받은 바 있다. 그렇다면 베트남 신화는 중국에 대해 어떤 태도를 보이고 있을까? 쩐 왕조 시기인 14세기 후반에 편술된 『영남척괴열전嶺南摭怪列傳』에 실려 있는 〈홍방씨전鴻厖氏傳〉에 그 단서가 있다. 〈홍방씨전〉은 홍방씨가 세운 반랑[文郞]국의 기원신화다.

추습이족자치주에 거주하는 이족이 조상신으로 모시는 호랑이를 위해 춤을 추고 있다. 조현설 사진

염제 신농씨의 3세손 제명이 제의를 낳은 후 남쪽으로 순수하여 오령에
이르러 무선의 딸을 만났다.

〈홍방씨전〉은 이렇게 시작된다. 염제가 무선의 딸을 데리고 와 녹속
을 낳았는데 이 녹속이 적귀국赤鬼國의 경양왕이 된다. 경양왕이 다시
동정군의 딸 용녀龍女와 결혼하여 낙룡군을 낳는다. 그 후 낙룡군이 제
명의 손자 제래의 딸 구희를 유혹하여 함께 살았는데 구희가 100개의
알을 낳았고 알에서 사내아이가 하나씩 나왔다. 주몽이나 혁거세와 마
찬가지로 난생卵生이다. 이들 가운데 50명은 낙룡군이 데리고 수부水府
로 가고 나머지 50명은 구희가 데리고 지상에 남았는데 지상의 50명

가운데 우두머리를 뽑아 웅왕(홍 부엉)이라고 하고 나라 이름을 반랑국이라고 한다.

이야기가 복잡해서 간단히 정리했는데도 간단치가 않다. 하지만 여기서 중요한 것은 반랑국의 건국자 웅왕의 모계가 염제 신농씨에 연결되어 있다는 사실이다. 〈홍방씨전〉을 기록할 당시 한문 문헌을 통해 중국 신화를 잘 알고 있었을 원저자나 후대에 편집에 관여한 무경武瓊은[20] 왜 중국 신화에 등장하는 염제를 계보의 첫머리에 두었을까?

주지하다시피 염제신농씨는 중국 신화체계에서 5행 개념에 따라 중앙의 황제 헌원씨를 보좌하는 남방상제로 설정되어 있다. 하지만 이 체계화 이전의 염제는 황제와 적대관계에 있던 존재였다. 염제는 황제와의 싸움, 이른바 '탁록대전'에서 패배하여, 중원에서 밀려나 주변화된 신이다. 말하자면 중국의 일부이면서도 중국의 변방에 거주하는 존재인 셈이다. 염제는 한족을 제외한 이민족을 상징하는 신으로 통용된다. 이런 표상을 지닌 염제를 반랑국의 모계 쪽 기원에 배치한 것 자체가 베트남 신화의 이원적 중국 인식을 보여주는 것이 아닐 수 없다. 중국 쪽 혈통을 통하여 중국과의 관계를 유지하면서도 동시에 황제가 아닌 염제를 선택함으로써 일정한 거리를 두려는 태도 말이다. 이는 이족의 신화와도 다르고 당항족 신화의 선택과도 다른 방향이다.

이런 태도는 둘째 아들 녹속이 용모가 단정하고 총명하여 제명이 왕

---

20) 〈홍방씨전〉이 실려 있는 『영남척괴열전』은 본래 작자 미상의 필사본이었는데 1492년경에 이를 얻어 체제를 정비하고 서문을 부기하고 제목을 부여한 인물로 여조(黎朝, 1428~1788) 성종(聖宗, 1460~1497) 시기의 저명한 관료 문인이었다.

위를 물려주려고 했는데도 사양하고 용왕의 딸과 결혼하여 베트남의 시조인 낙룡군을 낳았다는 선양담禪讓譚, 제래가 남방에 내려왔다가 물산이 풍부하고 자연이 아름답고 기후가 좋아 북방으로 돌아갈 마음을 잊었다는 자랑, 제래가 낙룡군의 신술神術을 도저히 이길 수 없어 딸 찾기를 포기하고 돌아갔다는 일화에도 잘 표현되어 있다. 구희가 100명의 아들을 거느리고 부왕이 있는 북방으로 돌아가려고 국경에 이르렀을 때 황제가 그 사실을 전해 듣고 두려워하여 군사를 보내 변방을 막았다는 사건도 같은 맥락이다. 북방 중국에 대해 남방 베트남의 자신감을 서하 건국신화처럼 표현하면서도 염제를 통해 중국과의 관계도 강조하고 있는 것이 베트남 신화이다.

이렇게 보면 동아시아 여러 민족의 신화가 보여주는 중국 인식을 세 유형으로 나눠볼 수 있겠다는 생각이 든다. 첫째는 이족의 위상을 지닌 내부적 유형인데 중국 내 상당수의 소수민족이 이 여기에 속할 것이다. 둘째는 서하의 위상을 지닌 외부적 유형인데 만리장성 이북의 몽골이나 위구르 등의 민족이 여기에 속할 수 있다. 셋째는 베트남의 위상을 지닌 경계적 유형이다. 한자문화를 공유하고 조공책봉체제와 같은 외교적 관계를 가지면서도 대결의식을 내려놓을 수 없었던 한국·일본이 이 유형에 속할 것이다.

민족기원신화는 집단의 정체성을 이야기하고 만든다. 민족기원의 문제가 국가권력의 정당성 여부와 결합할 때, 나아가 이웃 국가와의 정치적 관계 문제와 결부될 때 신화의 언어는 더 복잡해진다. 단군이나 주몽 신화는 천신과 지신의 결합만으로 왕권의 신성성과 정당성이 충족

되었지만, 고려의 왕건은 달랐다. 송이라는 제국이 옆에 있었기 때문이다. 그래서 태조 왕건의 조부 작제건이 송나라 숙종의 아들이라는 족보가 만들어질 수밖에 없었던 것이다. 탕구트족의 대하국, 비엣족의 베트남도 다르지 않았다. 어떤 민족에게 신화는 민족의 생존이 걸린 이야기일 수 있다.

용의 후손이라는
신화

예수셴(叶舒宪, 1954~)이라는 중국학자가 있다. 그는 시골 대학 출신이었
지만 같은 또래 중국학자로서는 드물게 신화학, 문화인류학 이론들을
학습했고, 방문학자로 유럽과 미국에서 공부했으며, 서구의 신화·원형
비평, 구조주의 신화학, 기호학 관련 저술을 번역했다. 1990년대에 들
어『영웅과 태양』(1991),『중국신화철학』(1992),『고당신녀高唐神女와 비너
스』(1997)와 같은 저작들을 잇달아 내놓으며 신화학자로서 성가를 올
리기 시작한다. 나도 한동안 그의 책과 논문을 즐겨 따라 읽고 인용하
던 독자였다. 그런 그가 국가 기관인 중국사회과학원 교수로 있으면서
2007년『곰토템熊圖騰』을 출간한다.

'2006, 나의 곰의 해'라는 서문으로 시작되는 이 책에는 '중화 선조
신화의 근원을 찾아서'라는 부제가 붙어 있다. 부제처럼 그는 곰을 통

해 '중화선조'의 기원을 찾으려고 한다. 왜 그랬을까? 두 가지 이유가 있다. 첫째, 그때 그는 중국 역사 확장 프로젝트인 '중화문명탐원공정', '동북공정'을 수행하는 기관의 '직원'이었다. 둘째, 곰은 1906년 일본 고고학자 도리이 류조에 의해 인지되었다가 1980대에 여신의 사원과 곰 숭배의 흔적으로 보이는 유물들이 새로 발굴되면서 주목되기 시작한 홍산紅山문화의 상징물이었다. 그는 곰 관련 유물 이미지를 바탕으로 학술적 상상력을 가미하여 중화문명의 기원을 다시 설명하려고 했던 것이다.

용이 된
곰과 돼지

그런데 예 교수의 곰 해석에서 주목할 점은 곰을 곰으로만 보지 않고 용으로 보려 한다는 사실이다. 그는 〈이리토템인가 곰토템인가?〉(2006)라는 논문에서 이렇게 말한다.

> 현재까지 북방에 전해지는 곰 시조신화와 상고시기 초나라 군왕의 성씨가 웅熊이었다는 사실을 연결 지어 보면 '옥웅룡玉熊龍'이라는 기호의 배후에 내포되어 있는 것은 '용의 후손' 가운데 '곰의 후손'이라는 중요 부분이 존재한다는 사실이다.

예수셴은 왜 이런 문장을 썼을까? 배후에는 탐원공정의 고민이 있다.

그간 중국문명의 기원론은 황하 유역의 화하계華夏系 종족에서 시작되었다는 일원론에서 출발하여 여러 지역의 문명이 상호영향을 주고받으면서 발전했다는 다원론으로 전개되어왔다. 1970~1980년대를 거치면서 장강 유역의 양저良渚문화, 사천 지역의 삼성퇴三星堆 문화, 요하 유역의 홍산문화 등에서 드러난 새로운 고고학적 유물들을 무시할 수 없었기 때문이다. 이 가운데 가장 오래된 것이 기원전 3000년 이전으로 소급되는 홍산문화다. 문제는 현재 내몽골 츠펑[赤峰]시 홍산으로 대표되는 이 문화가 중원의 바깥, 오랑캐 땅에 있었다는 데 있다.

어떻게 해야 할까? 유물이라는 객관적 증거를 부정할 수는 없다. 중국 역사 기록에서 동이東夷의 땅이라고 기술했던 홍산지역의 문명이 더 오래되었다고 인정하면 된다. 그러나 탐원공정과 그 첨점에 있었던 예수셴은 이를 인정할 수 없었다. 아직 녹슬지 않은 중화주의, 나아가 국가주의가 증거를 노려보고 있었기 때문이다. 이 딜레마 속에서 예수셴이 선택한 고육지책은 이러했다. 홍산문화의 실체를 인정하되 그것을 황화유역의 문화와 연결하여 양자의 관계를 연속적으로 파악한다! 어떻게? 그를 유혹한 유물은 작은 옥기玉器였다.

'중화제일룡中華第一龍'이라 명명된 옥기가 있다. 홍산문화를 대표하는 상징물 가운데 하나다. 1971년 츠펑시 산싱타라촌[三星他拉村]의 장봉상이라는 젊은 농부가 우연히 발견한 뒤 방치되었다가 뒤늦게 눈부신 조명을 받은 C자형 옥 조각품이다. 이 옥 부장품은 초기 국가와 권력자의 출현을 현시하는 유물이지만, 중국학자들의 눈에는 거의 자동적으로 '중화의 용'으로 인지되었던 모양이다. 그 뒤 이뤄진 발굴 과정에서 또

다른 옥기도 발견된다. 1986년 츠
평시 남쪽 차오양[朝陽]시의 뉴허
량[牛河梁]이라는 곳에서 대규모의
제사유적과 적석총 등이 발견되었
는데 무덤 안에서 또 다른 옥기가
나왔던 것. 크고 작은 구멍 둘이
있어 실로 꿰어 장식할 수 있게 만
든 옥 장신구였다.

그런데 특정 관념을 배제하고
뉴허량의 옥기를 본다면 보는 이

츠평시 남쪽 뉴허량에서 출토된 유물.

에 따라 새의 모습을 볼 수도, 태아의 모습을 볼 수도 있겠다는 생각이
든다. 그러나 사물은 보고 싶은 대로 보이는 경우가 많다. 다수의 중국
학자들에게 이 장신구는 옥으로 만들어진 용으로 보였다. 더 세밀하게
본 학자들은 돼지의 이미지를 포착하여 옥저룡[玉猪龍]으로 불렀다. 그냥
돼지면 돼지지 왜 돼지룡이 되어야 하는지 의문스럽지만, 예수셴은 더
는 이를 옥저룡으로 보지 않았다. 그는 곰을 보았다. 그래서 이 옥기를
'옥웅룡[玉熊龍]'으로 읽는다. 그는 웅룡이라는 해석을 통해 유라시아 대륙
에 널리 퍼져 있는 곰 문화가 중국문화의 뿌리이며, 이 뿌리가 중원의
용 문화와 이어져 있다는 사실을 강조하려고 했던 것이다. 중화문명탐
원공정 또는 동북공정의 목표에 따라 옥 장신구는 옥웅룡이 아닌 다른
무엇이 될 길을 잃었다.

내가 길게 예수셴의 사연을 들춘 까닭은 그를 비난하기 위한 것이 아

니다. 유물과 도상, 그리고 신화를 접목하여 이른바 중화의 정체성을 설명하려는 이와 같은 스토리텔링이 이미 오래전부터 있었다는 사실을 환기하기 위해서였다. 예수셴이 곰과 연결하려고 했던 상상의 동물인 용을 '중화민족'의 표상으로 만드는 과정이 그 대표적인 사례다. 중국인들은 어떻게 '용의 후손[龍的傳人]'이 되었는가?

근대가 탄생시킨
'용의 후손'

신화에서 화하족(한족)의 시조는 황제黃帝다. 그러니 중국인들이 용의 후손이 되려면 논리상 황제가 용이 되어야 한다. 그러나 문헌 자료 어디에도 '황제는 용'이라고 기술되어 있지 않다. 그런 신화가 존재하지 않았다는 말이다. 후대에 이르러 용이 제왕의 권위와 신성성을 상징하는 동물로 등장하기는 한다. 한 고조 유방의 탄생신화가 그렇다. 그의 어머니 유온이 큰 연못가에서 쉬다가 신과 만나는 꿈을 꾸었다는 것. 그때 천둥 번개가 치며 깜깜해졌는데 남편인 태공이 가서 보았더니 유온의 몸 위에 교룡蛟龍이 있었고 그로 인해 고조를 낳았다는 이야기다. 기실 박혁거세의 부인 알영도 계룡鷄龍이 옆구리로 낳았다. 신라 영웅 작제건은 서해 용왕의 딸 저민의와 결혼하여 고려 왕실의 조상이 된다. 용은 왕권의 상징물 가운데 하나이지, 특정 종족의 표지도 아니고 황제와도 관계가 없다.

그래서 왕첸룽[王乾榮]과 같은 비판적인 학자는 "중국 역대 전적을 보아도 '비늘 달린 동물들의 우두머리'인 용을 토템상징으로 삼았다는 기록이 없고, 24사나 야사에도 기록이 없다. (…) 중국 원시사회부터 중세까지 애니미즘적 범신론은 있었지만 토템 관념은 없었다. 용은 '물에 사는 비늘 동물의 으뜸'일 뿐 인류와는 무관하다"고 했던 것이다. 그런데도 왜 중국인들은, 심지어 다수 중국학자들까지 입만 열면 '용의 후손'이라는 말을 앵무새처럼 반복하는가? 이어지는 왕첸룽의 지적에 단서가 있다. "근래 몇몇 유행가에서 '유구한 중화는 한 마리 용'이라거나 '장강과 황하는 두 마리 용'이라거나 '염황자손은 용의 후손'이라는 말을 퍼뜨리고 있는데 이는 문예작품의 비유와 같은 것이지 중국의 역사문화와는 무관한 것이다." 왕첸룽이 말한 몇몇 유행가 가운데 맨 앞에 있는 것이 바로 1978년 타이완 정치대 학생 허우더젠[侯德建]이 만든 〈용적전인龍的傳人〉이다.

허우더젠은 1978년 12월 16일 아침, 친구에게서 미국이 타이완과 국교를 단절했다는 소식을 들었다고 한다. 그는 분노한다. 이 분노는 아편전쟁 이후 중국이 외세로부터 받았던 고통에 대한 인식에서 솟구친 감정이었다고 그는 뒷날 회고했다. 그는 그날의 감정과 중화적 애국주의를 노래에 담았다. 이 노래는 타이완에서 크게 유행했고, 그가 대륙으로 망명한 뒤에는 중국 내에서도 크게 주목을 받는다. 이 노래는 마침내 1985년 중국 최대의 명절인 춘절春節에 즈음하여 방영되는 〈춘절연환만회春節聯歡晚會〉의 무대에 올랐고, 이후 국민가요가 된다. 장강과 황하를 호명하면서 시작되는 가사는 용과 중국을 부르는 데서 절정에 이른다.

오랜 동방에 한 마리 용이 있으니 그 이름 바로 중국이라네.

오랜 동방에 한 무리 사람들이 있으니 그들은 모두 용의 후손이라네.

거대한 용의 발 아래서 내가 자라고 장성한 뒤에는 용의 후손이 되네.

검은 눈동자 검은 머리 누런 피부 영원토록 용의 후손이라네.

중국 포털 바이두에 들어가 〈춘절연환만회〉에서 불리는 노래를 듣노라니 이런 의문이 든다. 그날 대학생 허우더젠은 어떻게 '동방의 중국이 용의 후손'이라는 가사를 떠올리게 되었을까? 그의 머리 안에 용의 후손이라는 이미지가 박혀 있었기 때문일 것이다. 어떻게? 이는 장제스의 독재 아래서 이뤄진 타이완의 민족주의적 학교 교육의 영향 말고는 달리 설명할 길이 없다.

사실 용을 중화민족의 상징이자 시조라고 보는 용 토템론은 1940년대 초반 미국유학파 고전학자 원이둬[聞一多]가 제안한 학설이다. 그는 〈인수사신상人首蛇身像을 통해 본 용과 토템〉이라는 논문에서 "용은 일종의 토템으로서 토템 속에서만 존재하고 생물계에는 존재하지 않는 일종의 허구적 생물이다. 용은 수많은 다른 토템이 혼합되어 이뤄진 일종의 종합체이기 때문이다. (…) 용 토템은 그것이 부분적으로는 말을 닮거나 개를 닮거나 물고기·새·사슴을 닮을 수도 있지만 그 중심 부분과 기본 형태는 뱀"이라고 했다. 무수한 토템 부족들 가운데 가장 강했던 뱀 토템 부족이 나머지 약한 단위들을 겸병하고 동화시킨 결과로 만들어진 토템이 용이라는 것이다. 뒷날 인류학자 레비스트로스는 토테미즘이 학자들이 만들어낸 허상이라고 비판했지만, 당시 원이둬에게

홍산문화를 상징하는 유물. 츠펑박물관 소장

이 개념은 전가의 보도였다.

논문을 쓸 당시 그는 항일전쟁기에 한시적으로 설립되었던 쿤밍의 시난연합대학 교수였다. 그는 중국이 외세에 맞서 단결해야 한다는 시대정신의 세례 아래 있었다. 중국은 다민족국가지만, 한족이 그 중심이니 한족을 중심으로 단결해야 한다. 이를 가장 적절히 표현하고 있는 상징물이 용이다. 용은 뱀을 중심으로 다양한 동물들이 조합된 신성한 존재니까! 어느 날 이 '아름다운 은유'를 발견한 원이둬는 아마도 무릎을 쳤을 것이다.

원이둬가 소수민족의 도시 쿤밍에서 발명한 용의 표상은 항일전쟁에 앞장섰고 중화민국의 초대 총통이었다가 1949년 타이완으로 쫓겨난 장제스에게 '복음'이었다. 이 복음은 1970년대 말 허우더젠의 가요 속에서 꽃을 피우고, 1980년대 대륙에서 만개한다. 용의 후손이라는 이야기는 원이뒤류의 학자에 의해 발명되어 근현대 중국사 속에서 개화된 근대의 신화이자 현대의 신화다. 중국을 대표하는 신화학자 예수셴은 아직 그 화원에서 꿀을 따고 있는 중이다. 중국 인문학의 고질痼疾이다.

2018년 인도네시아 자카르타에서 개최된 아시안 게임에서 남북단일팀 코리아가 여자 카누·용선dragon boat 경기에서 금메달을 땄다. 카누면 카누지 왜 용선龍船일까? 길쭉한 카누의 앞뒤를 용두龍頭와 용미龍尾로 장식했기 때문이다. 국민생활체육회에서 발간한 『스포츠백과』를 보니 이 경기의 기원을 애국주의자의 표상인 초나라 굴원의 자살에 두고 있다. 투신한 굴원의 시신이 물고기에 의해 훼손되는 것을 막으려던 백성들이 배를 타고 물고기를 유인하는 음식을 던지고, 노로 물을 두드린 데서 용선 축제가 시작되었는데, 그것이 스포츠로 발전했다고 설명하고 있다.

정말 그럴까? 백과사전은 중국 쪽 자료를 베낀 것으로 보인다. 고증 불가능한 굴원기원설은 전설에 기초하여 '만들어진' 전통이다. 배를 용머리로 장식하는 것은 용이 수신水神이기 때문이고, 용두는 수신의 보우를 받고자 하는 뱃사람들의 보편적 마음의 표현일 뿐이다. 아시안 게임을 한 나라가 독점할 수 없듯이 용의 신화와 상징은 한 민족, 한 개인이 독점할 수 없는 것이다.[21]

---

21) 이 글을 쓰는 과정에서 정재서·김선자·우실하·홍윤희·이유진 등의 논문을 참조했다.

늑대의 후예와
늑대정신

2004년 중국 작가 장룽[姜戎]이 『늑대토템狼圖騰』을 출간한다. 문화혁명기에 내몽골 올론 초원으로 하방下放되어 11년 동안 유목생활을 했던 체험을 바탕으로 쓴 소설이다. 이 소설은 중국에서 1800만 부 이상이 팔릴 정도로 엄청난 반향을 불러일으킨다. 동시에 소설이 제기한 '늑대토템론'에 대한 논란도 불러일으켰다. 늑대 대 양, 유목 대 농경, 강인 대 유약의 이원론을 바탕으로, 소설은 중국에 부족한 '늑대정신'으로 국민성을 개조하자는 강렬한 복음을 담고 있었기 때문이다.

중화민족의 성격에서 양의 성격이 늑대의 성격보다 아주 우세하면 이민족의 침입을 받아 국토를 빼앗기고 유린당했다. 늑대의 성격이 양의 성격보다 아주 우세하면 중화민족은 전제와 폭정에 처했고, 군벌 간의 끊임없는 전란에 시달렸다. 그런데 늑대의 성격과 양의 성격이 대체로 균형을 이루는 가운데 늑대의 성격이 양의 성격보다 약간 우세할 경우 영토가 넓어지고 국가가 부강하여 국민이 경제적 번영을 누렸다.

그는 주나라 이래 중국의 역사를 두 힘의 강약에 따른 성쇠로 파악한다. 이런 해석이 역사적 실상에 부합하는지 의문이지만, 늑대정신을 회복해야 중화민족이 번영하리라는 메시지만은 아주 선명하다.

그런데 장룽의 메시지는 여러모로 착잡하다. 늑대정신을, 몽골인들의 유목적 강인함이나 생태적 조화의 표현으로 사용한다면 그럴 수 있다. 그러나 소설의 제목이 표방한 대로 늑대토템이라고 한다면 사정이 달라진다. 토템은 특정 종족과 혈통적 관계를 맺고 있는 것으로 인식되는 종족 표지이고, 늑대는 중원 한족의 처지에서 보면 만리장성 밖에 있는 오랑캐의 토템이기 때문이다. 그것만이 아니다. 장룽의 주장대로 늑대정신이 중화민족의 내재적 자질이라고 한다면 그 주장에는 이미 '폭력'이 내재한다. 몽골을 포함한 중앙아시아 유목문화까지 중화라고 말하는 것이나 마찬가지기 때문이다.

늑대를 시조로 숭배한
튀르크계 유목민족

사실 장룽의 적극적 수용 태도와 달리 늑대기원설은 북방의 오랑캐를 배제하기 위해 역사서에 등록된 이야기였다. 『사기史記』 〈대완열전大宛列

傳〉에는 이런 전언이 실려 있다.

신이 흉노 땅에 있을 때 들은 바로는 오손烏孫 왕은 이름이 곤막昆莫입니다.
곤막의 아비 난두미는 본래 대월씨와 함께 기련과 돈황 사이에 살았던 작
은 나라의 왕이었습니다. 대월씨가 습격하여 난두미를 죽이고 그 땅을 빼
앗자 백성들이 흉노로 도망갔습니다. 아들 곤막이 막 태어나자 스승 포취
령후가 안고 도망가다가 풀 속에 누이고는 식량을 구하러 갔습니다. 돌아
와 보니 늑대가 젖을 물리고 있었고, 까마귀가 고기를 물고 곁에 날아왔습
니다. 그는 이를 신령스레 여겨 데리고 흉노한테 갔더니 흉노 왕이 곤막을
애지중지 길렀습니다.

흉노 견제를 위한 외교 임무로 중앙아시아 대완국까지 갔던 장건이
한나라 무제한테 전한 말이다. 그는 중간에 흉노에게 두 번이나 잡혀
억류되었다가 장장 13년 만에 귀국한 참이다. 그가 전한 이야기는 실은
오손왕 곤막의 탄생신화다. 늑대가 낳은 것은 아니지만, 잠깐이나마 늑
대와 까마귀의 양육을 받은 영웅적 인물이 곤막이었다는 이야기다. 시
르다리야 강 상류에 거류했던 튀르크계 유목민족 오손이 늑대나 까마
귀와 문화적으로 가까웠다는 단서가 이 이야기 안에 숨어 있다. 이 단
서를 〈고차전高車傳〉(『위서魏書』)이나 〈돌궐전突厥傳〉(『주서周書』)과 연결해보
면 숨은 그림이 더 선명하게 드러난다.

흉노의 선우에게 두 딸이 있었다. 자태가 빼어나 흉노인들이 신으로 여길

정도였다. 선우는 이렇게 말하곤 했다. "딸들을 어찌 사람한테 시집보내겠는가? 장차 천신에게 바칠 것이다." 그는 천신이 맞으러 올 것이라면서 나라 북쪽 무인지대에 높은 대를 쌓고 두 딸을 살게 한다.

그러나 3년이 지나도록 아무 일도 일어나지 않았다. 참다못한 모친이 딸들을 데리러 가려고 하자 선우는 아직 때가 아니라고 말린다. 다시 1년이 지났을 때 늙은 늑대 한 마리가 나타났다. 늑대는 곁에서 주야로 짖어대면서 누대 밑을 파헤쳐 굴을 만들고는 떠나지 않았다.

작은딸이 말했다. "천신한테 시집보내려고 아버지가 우릴 이곳에 머물게 한 거잖아. 저 늑대는 하늘이 보낸 천신일지도 몰라." 동생이 내려가려고 하자 언니는 깜짝 놀라 말린다. "저건 짐승이야, 부모님을 욕보이는 짓이야." 하지만 동생은 듣지 않고 내려가 늑대의 아내가 된다. 뒤에 아들을 낳았고 훗날 그들이 번성하여 나라를 세웠다. 그래서 그 나라 사람들은 늑대가 짖는 것처럼 소리를 길게 끌면서 노래하기를 즐긴다.

〈고차전〉에 실려 있는 고차족의 기원신화다. 선우는 흉노족이 족장을 높여 부르는 말이다. 흉노 족장의 작은딸과 늑대가 결혼해서 고차족이 탄생했다고 하니 모계를 흉노에 두고 있는 신화다.

실제 고차족은 위진남북조 시기 존재했던 튀르크계 민족으로 흉노와 관계가 깊다. 강력한 세력을 이루었던 모돈선우 때(B.C.209~B.C.174) 정복당했던 정령족丁零族의 포로들이 흉노의 노예가 된다. 그런데 1세기 중엽 흉노 세력이 약해지자 노예들이 반란을 일으킨다. 이들은 오늘날 깐쑤[甘肅]성 하서주랑河西走廊 일대에 자리 잡은 뒤 흉노와 여러 차례 전쟁

이탈리아 로마 카피톨리니박물관이 소장한 늑대상.

을 벌이면서 점차 강대한 세력을 형성해간다. 이 정령족이 바로 남북조
시대에 고차 또는 철륵이라고 불린 종족이다. 흉노의 노예로 있다가 독
립하여 새로운 세력을 이뤄 나라까지 세운 내력이 이 기원신화에 함축
되어 있는 셈이다.

한데 재미있는 것은 고차족이 부계를 늑대에 두었다는 사실이다. 그
것도 보통 늑대가 아니라 천신이 보낸 늑대. 그러니까 늑대는 천신의
현현이라고 볼 수도 있는 것이다. 일찍이 종교학자 미르치아 엘리아데
는 천신이 가장 오래된 원시 튀르크 층위에 속한다고 말한 바 있다. 고
차족 기원신화는 늑대가 젖을 먹였다는 오손 신화에서 더 나아가 천신
의 화신인 늑대가 아버지였다고 이야기한다. 천신관념과 동물조상[獸祖]

신 관념을 결합하여 종족의 신성성을 표현하고 있는 것이다.

오손이나 고차보다 역사상 늦게 출현한 민족이 돌궐이다. 돌궐은 6세기 중엽 흥기하여 7세기 중엽에 이르면 강력한 초원의 제국을 건설한다. 오늘날 중앙아시아의 여러 민족들을 튀르크계로 묶는 것도 돌궐 제국 덕분이다. 그래서인지 〈돌궐전〉에 담겨 있는 돌궐 아사나씨 기원 신화는 오손이나 고차의 신화를 종합한 것처럼 읽힌다.

돌궐은 흉노의 별종으로 성은 아사나, 따로 부락을 이루고 산다. 훗날 이웃나라의 침략을 받아 나라가 멸망하고 족속이 모두 죽었다. 당시 나이가 열 살 된 아이가 하나 있었다. 병사들이 아이가 어려서 차마 죽이지 못하고 발을 자른 뒤에 풀이 무성한 늪에다 버렸는데 암컷 늑대가 고기를 가져다가 먹였다. 아이는 자라서 늑대와 교합했고 늑대는 임신한다. 적국의 왕이 아이가 아직 살아 있다는 소문을 듣고는 죽이라고 다시 사람을 보냈다. 사자가 보니 곁에 늑대가 있는지라 죽이려고 하자 고창국 북쪽 산으로 도망을 갔다.

산에는 동굴이 있었다. 안으로 들어가면 평지가 있고 풀이 우거졌으며 면적은 수백 리나 되었는데 사방이 다 산으로 둘러싸여 있었다. 늑대는 그 안에 숨어서 아들을 열 명이나 낳았다. 이들이 자라서 다시 아내를 맞이하여 아이들을 낳았다. 훗날 이들이 각각 성을 가지게 되었는데 아사나씨도 그 가운데 하나다. 자손이 번성하여 수백 가구에 이르렀고 몇 대가 지난 뒤에는 동굴을 나와 여여茹茹의 신하가 되었다. 이들은 금산 남쪽에 살면서 여여를 위해 철을 다루었다. 금산은 모양이 투구처럼 생겼는데 투구의 속칭이 돌궐이다. 그래서 돌궐이 그들의 이름이 되었다.

이 돌궐의 기원신화는 평량平凉에 거주하던 돌궐족이, 5세기 중엽 흉노가 세운 북량(北凉, 397~439)을 북위(北魏, 386~534)가 멸망시키자 고창高昌(현재 중국 신장 위구르자치구 투르판) 북산北山으로 이주했다가, 다시 금산金山, 곧 알타이산 남쪽 기슭으로 이동하여 유연柔然, 곧 여여의 신하가 되어 대대로 단노鍛奴 노릇을 했던 사정을 반영하고 있다. 여여는 튀르크계가 아니라 퉁구스계 종족의 나라였다.

이 신화에는 발이 잘려 죽을 지경에 이른 사내아이를 양육하는 암늑대가 등장한다. 늑대는 오손 신화처럼 양육할 뿐 아니라 고차 신화처럼 결혼까지 하여 아사나씨의 시조모가 된다. 실제로 아사나씨는 낭두독狼頭纛을 족장의 거처 앞에 세웠다고 한다. 낭두독은 '늑대머리 깃발'을 말한다. 이런 관습은 늑대가 이들 집단의 상징동물이었다는 사실을 잘 알려준다.

중화민족이 '융적의 표상'을
흡수하자?

그런데 늑대신화를 찾아보면 양육하고 결혼하여 시조모가 되는 늑대만 있는 것은 아니다. 오구즈칸Ohguz Khan이라는 튀르크의 신화적 영웅이 있는데, 그의 업적을 노래하는 서사시에도 늑대가 등장한다. 오구즈칸이 영토 확장을 위해 전쟁에 나설 때 그를 인도했던 존재가 늑대다. 어느 날 아침, 장막 안으로 빛이 들어왔는데 빛 속에서 잿빛 갈기와 털을 지닌 수컷 늑대가 나타나 앞길을 인도한다.

우랄산맥 남쪽에 거주하는 바쉬쿠르트족은 종족 이름 안에 늑대가 들어와 있다. 바쉬가 '머리', 쿠르트가 '늑대'라는 뜻이기 때문이다. 이들이 구전하는 신화를 보면 그럴 만하다. 본래 바쉬쿠르트족은 카자흐족이나 키르기스족 등과 섞여 살았는데 어느 날 족장이 사냥을 나갔다가 늑대를 만났다는 것. 늑대를 따라가다 보니 마치 천국과 같은 숲과 강이 있는 큰 산에 이른다. 신의 인도라 믿고 돌아온 족장은 자신의 종족을 거느리고 늑대가 인도했던 땅으로 이주했다는 것이다.

구전서사시의 기록으로 추정되는 13세기 『몽골비사』는 몽골의 기원 신화로부터 시작한다. 하늘이 점지한 잿빛 푸른 늑대(부르테 치노)와 흰 암사슴(코아이 마랄)이 텡기스 바다를 건너와 부르칸 칼둔에 자리 잡으면서 바타치칸을 낳았다는 것이다. 칭기즈칸은 물론 바타치칸의 후예다. 몽골은 튀르크계 민족은 아니지만 튀르크와 혈통적으로 섞이고 문화적으로 영향을 받았다. 그 결과가 잿빛 푸른 늑대다. 몽골인들에게도 늑대는 천신 텡그리의 사자이고 민족의 인도자였다.

오손·고차·돌궐은 모두 중국 역사서에 흔적을 남긴 튀르크 계통의 민족들이다. 이들은 모두 늑대라는 공통의 동물조상을 지닌 종족들이다. 중국의 역사서들이 융적戎狄으로 통칭했던 유목민들이다. 우리가 아는 대로 초기 중국에는 거주 지역에 따라 동이東夷·서융西戎·남만南蠻·북적北狄이라는 이방인 개념이 있었다. 그런데 프린스턴대학교 동아시아역사학부 석좌교수인 니콜라 디 코스모는 여기에 또 다른 구조를 추가한다. '만'과 '이'는 연합하거나 동화할 수 있는 이방인의 범주에 넣는 반면 '융'과 '적'은 국외자 또는 동화할 수 없는 적대자로 묶는 구조다. 늑대는 바로 융적의 표상이었다. 한데 중화민족의 늑대정신이라니! 아무리 소설이라고 해도 상상력이 과하다.

2009년 창설된 튀르크계 언어 사용국 협력위원회Turkic council라는 모임이 있다. 현재는 터키·키르기스공화국·카자흐스탄·아제르바이잔이 회원국인데 헝가리·우즈베키스탄·투르크메니스탄도 가입의사를 보인다고 한다. 이들은 경제협력과 문화발전을 위한 교류 등 일반적인 미션을 내세우고 있지만 곱지 않은 시선도 있다. 위원회를 주도하는 터키가 중앙아시아에 대한 영향력을 확대하기 위해 튀르크 정체성을 이용하고 있다는 비판이 그것이다. 터키가 위대했던 오스만튀르크제국(1299~1922)이나 최초의 튀르크 국가인 돌궐제국(6~8c)의 기억을 소환하여 중앙아시아의 여러 민족국가를 하나로 묶으려 한다고 보는 것이다.

튀르크계 민족들에게나 그들을 동화할 수 없는 적대자로 보았던 중국에게나 여전히 신화와 정체성이 문제가 되고 있는 셈이다. 신화는 재미난 옛날이야기로 그치는 것이 아니라 집단의 동일성을 주조하는 이데올로기적 언어이기 때문이다.

'지진의 나라'와
천황신화 만들기

2018년 7월 초에 도쿄 문학관 답사를 다녀왔다. 저물녘 와세다대학교 앞에서 저녁을 먹다가 지진을 겪었다. 집이 흔들리자 작은 이자카야 주인은 후다닥 문을 열어놓고 불안한 표정으로 서성였다. 당황한 일행들이 '어어' 하는 사이 흔들흔들하던 지진은 잦아들었다. 진앙은 도쿄 인근 바다, 진도 6.0이었다. 걱정하며 떠난 답사 여행지에서 지진국의 실체를 생생하게 체험했다.

그날 낮 와세다대학교 지하철역을 나와 제일 먼저 만난 것은 보살상이었다. 길모퉁이에 낙마지장존落馬地藏尊을 모신 작은 성소가 있었다. 에도 막부의 3대 쇼군이 이곳을 지나가다가 말이 화들짝 놀라 떨어졌는데 이상해서 살펴보았더니 흙다리 밑에서 이 보살상이 나와 두려워서 모셨다고 한다. 가까운 곳에는 동지 마쓰리(축제)와 부적으로 유명한

일본 나라현 가시하라시에 있는 가시하라 신궁.

아나하치만궁[穴八幡宮]이라는 신사도 있었다. 8대 쇼군 도쿠가와 요시무네를 모신 신사다. 바로 옆에는 방생사라는 절도 있다. 일본은 800만 신들의 나라다. 문득 이런 물음이 떠올랐다. 신들의 나라는 지진의 나라와 무관할까?

이자나기의 왼쪽 눈에서
아마테라스가 탄생하다

800만 신국神國의 중심에 천황가의 조상신 아마테라스 오미카미가 있다. 그런데『고사기』와『일본서기』에 형상화되어 있는 아마테라스의 모습에는 이상한 데가 한두 군데가 아니다. 신화적 역사서라 할 만한『고사기』를 보면 태양신 아마테라스가 탄생하기 전에 여러 신들이 출현한다. 천지가 생성된 뒤 아메노미나카누시노카미[天地御中主神]를 비롯한 천신 다섯이 출현했고, 신세칠대神世七代라고 하는 열두 신이 출현한다. 이 신세칠대 가운데 마지막에 출현한 남녀신, 이자나기노카미[伊耶那岐神]와 이자나미노카미[伊耶那美神]가 가장 중요한 역할을 한다. 이들이 결혼하여 많은 섬을 낳고 국토를 낳고 신들을 낳는다.

한데 여신 이자나미는 불의 신을 낳다가 음부에 화상을 입어 죽음에 이른다. 죽음에 이르는 과정은 『고사기』에는 없고 『일본서기』에만 보인다. 이자나미는 죽었기 때문에 황천국, 곧 저승으로 갔고 이자나기는 아내를 데려오고 싶어 그곳으로 간다. 그러나 아내는 이미 저승의 밥을 먹은 존재, 돌아갈 수 있는지 저승신과 상의하겠다고 들어가면서 금기를 준다. "안에 있는 동안 절대로 내 모습을 보아서는 안 됩니다." 금기는 위반을 위해 존재하는 법. 기다림에 지친 이자나기는 왼쪽 머리에 꽂았던 빗의 굵은 살 하나를 떼어 불을 붙여 안을 들여다본다. 아뿔싸, 거기에는 구더기가 들끓는 아내의 시신이 있었다!

이자나기는 두려워 도망쳤고, 이자나미는 '욕을 보였다'며 그를 추격한다. 황천국의 귀녀鬼女·뇌신雷神·군사들로 하여금 쫓게 하다가 마지막엔 직접 쫓는다. 그러자 이자나기는 거대한 천인석千引石을 이승과 저승의 경계에 세워 가로막는다. 이 천인석을 사이에 두고 부부신은 서로 고별사를 주고받는다.

이자나미: 사랑하는 나의 남편이여, 이와 같이 하시면 당신 나라 사람을

하루에 1000명씩 교살할 것입니다.

이자나기: 사랑하는 나의 아내여, 당신이 정녕 그렇게 한다면 나는 하루에 1500개의 산실産室을 세우겠소.

『고사기』는 이렇게 해서 하루에 1000명이 죽고 1500명이 태어나는 생사의 규례가 설립되었다고 설명한다. 인구절벽의 시대에는 무의미한 규례가 되겠지만. 어쨌든 기기신화는 이 태초의 사건에 의해 이승과 저승의 세계가 분리되었다고 이야기하고 있다.

황천국에서 귀환한 이자나기는 부정한 나라에 다녀왔으므로 몸을 깨끗이 씻어야 한다고 말한다. 이른바 목욕재계인데 이를 『고사기』에서는 '미소기[禊祓]'라고 했다. 그런데 이 미소기 과정에서 벗어던진 지팡이·허리띠·모자·저고리·바지·팔찌 등등으로부터 온갖 신들이 생겨난다. 옷을 벗고 몸을 씻는 과정에서도 10명의 신이 출현한다. 우리가 고대하는 아마테라스는 바로 이 과정에서 탄생했다.

남신이 왼쪽 눈을 씻었을 때 태어난 신의 이름은 아마테라스 오미카미, 다음에 오른쪽 눈을 씻었을 때 생겨난 신의 이름은 쓰쿠요미노미코토[月讀命], 다음에 코를 씻었을 때 태어난 신의 이름은 다케하야스사노오노미코토[建速須佐之男命]이다.

이 세 명의 신을 『고사기』는 '삼귀자'라고 했다. 이자나기는 셋 가운데 아마테라스에게 자신의 목걸이를 주면서 다카마노하라[高天原]을 다

동굴에서 나오는 태양신 아마테라스. 슌사이 도시마사 그림

스리라고 명한다. 쓰쿠요미에게는 요루노오스쿠니[夜之食國]를, 다케하야스사노오노미코토(이하 '스사노오'로 약칭)에게는 우나하라[海原]의 통치를 위임한다. 다카마노하라는 천상의 세계이고 요루노오스쿠니는 밤의 세계다. 아마테라스는 천상의 세계를 다스리는 해신이고, 쓰쿠요미는 밤의 세계를 다스리는 달신인 셈이다. 스사노오가 위임받은 우나하라는 바다의 세계인데『일본서기』에는 그것이 '천하'로 변형되어 있다. 스사노오가 위임받은 나라는 다스리지 않고 울고만 있어 산이 메마르고 강과 바다가 말라버릴 정도였다는 뒷이야기를 참조하면 스사노오가 위임받은 나라는 아마테라스의 천상과 짝을 이루는 '지상세계'일 것이다.

3세기에 오吳나라의 서정이 쓴『오운력년기五運歷年記』에 실려 있는 반고 신화에 따르면 창세신 반고가 죽자 그의 사체가 세계를 구성하는데

신화의 언어

왼쪽 눈이 해가 되고 오른쪽 눈이 달이 된다. 기기신화가 기술하고 있는 아마테라스와 이자나기의 왼쪽 눈의 관계는 반고신화와 무관치 않다는 것이 기기 연구자들의 일반적인 견해다. 덴무천황[天武, 678~686]의 명을 받아 『고사기』를 편찬한 오노 야스마로[太安萬侶]가 서문에서 이자나기와 이자나미가 만물을 생성하는 과정을 '음양론'에 따라 설명하고 있다는 사실이 적실한 좌증의 하나일 것이다.

아마테라스가
천황의 조상이 된 까닭

그렇다면 양陽, 즉 이승에 속하는 이자나기의 좌안의 산물인 아마테라스는 어떻게 천황가의 조상신이 되었을까? 이 의문을 해소하려면 먼저 1대 천황인 진무[神武]와 태양신 아마테라스의 관계를 따져야 한다.

『고사기』에 따르면 아마테라스는, 환웅이 그러했듯이, 지상의 아시하라노나카쓰쿠니[葦原中國]에 관심이 많았다. 여러 차례 사자를 보내 국토 헌상을 종용하지만 실패한다. 마침내 스사노오의 후예인 오쿠니누시[大國主神]를 설득하여 땅을 양도받는다. 오쿠니누시는 천황의 궁전처럼 좋은 신전을 만들어달라는 조건만 내걸고 저승으로 숨는다. 이 신전이 음력 10월이면 전국의 신들이 모여든다는 신들의 고향 이즈모대사[出雲大寺]다.

오쿠니누시로부터 양도받은 땅 아시하라노나카쓰쿠니에 아마테라스의 손자 니니기노미코토[邇邇藝命]가 내려와 지배자가 된다. 이른바 천손

강림신화다. 한데 천손강림의 과정이 단군신화나 주몽신화에 비해 꽤나 복잡하다. 니니기노미코토는 지상에 강림할 때 5부의 수장들을 거느리고 내려온다. 5부에 대해서는 여러 해석이 있지만 오카 마사오[岡正雄]처럼 기마민족정복설을 수용하는 학자들은 고구려나 백제의 5부 조직과 관계가 있다고 본다.

하지만 우리에게 더 흥미로운 것은 니니기노미코토가 강림할 때 휴대한 기물이 아닐까? 그는 왕권을 상징하는 구슬·거울·칼, 일본의 국학자 모토오리 노리나가[本居宣長, 1730~1801]가 '3종의 신기神器'라고 호명한 기물을 가지고 온다. 구슬과 거울은 아마테라스가 남동생 스사노오의 행패를 피해 석굴에 숨어 다카마노하라[高天原]와 아시하라노나카쓰쿠니[葦原中國], 곧 천상과 지상이 모두 어두워졌을 때 아마테라스를 동굴 밖으로 나오게 할 때 사용했던 신물이다. 구사나기노쓰루기[草那藝劍]라는 칼은 스사노오가 천상계로부터 추방되어 이즈모쿠니에 내려갔을 때 인신공희를 받는 뱀 야마타노오로치를 죽이고 그 몸속에서 얻은 것이다. 스사노오는 이 칼을 아마테라스에게 바친다. 그러므로 삼종신기는 하늘로부터 위임받은 지상의 지배권을 상징하는 물건들인 셈이다. 환웅이 태백산에 강림할 때 휴대했던 천부인 세 개와 상징적으로 동일하다.

천손 니니기노미코토는 구름을 헤치고, 이자나기와 이자나미가 창으로 바다를 저어 섬을 창조하던 천부교天浮橋에서 쓰쿠시[竺紫] 지역 휴가[日向]의 다카치호[高千穗] 봉우리로 내려온다. 이 산은 현재 규슈 미야자키현에 있다. 가고시마현에도 같은 지명이 있어서 논란이 있지만 모두 규슈에 있다. 니니기노미코토는 '이곳이 가라쿠니[韓國]을 바라보고 있고, 아침 해와 저녁 해가 비치는 길지'라고 하면서 궁궐을 짓고, 지기[千木, 지붕 위에 X자로 교차시킨 긴 목재]를 높이 올리고 자리를 잡는다. 진무천황은 바로 이 니니기노미코토의 직계다. 아마테라스로부터 따지면 진무는 6대손이다. 고려건국신화의 왕건이 백두산에서 내려온 성골장군 호경의 6대손인 것처럼.

니니기노미코토가 복잡한 강림 과정을 거친 것은 덴무천황의 '신화 만들기' 프로젝트의 결과다. 그는 '임신의 난(壬申亂, 672)'을 통해 조카를 죽이고 황위를 계승한 뒤 여러 씨족 신화들을 통합, 재편성하여 왕권의 정통성을 확립하려고 했다. 물론 살아 있는 동안 기기신화의 완성을 보지는 못했지만, 기기신화는 그의 정치적 의도를 충실히 반영하고 있다. 간단히 정리하자면 일본 신화학자들이 동의하는 바 이른바 '원일본신화'가 있었다는 것. 다카마노하라계, 이즈모계, 휴가계 신화가 그것들이다. 종교학자 무라카미 시게요시[村上重良]는 이를 '아마테라스의 동생 스사노오가, 다카마노하라에서 추방당해 나카쓰쿠니에 내려와 국토를 열고, 그 자손인 오쿠니누시가 황손에 복속한다는 정치신화를 만듦으로써 야마토[大和] 조정의 전국 지배를 종교적으로 근거 지웠다'고 한 문장으로 정리한 바 있다. 본래 한 씨족의 조상신에 불과했던 아마테라스가 신화와 의례의 재편 과정을 거쳐 일본 전역의 최고신으로 상승했다는 말이다. 이 과정에서 덴무의 기획을 실행에 옮긴 오노 야스마로는 덴무천황의 이미지가 투사된 가상의 천황을 창안하기에 이른다. 그가 바로 아마테라스의 6대손, 제1대 진무천황이다.

전륜성왕, 신칙, 욱일기로 반복되는
'천황신화 만들기'

'천황신화 만들기'는 이후에도 지속적으로 반복된다. 불교 전래 이후 13세기에 이르면 아마테라스는 부처와 동일시된다. 밀교의 본존불이 대일여래大日如來, Mahāvairocana인데, 태양신 아마테라스는 대일여래와 일체가 되고, 천손인 천황은 대일여래의 화신으로 재해석된다. 법흥왕을 비롯한 신라의 왕들이 전륜성왕으로 불렸듯이 천황 또한 전륜성왕과 동일시된다. 15세기 요시다 신토[神道]는 한 걸음 더 나아가 신국神國의 도가 신토인데 아마테라스는 신국의 태조太祖라고 선언한다. 이렇게 되면 불교, 또는 부처는 신토라는 씨앗이 꽃과 열매로 인도에서 나타난 것에 불과하다.

나아가 근대에 이르면 천손강림신화는 근대 천황제 국가의 신화로 재탄생한다. 『일본서기』가 기술하고 있는 바, 아마테라스가 황손에게 내렸다는 신칙神勅, 곧 '천손의 황위는 천지와 더불어 무궁하리라'는 말씀이 실린 메이지 36년(1903)의 국정역사교과서가 그 물증이다. 제국 일본의 육군기인 욱일기는 동굴을 나서는 아마테라스의 형상을 이미지화한 것이 아니던가. 아마테라스는 제국의 상징으로 비화한다. 진무천황의 즉위일로 설정한 2월 11을 건국기념일로 지정한 것도 같은 맥락이다.

춘원 이광수도 수학한 적이 있는 와세다대학교 앞 아나하치만궁 안으로 들어가면 진무천황요배소神武天皇遙拜所라는 돌비석이 서 있다. '멀리서 진무천황께 절하는 장소'라는 뜻이겠는데 진무를 모신 나라현의 가시하라신궁[橿原神宮]을 향해 절하는 곳이라 짐작했다. 고대의 신화든 중세·근대의 신화든 천황의 신화는 일본인들의 생활 곳곳에 스며들어 있는 것 같다.

지진을 체험한 밤, 천황의 신화를 만든 것은 권력욕이겠지만 그 신화를 유지시켜주는 힘은 지진에서 오는 것이 아닐까 하는 생각이 들었다. 무시로 발생하는 자연재해가 주는 집단적 불안의식 말이다. 에도 시대에 유행했던 '나마즈에(메기그림)'도 그 일단이다. 지진을 일으킨다는 신화적 메기를 어떻게든 막으려고 애쓰는 서민들의 다양한 모습 뒤에 숨어 있는 것이 바로 불안의식 아니겠는가? 일본의 진보적 지식인들은 천황제를 비판하지만 800만 신과 신사가 없다면, 신사의 중심에 있는 천황과 그 신화가 없다면 저들은 지진의 나라에서 버틸 수 있을까? 이런 화두를 들고 돌아온 도쿄 기행이었다.

백두혈통과
백두산신화

1996년 1월 어느 날, '백두산밀영'을 보았다. 당시 한국학을 강의하고 있던 베이징 외국어대학교의 학과장이 나눠준 새해 북한달력에 그 사진이 있었다. 정일봉 아래 통나무집, 북한의 2대 수령 김정일이 '탄생'했다는 성지聖地에 '성지순례'를 온 학생들이 예를 표하는 사진이었던 것으로 기억한다. 그때 물음표가 일어났다. 수령은 왜 백두산에서 태어나야 했을까?

후에 옌볜 대학교 도서관에서 북한에서 출판된 책을 살필 기회가 있었다. 그때 우연히 만난 『백두산전설집』(김우경 정리, 문예출판사, 1987)을 통해 북한사회에서 백두산이 어떤 의미를 지닌 공간인지 가늠할 수 있었다. '전설집'을 열면 첫머리에 〈백두산의 장군별〉이라는 작품이 실려 있다. 한반도와 만주를 점령하고 중국 대륙까지 넘보던 일본 천황이 '장군별'을 보고 정신줄을 놓았다는 이야기다.

2세 세습과
백두혈통 만들기

사건은, 후지산에 별이 떴다고 생각했는데 사실은 백두산에 뜬 것이라는 궁내부 대신의 보고로부터 시작된다. 백두산에 별이 뜬 것이 무슨 대수냐고 천황이 반문하자 대신은 이렇게 아뢴다.

> 예로부터 조선사람들은 백두산을 하늘의 령을 받은 성산으로, 조선의 생기가 일어번지는 근원이라고 하였습니다. 자세히 살펴보면 조선땅의 지맥은 모두 백두산에 뿌리를 두고 조선의 산들은 모두 백두산을 우러러 솟아있습니다. (…) 이렇듯 백두산은 조종의 산일 뿐 아니라 조선의 신성한 정기가 이는 성산임에 틀림이 없습니다. 이 성산에 보통별이 아니라 장군별이 떴은즉 그것은 장차 조선을 구원할 성인이 내렸다는 뜻인데 이는 실로 우리 대일본제국의 앞길에 짙은 그늘을 던져주는것이옵니다.(띄어쓰기·맞춤법은 원문대로 표기)

보고에 이어 번개가 쳐 궁성 기와가 날아가고 유리창이 깨지는 이변이 일자 놀란 천황은 장군별의 내막을 탐문하려 천문학자를 파견한다. 지리산 자락에서 이야기판을 기웃대던 천문학자는 '조국해방의 기치를 든 김일성장군별'이라는 민심을 듣고는 깜짝 놀라 돌아가 보고한다.

그러나 천황은 화를 내며 학자의 목을 자른 뒤 후지산의 중을 다시 보낸다. 중은 이번에는 태백산 아래서 같은 여론을 수집, 보고했다가 죽음에 이른다. 마지막으로 천황은 자신의 근위장교를 파견한다. 백두산까지 올라가 신비한 별을 확인한 근위대장이 "백두산의 장군별은 우리 일본의 힘만으로는 도저히 어쩔 수 없는 것"이라고 아뢰자 천황은 '당장 목을 베라'고 소리 지르고는 그 자리에 주저앉고 말았다는 이야기다.

이 전설집에 이어 출간된 『날개돋친 흰말』(김우경 정리, 문예출판사, 1992)에도 〈백두산 대장수〉라는 비슷한 작품이 맨 첫머리에 실려 있다. 용마를 탄 큰 장수가 백두산에 내려왔다는 소문을 들은 박오득이라는 젊은이가 백두산 대장수를 찾아가 무술과 도술을 배운다. 강제로 땅을 빼앗은 '왜놈들'한테 복수할 일념으로. 이를 알게 된 왜인들이 경찰과 군대를 총동원하여 백두산을 공격했지만 박오득과 대장수의 반격에 몰살당한다. "그리하여 왜놈들은 김일성장군님의 이름만 들어도 사시나무 떨듯 벌벌 떨면서 다시는 백두산으로 기여오를 엄두를 내지 못하였다고 한다."

두 전설집은 신출귀몰한 백두산대장수를 칭송하는 이야기로 가득 채워져 있다. 『백두산전설집』의 머리말에 따르면 이 전설들은 『불멸의 력사』 총서를 집필하는 과정에서 4·15창작단이 수집한 자료 가운데 따로 묶은 것이라고 한다. "누가 의식적으로 조직화함이 없이 자연군중들 속에서 위대한 장군님에 대한 전설들이 수없이 창조"된 것이라고 했다. 하지만 선뜻 수긍하기 어렵다. 채록된 전설들을 정리하면서 작가들이

다시 쓴 '창작 전설'로 보이기 때문이다. 영웅 신화나 장수 전설 등 구전되던 신화적 영웅담을 재료로 삼아 '백두산대장수', 곧 북한의 초대 수령을 반일무장투쟁의 신성한 영웅으로 미화한 창작품들인 것이다.

머리말에서 거론한 『불멸의 력사』 총서는 1972년에 첫 권이 나온 장편소설연작이다. 모두 김일성의 '항일혁명투쟁'과, 해방 후의 '현지지도'를 형상화하고 있다. 그런데 이 작업을 진두지휘한 인물이 바로 2대 수령 김정일이다. 그렇다면 총서의 여적餘滴으로 정리되었다는 '백두산 전설'들도 총서와 같은 취지를 가지고 있었을 것이다. 수령 승계를 준비하고 있던 김정일은 초대 수령의 신성화를 통해 혁명투쟁의 성지인 백두산 밀영에서 탄생한 자신의 정통성을 확인하고자 했으리라. 1994년 2대 수령의 등장 이후 쓰이기 시작한 '백두혈통'이라는 왕조적 개념은 이 스토리텔링의 과정에서 '자연스럽게' 형성된 것으로 보인다.

고려와 청나라의
백두혈통 만들기

그런데 우리가 유념해야 할 대목은 '백두혈통 만들기'가 이때 처음 시작된 사업은 아니었다는 사실이다. 1163~4년경에 고려의 김관의는 『편년통록編年通錄』이라는 문건을 제작한다. 목표는 고려 왕실의 신성화였다. 이를 위해 김관의가 기획한 것이 일종의 '백두혈통 만들기'였다. 그는 여러 귀족 집안에 전해져 내려오던 문서를 모아 고려의 건국자 왕건의 조상신화를 편집하는데, 그 선두에 6대조 호경虎景이 있다.

호경이라는 사람이 있어 스스로를 성골장군聖骨將軍이라 불렀다. 백두산으로부터 두루 유람하다가 부소산扶蘇山의 왼쪽 골짜기에 이르러 장가들고 살림을 차렸는데 부유했으나 자식이 없었다.

이렇게 시작되는 호경 신화는 평나산으로 사냥을 나갔다가 동네사람들과 굴에 유숙했는데 범의 선택에 의해 혼자만 살아남은 사건으로 이어진다. 관冠을 던지는 제비뽑기를 했는데 범이 호경의 관을 물어 굴 밖으로 나갔더니 굴이 함몰되어 홀로 살아남았다는 사건! 그리고 산신제 때 다시 나타난 여산신(범)의 요청에 따라 부부가 되어 신정神政을 폈다는 다음 사건으로 6대조의 이야기는 마무리된다.

한데 호경 이야기에서 중요한 대목은 호경이 구룡산 대왕신이 되었다는 것이 아니라 그가 백두산에서 출발하여 부소산으로 내려왔다는 진술이다. 성골장군이라면 신라 왕족이고, 그 정도 혈통이면 새로운 왕가의 조상이 될 만한데 왜 백두산까지 오른 것일까?

답은 백두산과 부소산의 관계에 있다. 부소산은 송악산(호경의 아들 강충이 풍수가의 말에 따라 고친 이름)의 별명으로 고려의 수도 개경의 진산鎭山이다. 호경의 행보는 개경의 진산을 백두산과 연결시키려는 상징적 여정이었다. 그리고 이 상징적 여정을 그려낸 붓은 당시 유행하던 '풍수지리설'이었다.

풍수지리설에 따르면 백두산은 한반도 풍수 용맥龍脈의 조산祖山이다. "삼국을 통일한 후 처음으로 고려도高麗圖가 생겼으나 누구의 손으로부터 나온 것인지는 알 수가 없다. 그 산을 보면 백두白頭에서 시작하여 구불구불 내려오다가 철령에 이르러 돌기하여 풍악이 되었다. 겹겹이 겹쳐 태백산, 소백산, 죽령, 계립, 삼하령, 추양산이 되었다"는『동문선東文選』(1478)의 기록에 따르면 지도상 한반도 모든 산맥들의 뿌리에 백두산이 놓여 있다. 혈통으로 따지면 시조 할아버지 자리에 백두산이 있는 셈이다. 고려의 수도를 감싸고 있는 송악산이 백두산에서 시작되었음을, 고려 왕실의 신성한 기원이 백두산에 있다는 신화적 사실을 강조하기 위해 호경은 여정의 출발점을 백두산으로 잡았던 것이다. 백두 혈통 만들기는 이미 고려 시대에 시작되었다고 해도 과언이 아니다. 〈백두산의 장군별〉의 "백두산은 조종의 산일 뿐 아니라 조선의 신성한 정기가 이는 성산임에 틀림이 없"다는 진술은 이런 풍수지리설에 연원을 두고 있었던 것이다.

백두혈통 만들기는 청나라 건국신화에서도 확인할 수 있다.『만주실록』은 만주족의 원류에 대해 "만주는 원래 장백산 동북 포고리산 아래 포륵호리라고 하는 호수에서 일어났다"고 말한다. 장백산은 우리가 다 알 듯이 백두산의 다른 이름이고, 한자로 포고리산은 만주족이 부쿠리산이라고 부르는 산으로, 땅의 빛깔 때문에 홍토산紅土山, 적봉赤峰으로도 불린다. 이 산자락의 호수에 천녀들이 목욕하러 왔다가 막내 부쿠룬이 신작神鵲이 물고 온 주과朱果를 먹고 잉태한 뒤 시조 부쿠리용숀을 낳는다. 만주족 청나라의 시조는 호수를 품고 있는 부쿠리산을 통해 장백산으로 연결된다. 호경이 부소산을 통해 백두산에 연결되는 형식과 같다.

그런데 구전되던 시조탄생신화에는 장백산이 없다. 후금이 점령했던 이 지역의 투항자 가운데 목희극이란 사람이 구술한 신화는 이렇다.

> 우리 조상은 대대로 부쿠리산 아래 부르후리 호숫가에 살았습니다. 기록
> 은 없고 말로 전하길 세 천녀가 호수에서 목욕을 하다가 막내 부쿠룬이
> 신작이 보낸 주과를 입에 물고 있다가 삼킨 뒤 잉태하여 부쿠리용숀을
> 낳았다고 합니다. 그 동족이 만주국 사람들입니다.

목희극에 따르면 부르후리 호수 지역에 널리 퍼져 있던 이야기라는
데 어디에도 장백산이 보이지 않는다. 사정이 이렇다면 청나라 건국신
화에 돌연 나타난 장백산은 『만주실록』을 필두로 한 역사서를 제작하
는 과정에서 만주족과 청의 기원을 신성시하려는 기획의 산물로 보인
다. 이런 기획에 부응하여 『만주실록』은 신화를 진술하기 전에 장백산
의 지리적 정보를 자세히 기술한다. 그뿐 아니라 장백산에서 발원한
"세 강에서는 늘 주보珠寶가 나"오고 "여름날 산으로 돌아오는 짐승들은
모두 이 산속에서 쉰다"는 식의 신비화를 잊지 않는다. 청나라 역사서
『동화록東華錄』(1765)에 이르면 "기운을 보는 자가 말하기를 이 땅이 장
차 성인을 낳아 여러 나라를 통일할 것이라고 했다"는 풍수지리학적 언
급도 덧붙는다. 장백산을 신비화하여 청 황실의 기원을 신성화하려고
했던 것이다.

백두혈통 너머의
이야기

사실 흰 눈을 갓처럼 쓰고 있는 높은 산은 주변의 거민들에게 신성한 장소이고 종교적인 공간이다. 티베트인들에게는 초모랑마(히말라야)가 그렇고, 그리스인들에게는 올림포스가 그렇다. 일본인들에게는 후지산이 그런 공간이고, 중국인들에게는 태산이 그런 장소다. 백두산은 오래전부터 한반도와 그 이북에 있는 주민들에게 같은 의미를 발산하는 성소였다. 일찍이 단군신화가 태백산 신단수를 천상의 통로로 인식한 까닭도 거기에 있다. 그래서 1920년대 식민지 조선의 최남선은 백두산을 신성한 순례의 공간으로 인식했고, 불함문화의 성지 순례기라 할 만한 『백두산근참기』(한성도서주식회사, 1927)를 썼다.

북한의 김정은 국무위원장은 2017년 12월 8일 백두산에 오른다. 북한의 〈조선중앙통신〉이 보도한 대로 아마도 "백두의 신념과 의지로 순간도 굴함 없이 국가핵무력 완성의 역사적 대업을" 과시하려는 상징적 행보였을 것이다. 그가 "앞선 두 수령보다 유독 백두산을 강조"하는 것도 "백두산 칼바람 정신, 백두산 대국 등의 구호로 3대 세습의 약점을 보완하려는 의도"[22] 때문일 것이다. 정치권력에 의한 백두산신화 만들기는 여전히 지속되고 있는 셈이다. 그래서 백두산은 단지 높은 산이 아니라 신화적 산이고 이념적 산일 수밖에 없다.

22) 〈한겨레신문〉, 2017. 12. 12.

2018년 4월 27일, 남북 정상 처음으로 판문점 남측 평화의 집에서 만났다. 이 역사적 사건을 기리기 위해 두 정상은 백화원 영빈관 정원에 기념으로 심은 소나무 아래 한라산 흙과 백두산 흙을 뿌려 합토했다. 그때 남북 정상이 한 삽 두 삽 정성스레 뿌린 흙에는 새로운 상징과 신화가 생성되고 있었으리라. 그것은 백두혈통 만들기라는 이전의 신화적 기획을 넘어서는, 다른 이야기였을 것이다.

부대각의
무쇠방석

부씨는 제주도의 소수 성씨다. 『영주지瀛洲志』나 『고씨세보高氏世譜』에 기록되어 있는 탐라국 신화에 따르면 제주에 제일 먼저 거주했던 성씨는 고高·양良·부夫씨다. 양성지가 편찬에 관여했던 『고려사』는 그 순서를 양·고·부로 기록했다. 그래서인지 고씨와 양씨는 순서를 두고 한때 소송을 벌인 일도 있다. 하지만 고씨를 앞세우든 양씨를 앞세우든 부씨는 늘 끝에 온다. 현재 제주 부씨의 수도 양씨나 고씨에 비해 현저히 적다. 문헌 기록에서도, 실제 인구에서도 제주 부씨는 소수자이다. 미일과 중국 사이에 끼여 있는 한반도가 소수적인 것과 흡사하다.

그런데 부씨 집안의 굿에서 모시는 조상신이 있다. 혈통의 조상과 달리 일월조상이라고 한다. 굿에서 호명하는 상징적·신화적 선조다. 신의 이름은 부대각 하르방! 일월처럼 빛나고 일월처럼 세상과 씨족공동체의 시원이 되는 이름이다. 제주신화 가운데 상대적으로 덜 알려져 있는 부대각 신화는 여러모로 흥미롭다. 제주에서 부씨와 부대각 신화의 위치가 강대국 사이에 끼여 고생하는 한반도의 처지를 자꾸 떠올리게 하기 때문이다. 아무래도 〈부대각본풀이〉의 문을 열고 신화의 숲으로, 신화의 언어 속으로 들어가봐야겠다.

대륙에 맞서는
제주신화의 상상력

부씨 집안에 아들 삼형제가 난다. 큰아들이 열다섯, 둘째가 열, 셋째가 다섯 살 되었을 무렵 소·말을 돌보라고 들에 내보낸다. 아들들이 뭘 하나 뒤따라간 아버지는 깜짝 놀란다. 소를 공처럼 던지고 받으면서 놀고 있었기 때문이다. 아들들의 힘에 놀란 아버지는 그날 밤 자는 아이들의 겨드랑이에 날개가 솟아 있는 것을 발견한다. 집안이 망할까 봐 두려웠던 아버지는 인두로 날개를 지진다. 이 자식살해 사건의 현장에서 첫째, 둘째는 죽고 어린 막내만 살아남는다. 차마 막내의 날개까지 지지지는 못했기 때문이다.

　이야기를 여기까지만 듣고 보면 말할 것도 없이 아기장수 전설이다. 이 전설은 우리나라 전역에 퍼져 있는데, 나라를 뒤엎을 힘을 지니고 태어난 영웅 이야기다. 장수의 표지는 겨드랑이에 돋은 날개, 장수가 성장한 뒤 타고 다닐 용마다. 그런데 대개의 아기장수는 역적이 되리라는 불안감에 사로잡힌 부모에 의해 살해된다. 왕조 시대를 살았던 하층

제주도 구좌읍 평대리 도깨동산에 있는 통정대부만호부공시홍망사비.

민들의 집단적 심성이 빚은 살해다. 멸문지화를 당하느니 희생양을 잡아 피해보자는 보존욕망의 소산이다. 한데 부씨 집안의 막내는 살아남는다. 영웅이 죽지 않았으니 이야기는 계속된다.

막내아들은 열다섯 살이 넘자 펄쩍 뛰면 평대리에서 성안까지 날아가고, 다시 한번 뛰어오르면 평대리까지 날아왔다. 가히 슈퍼맨이나 헐크 수준이다. 한번은 집안 식구들이 모두 제사에 간 틈에 소도둑이 든다. 번지수를 잘못 찾아온 도둑, 소년 장사는 성안에 있다가 단박에 알아보고 날아와 도둑을 딱 잡는다. 이 사건 뒤에 막내아들은 제주에는 못 살겠다며 한양으로 올라간다.

한양 산천 여기저기를 날아다니는데 하루는 방이 붙었다. 어찌된 일인지 나라에서 키우던 말, 국마가 산에서 내려와 사람들을 해치니 잡아주면 천금의 상을 주겠다는 내용이었다. "제가 잡아 오겠습니다." 나라의 약속을 받은 소년 장사는 펄쩍 남산으로 뛰어 올라 사방을 살핀다. 그때 내려오는 국마를 향해 "내가 누군 줄 아느냐? 와서 무릎을 꿇어라!" 호통을 친다. 그러자 말이 벌벌 떨면서 무릎을 꿇는다. 부대각은 국마를 잡아 어전에 바친다. 한양에서 큰 벼슬을 했다고 '부대각夫臺閣'이라는 별명도 생긴다.

제주의 양창보 심방이 구연한 이 신화에는 말의 정체에 대한 정보가 없다. 하지만 국마는 부대각을 알아보고 무릎을 꿇었다. 그렇다면 이 말은 아기장수와 같은 영웅의 짝인 용마龍馬일 가능성이 높다. 부대각에 대한 다른 전승에 따르면 문제를 일으킨 것은 국마가 아니라 호랑이였다. 부씨 종친회 부회장이었던 부봉룡 씨의 이야기다. 그러나 호랑이는 구전 과정에서 호환虎患 이야기와 부대각 이야기가 섞인 결과일 수 있다. 왜냐하면 국마를 잡아 나라에 바친 부대각의 행위와 부대각 신화의 결말이 하나의 협화음을 이루고 있기 때문이다. 호랑이가 되면 그화음이 깨진다.

부대각의 공을 인정한 조정은 소원을 묻는다. 부대각 신화는 이 대목에서 우리의 기대와는 다른 방향으로 비약한다.

"군사 삼천, 군함 서른세 척을 주십시오."
"무엇을 하겠느냐?"
"한번 대국을 치겠습니다."

부대각은 천금의 상급을 말하지 않고 군사를 주면 대국을 치겠다고 대답한다. 여기서 대국은 그저 큰 나라가 아니라 중국이다. 우리나라 신화 속에서 이런 말을 하는 영웅은 부대각뿐이다. 왜 대국인가? 그리고 왜 조정은 일개 섬 출신 장사에게 군사를 내어주는가?

부대각의 고향인 제주 평대리 도깨동산에 가면 '부시흥망사비'가 있다. 전체 이름은 '통정대부만호부공시흥망사비'. 비문에 따르면 그는 탐라국의 왕인 을나왕의 후예로 6대에 걸쳐 어모장군을 배출한 무인 가문의 7대손이다. 힘이 장사여서 부대각으로 불렸는데 숙종 4년 무과에 급제했으며 나중에는 통정대부 만호에 제수된다. 한데 당시 제주 목사가 6대조 어모장군 부유겸의 묘가 성산읍 식산봉에 있는 장군바위를 정면으로 향하고 있기 때문에 훗날 대장군이 태어나리라는 풍수 전설을 믿고 군사를 보내 장군바위를 깨버린다. 그리고 부대각마저 제거하려고 호시탐탐 노리다가 부시흥이 만호가 되어 제주로 건너올 때 암계를 써 수장시켰다고 한다.

이 비문은 사실일까? 무오년(1678) 과거 합격자 명부인 『무오정시문무과방목戊午庭試文武科榜目』을 보니 을과에서 1등을 한 것이 맞다. 그러나 『조선왕조실록』에는 부유겸도 부시흥도 보이지 않는다. 비문의 내용은 아마도 집안의 가전家傳으로 내려온 부시흥의 사적일 것이다. 이 망사비의 기록을 인정한다면 부대각이라는 별명을 지닌 부시흥은 탁월한 무용을 갖춘 제주의 무장이었으나 억울하게 죽은 인물이다. 그것도 제주목사로 상징되는 조선 조정에 의해 암살된 영웅이다.

그런데 우리가 지금 읽고 있는 〈부대각본풀이〉는 망사비의 부대각을 다른 존재로 그려낸다. 한양 근무를 마치고 제주로 귀환하다가 암살된 것이 아니라 국마를 굴복시킨 공신으로 묘사한다. 망사비는 부대각과 조정의 대결관계를 설정하고 있지만, 본풀이는 조정의 자리에 대국을 배치한다. 대국이 부대각의 맞수로 부각되면서 한양 조정은 부대각의 후원자가 된다. '부대각+조정' 대 '대국'의 구도인 셈이다. 고구려 이후 대국과 맞서겠다는 생각을 잊어버린 듯한 한반도의 조정을 생각한다면 제주신화의 상상력은 경이롭다.

최치원은 당나라에서 문장으로 크게 이름을 떨친 신라인이다. 최치원을 주인공으로 삼은 소설 『최고운전崔孤雲傳』이나 『최문헌전崔文獻傳』은 그를 금돼지의 아들로 태어난 영웅으로 그린다. 어린 영웅은 트집을 잡아 신라를 공격하려는 대국 황제에 맞선다. 황제는 돌함 속에 물건을 숨기고 무엇이 들었는지 맞추라고 한다. 난관에 봉착한 조정은 벼슬과 상급을 내걸고 해결사를 찾고, 이를 안 최치원은 승상 나업의 종으로 들어간다. 그리고 나서 '문제를 풀면 사위를 삼는다'는 조건을 내걸고 주인과 빅딜을 한다. 알에서 깬 병아리가 함 속에 들었다는 것을 꿰뚫어 본 소년 치원은 멋진 시로 해답을 제시하여 황제의 코를 납작하게 만든다.

나중에는 '천하가 내 땅'이라는 황제에 맞서 한 일(一) 자를 공중에 쓰고 글자 위에 뛰어오르는 신기를 발휘한다. "여기도 폐하의 땅입니까?"라는 치원의 말에 황제는 용상에서 내려와 머리를 조아리고 사죄하기에 이른다. 현실에서는 늘 대국에 당하지만, 상상력으로는 대국을 이긴다. 아니, 한번 이겨보고 싶은 것이다. 약자의 자연스러운 소망이다. 그렇다면 제주 무속신화의 부대각은 대국을 쳐부수었을까?

무쇠방석을
호령한 부대각

군사를 이끌고 부대각은 대국이 아니라 제주로 향한다. 명분은 이렇다.

> "아이고 이번에 가면 살아서 돌아올 건가 죽어서 돌아올 건가. 가면서 선
> 조라도 한번 돌아보고 가는 게 자손의 도리가 아닌가?"

부대각이 선조의 묘소에 참배하러 입도하자 평대리 부씨 집안에선
난리가 난다. 영웅의 입도를 환영하지 않고 두려워한다. '저 사람을 그
냥 놔뒀다가는 우리 집안이 망할 것'이라는 공포다. 집안사람들은 공포
를 해결하기 위해 선산에 올라간다. 선산을 돌아보니 뒤에 장군바위가
떡하니 버티고 있다. 이 바위 때문에 장군 하르방이 탄생했다고 믿은
마을 사람들은 바위를 쇠방망이로 부수어버린다.

장군바위가 깨지자 어찌 된 일인지 일기가 불순해진다. 안개가 잔뜩
끼어 대국으로 진격할 전함을 띄울 수가 없다. 하루 이틀 한 달이 지나
도 안개는 걷히질 않는다. 시간만 까먹는 사이 군량이 바닥나 군사들이
굶어죽게 되었다. 부대각은 뒤늦게 깨닫는다. '안개가 아니라 내 눈이
어두워진 게 아닌가. 선산의 영기가 내 눈을 어둡게 해버렸구나!' 진퇴
양난의 상황에서 부대각은 존재를 건 결단을 내린다.

> "나 하나 죽으면 니네들이 다 살 수가 있다."

여기서 '니네들'은 군사들일 수도 있고, 부씨 집안일 수도 있다. 제주도민 전체일 수도, 한반도 거민 모두일 수도 있다. 부대각은 대국과의 대결을 포기하고 죽음과의 대결을 선언한다. 죽자, 죽어서 옥황상제한테 가서 따지자. 부대각은 무쇠방석을 내려달라고 하늘에 빈다. 그러자 하늘에서 내려온 무쇠방석이 어인 일인지 물에 둥둥 뜬다. 부대각이 방석에 올라앉았어도 가라앉질 않는다. "내가 누군 줄 아느냐? 어서 물 아래로 인도해라!" 국마처럼 호령을 듣고서야 무쇠방석은 가라앉는다. 한국신화에 희귀하게 등장했던 대국과의 대결 구도는 이렇게 수장된다. 집안사람들에 의해 살해되는 아기장수 전설의 전형적인 결과로 돌아간 셈이다. 그래서 한양 조정을 괴롭히던 국마가 미리 제거된 것이 아니었겠는가.

결말은 허망하지만 이것이 소수자의 존재성인지도 모르겠다. 희생신화의 관점에서 보면 부대각은 자신을 제물로 바쳐 모두를 구한 것이다. 종교적 영웅들은 모두 예수처럼 자신을 희생하여 세계를 구원하려고 한다. 부대각은 부씨 집안의 일월조상일 뿐 아니라 제주 굿의 종교적 영웅이다. 부씨 집안사람들은 못 찾은 시신 대신 헛봉분을 써놓고 지금도 제사를 지낸다. 이 의례에서 그들은 무엇을 기념하는 것일까? 부대각의 고귀한 희생일까? 무쇠방석을 타고 옥황상제한테 따지러 가려 한 그의 결연한 의기일까?

오뉘힘내기
신화 속의 미투

오누이가 등장하는 설화가 적지 않다. 그 가운데 아주 특이한 이야기가 있는데 '오뉘힘내기'가 그것이다. 보통 전설이라 부르는데, 이 이야기가 세계의 기원을 말하지 않고 우리 주변의 지형지물이나 역사적 인물과 결합되어 있기 때문이다. 그러나 오누이가 범인凡人이 아니라는 사실, 이야기의 배후에 숨은 이데올로기 때문에 이 전설은 '나를 신화로 독해 하라!'라고 종용한다.

우리 마을 근처에 견훤산성이라고 있어요. 그 산성에 이런 이야기가 전해 지고 있습니다. 옛날 산성 아랫마을에 남매가 살고 있었는데 재주도 있고 기운도 셌어요. 하루는 둘이 내기를 하기로 했답니다. 동생은 말 타고 서울을 갔다 오고, 그 사이 누이는 산성을 쌓아서 지는 사람이 죽기로 했어요.

그래서 동생은 말을 타고 떠났고 누이는 돌과 흙을 날라다가 성을 쌓기 시작했어요. 그런데 누이가 성을 다 쌓고 나서 성문을 달려고 하는데도 동생은 오지를 않았어요. 그때 엄마가 있다가 아들을 죽여서는 안 되겠다고 생각해서 딸을 불렀어요.

"야야 성 쌓느라 고생한대이. 콩 볶았으이 묵고 해라."

"어무이, 성문 달아놓고 묵을라요."

그래도 먹고 하라고 자꾸 권하자 딸은 하는 수 없이 콩을 먹었답니다. 콩은 목이 메서 잘 안 넘어가죠. 그때 동생이 서울에서 돌아왔어요. 누이는 결국 성문을 못 달고 내기에 져서 죽었습니다. 그때 누이가 쌓은 성을 견훤산성이라고 합니다.

경상북도 상주 지역에 전해지고 있는 전설이다. 힘센 누이가 쌓은 성이 견훤산성이라고? 말이 안 된다. 사실 상주시 화북면 장암리에 있는 이 산성은 견훤이 쌓은 것도 아니다. 견훤의 아버지 아자개가 이 지역에서 세력을 키웠고 견훤이 물려받았기 때문에 그런 이름이 붙은 것일 뿐이다. '오뉘힘내기'는 우리나라 전역에 전해지는 전설인데 인근에 견훤에 얽힌 산성에 있으니까 갖다 붙인 이야기일 따름이다. 중요한 건 따로 있다.

왜 둘은 쓸데없이 목숨을 걸고 내기를 했을까? 앞뒤에 아무 설명이 없다. 이유를 알 수 없는 이들의 내기는 신화의 시각에서 봐야 풀린다. 목을 건 내기는 신화의 단골 소재가 아니던가! 테바이의 스핑크스는 수수께끼 내기를 해서 행인들의 목숨을 거둬갔다. 우리가 잘 알듯이 내기

경상북도 상주시 화북면 장암리에 있는 견훤산성.

에서 이긴 오이디푸스는, 거꾸로 스핑크스의 목숨을 수장水葬했다. 태초
의 내기에서 월겐한테 진 에를릭은 죽음의 세계로 내려갈 수밖에 없었
다. 우리의 미륵님도 그랬다. 그렇다면 오누이의 내기도 단순한 힘자랑
이 아니라 신화적 내기일 것이다.

　우리 신화에서 산성 쌓기는 본래 창세여신의 일이다. 노고할미나 마
고할미 등의 이름으로 불리는 여신은 하룻밤에 산성을 쌓는다. 몸집이
거대한 데다 바위를 공깃돌 다루듯이 할 정도로 힘이 세니까 가능한 일
이다. 제주도의 마고할미인 설문대할망은 화산섬 제주를 만들었을 뿐
아니라 300개가 넘는 오름도 창조했다. 그것도 치마에 뚫린 구멍으로
흘린 흙으로. 그러니까 오뉘힘내기 전설의 산성 쌓기는 여기가 출처다.
산성 쌓기는 괜한 힘자랑이 아니라 창조행위의 하나였다.

그러나 오누이의 내기는 태초의 창조 행위와는 다르다. 그럼 왜, 무슨 이유로 내기를 했을까? 문면에는 아무 단서가 없다. 이긴 남동생이 뭘 얻었다는 말도 없다. 오히려 누이를 잃었을 따름이다. 하지만 그뿐일까? 그렇지는 않다. 남동생은 누이와의 경쟁에서 이겼다는 '사건 자체'를 얻었다. 달리 말하면 승자라는 이름을 얻었다. 이 승리의 사건은 오뉘힘내기 전설이 이야기될 때마다 재현된다. 이렇게 되면 '성문 없는' 산성은 누이의 패배의 기념물이 된다. 마고할미가 쌓은 산성과는 전혀 다른 의미를 지니게 되는 것이다.

누이는
남성지배문화에 졌다

잠시 만주 신화로 우회해보자. 만주 구전신화 〈우처구우러본〉(조상신들의 이야기)에는 압카허허라는 창세신이 등장한다. 압카허허는 여천신女天神이라는 뜻인데 제 몸에서 지신地神 비나무허허와 성신星神 와러두허허를 빚어 함께 세계를 창조한다. 그런데 서사시의 끝부분에 이르면 이상한 반전이 나타난다. 창세 후 많은 시간이 흘러 대홍수가 일어난 뒤 압카허허를 사람들이 압카언두리로 부르기 시작했다는 것. 압카언두리는 "9층 구름하늘에 누워 입김으로 노을을 만들고 불을 뿜어 별을 만"드는데, 남성신이다. 요컨대 천신의 성性이 여성에서 남성으로 바뀌었다는 말이다.

창세신의 성전환은 엄청난 사건이다. 사람들이 이름을 바꾸었다는 말은 제사에서 모시는 최고신을 바꾸었다는 뜻이다. 의례는 사회를 반영한다. 사회가 남성 중심으로 바뀌면 의례에서 받드는 최고신도 남성이 된다. 이를 설명해주는 신화가 제작되고, 이 신화는 다시 현실을 설명하고 정당화하는 권능을 발휘한다. 사정이 이렇다면 하룻밤에 산성을 쌓던 여신의 계보에 있는 힘센 누이가 내기에서 졌다는 이야기는 이 전설의 바탕에 남성지배문화가 깔려 있다는 뜻이다.

이런 시각에서 봐야 어머니의 행위를 이해할 수 있다. 어머니가 딸을 만류하지 않았다면 아들이 죽었을 것이다. 어머니는 왜 아들이 죽으면 안 된다고 생각했을까? 딸보다 아들이 귀했기 때문이다. '어머니의 생각'은 바로 '칠거지악'이라는 부조리한 도덕률을 구축한 남성지배의 산물이다. '여성은 태어나는 게 아니라 만들어진다.'(시몬 드 보부아르) 이런 조건 속에서 어머니는 누이를 살해하는 남성권력의 기획에 기꺼이 공모한다.

남성권력의 기획 상품인 오뉘힘내기 전설은 구전되는 과정에서 역사적 인물과 만나면서 여성의 자발적 희생을 미화하는 새로운 상품으로 변형된다. 호남에서 전승되고 있는 김덕령 남매 이야기가 그런 사례다.

김덕령 남매가 있었어요. 둘 다 힘이 장사였는데 누이가 더 셌어요. 그런데 덕령이는 제 힘을 믿고 여기저기 내기 씨름을 하고 다녔습니다. 누나는 그것이 걱정이 되어 동생의 버릇을 고쳐주려고 남장을 하고 씨름판에 나갔지요. 붙자마자 누나는 동생을 내던져버렸습니다. 김덕령은 부아가 나서 집에 돌아와서도 이를 갈고 있었어요. 보다 못한 누이가 '내가 했다'고 말했지요. 그러자 김덕령이 내기를 한 번 더 하자고 했습니다. 덕령이는 나무 신을 신고 무등산을 한 바퀴 돌고, 누이는 베를 짜기로 했어요. 한데 누이가 베를 다 짜도록 동생은 돌아오지를 않았습니다. 그러자 누이는 베틀에서 베를 끊지 않고 동생을 기다렸어요. 그 사이 김덕령이 돌아와 내기에 이겼다고 누이를 죽였습니다.

"그런데 김덕령 같은 영웅이 누일 죽일 그런 이치가 어디가 있어. 우린 그런 소릴 믿지 안혀."

이 전설은 어머니를 빼는 대신 남동생한테 이름을 부여했다. 김덕령은 임진왜란 시기의 유명한 의병장이었지만, 억울하게 옥사한 인물이다. 이 억울함이 그를 전설의 주인공으로 밀어 올렸다. 그는 맨손으로 호랑이를 잡는 용력이 있었지만, 아기장수처럼 좌절한 영웅이다.

억울함과 용력 가운데 아마도 용력이 김덕령을 오뉘힘내기 전설로 불러들였을 것이다. 그런데 이 전설에서도 여전히 힘이 더 센 쪽은 누이다. 공모자의 개입이 없으니 씨름 대결에서는 김덕령이 패한다. 그러자 재대결을 제안하면서 종목을 바꾼다. 사실 씨름은 양념이고 이 대결이 진짜다. 한데 문제는 누이의 경쟁 종목이 바뀌었다는 데 있다. 누이는 성을 쌓지 않고 베를 짠다. 옷을 짓는 경우도 있는데 중요한 것은 이것들이 모두 여성의 노동이었다는 점이다. 베틀 앞에 앉은 누이, 누이는 가부장제 사회의 일반적 여성의 형상을 입고 있다. 이런 조건이 누이로 하여금 차마 베를 끊을 수 없게 만들었던 것이다. 누이의 덕성 때문이 아니다. 누이는 죽을 수밖에 없었다!

처음 이야기에서는 어머니가 콩이나 팥죽으로 딸의 성 쌓기를 방해했는데 이번에는 누이 스스로 자신을 방해한다. 누이 안에 이미 어머니가 들어와 있었던 셈이다. 그래서 누이의 자발적 포기는 어머니의 공모와 동일한 효과를 지니게 된다. 누이도 남성지배의 동조자가 되었다. 이런 누이의 행위를 일부 남성 화자들의 인식처럼 '고결한 희생'으로 칭송할 수는 없다. 누이는 남성지배의 번제물이 되었을 따름이다.

남성지배문화에
균열을 내는 목소리들

이제 '신화는 서사 형식의 이데올로기'라는 종교학자 브루스 링컨의 정의를 음미해볼 때가 되었다. 오뉘힘내기 전설은 남동생의 승리, 아들의 승리 담론이다. 아들의 승리에 어머니가 공모했다는 이야기다. 남성의 승리를 위해 여성들 사이의 적대를 오도하는 이야기다. 영웅이 될 남성이 죽어서는 안 되니 여성이 희생해야 한다는 이야기다. 오뉘힘내기 전설은 남성의 승리를 정당화하는 이야기, 곧 이데올로기다. 그렇다. 오뉘힘내기 전설을 신화로 불러야 하는 이유가 여기에 있다. 이념의 언어, 이념을 만드는 언어가 신화이기 때문이다.

그런데 오뉘힘내기 '신화'라는 해독, 이것만이 전부는 아니다. 이야기 현장에서 화자들은 종종 다른 목소리를 낸다. 김덕령이 누이를 죽였다는 결말이 말이 안 된다는 화자들도 있고, "그래서 누이는 약속대로 죽고 말았어. 누이가 이겼더라면 동생을 안 죽게 했을 거야"[23)라고 말하

는 화자도 있다. 전자가 김덕령의 영웅성을 칭송하는 담론이라면 후자
는 누이의 죽음에 대한 안타까움을 드러내는 말이다. 이런 화자들의 감
정이 "김덕령 누나가 영웅이여. 누나만 안 죽여버렸으면 김덕령이 큰
놈 됐어. 그런디 누나 죽여버리고 맥이 없어. 김덕령이가"[24] 라는 식의
마무리를 이끌어낸다. 누이의 죽음이 당연한 것이 아니라 잘못되었다
는 화자들의 인식이 이 목소리들에 담겨 있다. 여성 화자의 경우 이런
목소리는 더 커진다.

2017년 미국에서 시작된 미투운동Me Too movement이 2018년 벽두부
터 한국사회를 강타했고 이제는 하나의 문화현상이 되었다. 한동안 이
른바 '갑질' 행태가 우리 사회를 들끓게 만들었는데, 미투운동은 남성
의 성적 갑질에 대한 저항의 한 형식이다. 성폭력은 권력의 문제다. 권
력은 그 속성상 대중의 암묵적 동의를 먹고 산다. 갑의 억압 이전에 을
의 억제가 있다. 어머니의 공모는 여성이 남성을 위해 스스로를 억제한
결과다. 누이의 희생은 남동생을 위해 제 욕망을 억제한 결과다. 남성
권력의 폭력에 대해 침묵한 결과다. 이 침묵이 오뉘힘내기 전설을 고착
화시키는 자원이다.

그러나 오뉘힘내기 전설에는 누이의 죽음이 부당하다는 목소리도
없지 않다. 누이의 죽음에 강한 연민을 표현하는 남성 화자의 목소리
도 있다. '미투의 목소리'는 이야기 속에 숨어 있던 희미한 이야기들이
드디어 목청을 증폭시키기 시작했음을 시사한다. 미투운동은 더는 아

---

23) 임석재, 『한국구전설화 6』(평민사, 2003), 235쪽.
24) 최래옥, 『한국구비문학대계 6-11 : 전남 화순군편 3』(한국정신문화연구원, 1987), 606쪽.

신화의 언어

들 편을 들지 않겠다는 어머니들의 선언이다. '희생의 신화'를 거부하는 새로운 신화 쓰기 운동이다. 이 운동이, 누이가 내기에서 지지 않는 새로운 오뉘힘내기 신화를 만드는 데 이를 수 있을지, 귀추를 주목해야 한다.[25]

---

25) 이 글을 쓰는 데 김준희의 〈「오누이 힘내기」 설화 연구〉(서울대학교 석사학위논문, 2016)를 참조했다.

조현설

신화학자이자 시인. 현재 서울대학교 국어국문학과 교수다. 소수자의 시각에서 신화와 고전문학을 읽는 작업을 계속하고 있다. 한국구비문학회 회장, 민족문학사연구소 공동대표, 동방문학비교연구회 회장 등을 역임했다. 알타이학에 관심이 많아 서울대학교 인문학연구원 알타이학연구소 소장을 맡고 있고, 『알타이학의 어제와 오늘』(2015)을 공저로 내기도 했다.

저서로는 『동아시아 건국신화의 역사와 논리』(2003), 『무신의 역사』(2003), 『고전문학과 여성주의적 시각』(2003), 『한국 서사문학과 불교적 시각』(2005), 『우리 신화의 수수께끼』(2006), 『마고할미 신화연구』(2013), 『고전 속에 누가 숨었는고 하니』(2019) 등이 있고, 번역서로는 『일본 단일민족신화의 기원』(2003)이 있다. 1998년에 나손학술상을 수상했다.

신화의
언어

ⓒ 조현설, 2020

초판 1쇄 인쇄 2020년 2월 10일
초판 1쇄 발행 2020년 2월 17일

지은이 조현설
펴낸이 이상훈
편집인 김수영
본부장 정진항
편집2팀 김경훈 허유진 김진주
마케팅 천용호 조재성 박신영 조은별 노유리
경영지원 정혜진 이송이

펴낸곳 한겨레출판(주) www.hanibook.co.kr
등록 2006년 1월 4일 제313-2006-00003호
주소 서울시 마포구 창전로 70 (신수동) 화수목빌딩 5층

전화 02) 6383-1602~1603
팩스 02) 6383-1610
대표메일 book@hanibook.co.kr
ISBN 979-11-6040-361-9 03380